Vorwort

Kommunikationsfähigkeit ist in Heilerziehungspflege und Heilpädagogik eine der wichtigsten Schlüsselqualifikationen. Das Arbeitsbuch „Deutsch/Kommunikation – Heilerziehungspflege und Heilpädagogik" will Ihnen helfen, den vielfältigen berufsbezogenen schriftlichen und mündlichen Kommunikationsanforderungen gerecht zu werden.

Das Buch gliedert sich in acht Lernbereiche:

- Das Kapitel „Lern- und Arbeitstechniken" befasst sich mit Methoden zum Lernen und mit dem Strukturieren und Präsentieren von Informationen. Eine überzeugende Informationsauswahl und -auswertung ist grundlegend für gelungene Teamsitzungen, Referate oder Facharbeiten.
- Um den alltäglichen Umgang mit Sprache als Werkzeug in erzieherischen und pflegerischen Berufssituationen geht es im Kapitel „Gesprächsführung". Darin setzen Sie sich mit (non-)verbaler Kommunikation auseinander und lernen professionelle Gesprächshaltungen und -regeln kennen.
- Zur Bildung und Erziehung von Menschen mit unterschiedlichen Behinderungsarten sind Kenntnisse über Sprachentwicklung und Sprachentwicklungsstörungen sowie über Möglichkeiten und Grenzen der Sprachförderung nötig. Davon handelt das Kapitel „Menschen mit Behinderung sprachlich fördern".
- Das Kapitel „Schreiben im beruflichen Alltag" unterstützt Sie beim Verfassen berufsbezogener Texte. Es beschreibt formale und inhaltliche Anforderungen beim Schreiben von Gesprächsnotizen, Berichten, Protokollen, Geschäftsbriefen, Pressemitteilungen, Bewerbungsanschreiben und Arbeitszeugnissen.
- Um den jeweils aktuellen heilpädagogischen bzw. heilerziehungspflegerischen Forschungsstand kritisch reflektieren zu können, benötigen Sie ein vertieftes Sachtextverständnis. Das Kapitel „Sachtexte" schult Sie darin, Ihre eigene Meinung sprachlich und inhaltlich überzeugend zu formulieren.
- Das regelmäßige (Vor-)Lesen literarischer Texte erweitert bei Ihnen und bei den von Ihnen betreuten Personen die Ausdrucksfähigkeit und erweitert den geistigen Horizont. Das Kapitel „Literarische Texte" informiert über literarische Gattungen und sprachliche Gestaltungsmerkmale. Außerdem führt es zur literarischen Textinterpretation hin und regt zur eigenen kreativen Textproduktion an.
- Grundwissen zu Laut- und Wortbildung sowie Rechtschreib- und Grammatikregeln vermittelt das Kapitel „Normen der Standardsprache". Es hilft Ihnen, sich schriftlich verständlich, fehlerfrei und präzise ausdrücken zu können.
- Das Kapitel „Prüfungsaufgaben zum Erwerb der gebundenen Fachhochschulreife (mit Musterlösungen)" führt Sie schrittweise und unter Bezugnahme auf die Kapitel „Sachtexte" und „Literarische Texte" hin zum Verfassen einer (textgestützten) Problemerörterung, einer Sachtextanalyse mit Stellungnahme und einer literarischen Textinterpretation. Darüber hinaus bietet es jeweils Lösungshinweise und Anregungen zur Überarbeitung an.

In den Kapiteln 1 bis 7 leiten Lernsituationen, in denen konkrete und komplexe Problemstellungen und Handlungsfelder des heilerziehungspflegerischen bzw. heilpädagogischen Alltags aufgegriffen werden, sowie Praxisbeispiele und Aufgaben zur Übung und Vertiefung des Lernstoffes an.

Viel Erfolg und Freude bei der Arbeit mit diesem Buch und in Ausbildung und Beruf wünscht Ihnen

Karla Seedorf

Inhaltsverzeichnis

Vorwort . . . 3

Lern- und Arbeitstechniken . . . 7
1 **Lerntechniken** . . . 8
1.1 Informationsaufnahme und -speicherung . . . 8
1.2 Verknüpfungstechniken . . . 9
1.3 Lerntypen . . . 10
1.4 Mindmapping . . . 10
1.5 Brainstorming . . . 13
2 **Mitschrift** . . . 14
3 **Fachliteratur** . . . 15
3.1 Möglichkeiten der Informationssuche . . . 15
3.2 Informationssuche im Internet . . . 15
3.3 Bibliotheksrecherche . . . 16
3.4 Auswahlkriterien . . . 17
4 **Aktives Lesen (Francis Robinson)** . . . 20
5 **Zitieren und Quellenangaben** . . . 24
6 **Gliederung** . . . 27
7 **Referate, Kurzvorträge und Ansprachen** . . . 29
7.1 Publikumsanalyse und Zieldefinition . . . 29
7.2 Schreiben einer Rede . . . 30
7.3 Freies Sprechen . . . 31
7.4 Anschauungsmaterial . . . 32
7.5 Zusammenfassung: Planung eines Fachvortrags . . . 33
8 **Präsentationsmedien** . . . 35
8.1 Visualisierungsregeln . . . 35
8.2 Plakat und Flyer . . . 36
9 **Facharbeit** . . . 37

Gesprächsführung . . . 41
1 **Funktionen von Kommunikation** . . . 42
2 **Arten von Kommunikation** . . . 44
2.1 Verbale Kommunikation . . . 44
2.2 Nonverbale Kommunikation . . . 44
2.3 Paraverbale Kommunikation . . . 45
2.4 Zusammenfassung: Faktoren einer erfolgreichen Kommunikation . . . 46
2.5 Manipulation und Scheinargumentation . . . 46
3 **Kommunikationsmodelle** . . . 47
3.1 Vier Seiten einer Nachricht (Friedemann Schulz von Thun) . . . 47
3.2 Fünf Axiome der Kommunikation (Paul Watzlawick) . . . 51
4 **Gesprächsregeln** . . . 55
4.1 Metakommunikation . . . 55
4.2 Gesprächsgrundhaltungen . . . 56
4.3 Themenzentrierte Interaktion (Ruth Cohn) . . . 57
4.4 Ich-Botschaft (Thomas Gordon) . . . 58
4.5 Feedback . . . 59

4.6 Aktives Zuhören und Spiegeln 60
4.7 Konfliktgespräch 62

5 Gesprächsarten 64
5.1 Teamgespräch und Diskussion 64
5.2 Informationsgespräch 67
5.3 Geplantes Angehörigengespräch 68
5.4 Beratungsgespräch 68
5.5 Mediation 69

Menschen mit Behinderung sprachlich fördern 71

1 Sprachentwicklung und Spracherwerb 72
1.1 Begriffsdefinition „Sprache" 72
1.2 Spracherwerbstheorien 73
1.3 Phasen des kindlichen Spracherwerbs 74

2 Sprachentwicklungs- und Artikulationsstörungen 75
2.1 Beeinträchtigte vorsprachliche Kommunikationsentwicklung 75
2.2 Sprach-, Sprech- und Kommunikationsstörungen 76

3 Sprachbeobachtung und Sprachtests 78

4 Sprachförderung 80
4.1 Pädagogische Richtlinien bei der Sprachförderung 81
4.2 Formen der unterstützten Kommunikation 82
4.3 Kreativangebote zur Sprachförderung 83

5 Wertschätzendes Sprechen fördern 89
5.1 Formen verbaler Aggression 89
5.2 Gewaltfreie Kommunikation (Marshall B. Rosenberg) 89

Schreiben im beruflichen Alltag 91

1 Gesprächsnotiz 92
1.1 Aktennotiz 92
1.2 Telefonnotiz 93
1.3 Hausbrief 94

2 Protokoll 94

3 Dokumentation und Bericht 98
3.1 Dokumentation 98
3.2 Gutachten und Entwicklungsbericht 99
3.3 Beobachtungsbericht 101

4 Geschäftskorrespondenz 106
4.1 Professionelle Briefgestaltung nach DIN 5008 106
4.2 E-Mail-Korrespondenz 108
4.3 Argumentativer Geschäftsbrief 108
4.4 Produkt-/Dienstleistungsanfrage und -kündigung 110
4.5 Absage und Reklamation 110
4.6 Einladung 111
4.7 Glückwunsch- und Kondolenzschreiben 112

5 Pressemitteilung 112

6 Bewerbung 115
6.1 Arbeitsplatzsuche 115
6.2 Bewerbungsmappe 117
6.3 Vorstellungsgespräch 123
6.4 Bewerbung per E-Mail 124

7 Arbeitszeugnis 126

Sachtexte 129
1 **Textsorten** 130
2 **Grafiken, Tabellen und Schaubilder** 134
3 **Sachtextanalyse** 136
3.1 Textverständnis und Überblicksinformation 136
3.2 Inhalt und Aufbau (strukturierte Inhaltswiedergabe) 138
3.3 Sprachanalyse 139
3.4 Persönliche Stellungnahme zu Aussagen des Textes (textgebundene Erörterung) 143
4 **Freie Erörterung** 146

Literarische Texte 149
1 **Literarische Gattungen** 150
2 **Interpretation literarischer Texte (literarische Erörterung)** 155
3 **Epische Texte** 156
3.1 Erzählperspektive 156
3.2 Redeweisen 158
3.3 Fremde Welten in Romanauszug und Kurzgeschichte 160
4 **Lyrische Texte** 164
4.1 Versmaß und Reimformen 164
4.2 Gebundene Lyrik 165
4.3 Moderne Lyrik 166
5 **Dramatische Texte** 168
5.1 Theater 169
5.2 Hörspiel 172

Normen der Standardsprache 175
1 **Umgang mit Nachschlagewerken** 176
1.1 Umgang mit Wörterbüchern 176
1.2 Umgang mit Fachlexika 178
2 **Laut und Lautstruktur des Wortes** 180
2.1 Artikulation 180
2.2 Wortbildung 181
3 **Wortarten** 181
3.1 Flektierbare Wortarten: Verb, Nomen, Artikel, Adjektiv und Pronomen 181
3.2 Unflektierbare Wortarten: Präposition, Konjunktion, Adverb, Partikel 186
4 **Satzglieder** 188
4.1 Subjekt, Prädikat und Objekt 188
4.2 Adverbiale Ergänzung, Attribut und Apposition 189
4.3 Haupt- und Nebensatz 191
5 **Kommaregeln** 191
6 **Neue Rechtschreibung** 194
7 **Stilistische Übungen** 195

Prüfungsaufgaben zum Erwerb der gebundenen Fachhochschulreife (mit Musterlösungen) 197
1 **(Textgestützte) Problemerörterung** 197
2 **Analyse eines Sachtextes mit Stellungnahme** 199
3 **Interpretation eines literarischen Textes** 200
4 **Musterlösungen** 201

Sachwortverzeichnis 204

Bildquellenverzeichnis 206

Lern- und Arbeitstechniken

„Erzähle mir und ich vergesse.
Zeige mir und ich erinnere mich.
Lass es mich selbst tun und ich verstehe."
Konfuzius (551–479 v. Chr., chin. Philosoph)

Auszubildende der Heilerziehungspflege oder Heilpädagogik haben bereits unterschiedlich lange und vielfältige Ausbildungs- und Berufsstationen hinter sich. Daher ist es sinnvoll, eine gemeinsame lernmethodische Basis für erfolgreiches Arbeiten zu Hause und im Klassenverband bzw. Arbeitsteam zu schaffen. Die Verknüpfung von theoretischem Fachwissen mit der heilerziehungspflegerischen und heilpädagogischen Praxis stellt dabei eine besondere Herausforderung dar.

Die in diesem Kapitel vorgestellten Lern- und Arbeitstechniken sollen Sie dabei unterstützen, sich Wissen anzueignen und die dabei erlernten Kompetenzen gegenüber Teammitgliedern, Klienten und deren Angehörigen umzusetzen bzw. an diese weiterzuvermitteln.

Kompetenzen

Dieses Kapitel soll Ihnen helfen,

- Ihre Erinnerungsfähigkeit und Ihre Lerntechniken zu verbessern,
- Informationen und Fachliteratur zu einem Thema zu finden,
- Ihre Lesetechnik zu optimieren,
- Referate und Kurzvorträge vorzubereiten und zu halten,
- Hausarbeiten, Referate und Facharbeiten anzufertigen sowie
- Arbeitsgruppen und Teamsitzungen gewinnbringend zu gestalten.

1 Lerntechniken

1.1 Informationsaufnahme und -speicherung

Was passiert, wenn wir Informationen verarbeiten bzw. Neues lernen? Unsere Sinnesorgane sind ständig damit beschäftigt, aus den Umgebungsreizen bestimmte Informationen herauszufiltern. Diese gelangen in unser Kurzzeitgedächtnis. Für langfristiges Lernen werden aus dem Kurzzeitspeicher ausgewählte, für uns besonders wichtige Informationen in das Langzeitgedächtnis überführt. Dies geschieht entweder, weil sie uns so wichtig sind, dass wir sie sofort behalten, oder aufgrund von regelmäßiger **Wiederholung** und Vertiefung des Lernstoffes.
Ihr Lernerfolg hängt entscheidend davon ab, wie aktiv Sie sich mit dem Stoff auseinandersetzen und wie Sie Ihre Lernetappen und Pausen gestalten.

Tipps

- Kürzere Lernetappen sind effektiver als längere, eine Lernperiode von 20 bis 50 Minuten ist für Ihr Gedächtnis am vorteilhaftesten.
- Legen Sie nach 30 bis 40 Minuten eine Minipause (5 bis 10 Minuten) ein, in der Sie vom Arbeitsplatz aufstehen und etwas Angenehmes tun. Diese „Nachwirkzeit" braucht Ihr Gedächtnis, um den Stoff zu verarbeiten.
- Planen Sie spätestens nach 2 Stunden eine längere Pause von 15 bis 20 Minuten ein, in der Sie ein paar kurze Bewegungsübungen machen und etwas Leichtes essen und trinken.
- Nach 3 bis 4 Lernstunden sollten 1 bis 2 Stunden Freizeit folgen.
- Nehmen Sie während Ihrer Lernpausen keine anderen Informationen auf (d.h. nicht lesen oder fernsehen), damit die Lerninhalte nicht von anderen Dingen überlagert werden.

Wichtiger Hinweis

Regeln zur Wiederholung: Verankerung im Langzeitgedächtnis

- „Stoffsicherung" für einen Tag: Nach einer einstündigen Lernetappe wiederholen Sie nach einer zehnminütigen Regenerationsphase den Stoff ca. 10 Minuten lang.
- „Stoffsicherung" für eine Woche: Wiederholen Sie am nächsten Tag ca. 2 bis 4 Minuten lang die Lerninhalte des Vortages.
- Verankerung im Langzeitgedächtnis: Wiederholen Sie das Gelernte nach einer Woche ca. 2 Minuten lang und dann noch einmal nach ca. einem Monat.

Informationen bzw. Lerninhalte werden in **beiden Gehirnhälften** verarbeitet: in der linken Gehirnhälfte, die für das abstrakte, begriffliche, analytisch-logische Denken zuständig ist, ebenso wie in der rechten Gehirnhälfte, welche Informationen ganzheitlich, bildlich und gefühlsmäßig abspeichert. Lernen beinhaltet also einen doppelten Speicherprozess: Rechts werden die Inhalte in unserem Gehirn als ganzheitliche sinnliche Erfahrung abgelegt und links in zerlegter und systematischer Form.
Lernen ist daher immer mit Gefühlen verbunden, wobei positive Emotionen wie Freude, Neugier, Staunen oder Hoffnung die Informationsaufnahme wesentlich erleichtern. Negative Emotionen wie z.B. Angst, Langeweile oder Hoffnungslosigkeit hingegen sorgen dafür, dass das Lernen erschwert oder sogar vollständig blockiert wird.

In unserem Gedächtnis werden neue Begriffe und Fakten jedoch nicht unstrukturiert abgelegt, sondern ständig mit dem bereits vorhandenen Wissen abgeglichen. Deswegen hilft es uns, beim Lernen Neues mit bereits Bekanntem zu verknüpfen.
In den folgenden Kapiteln werden Strategien vorgestellt, die sich als nützlich für die Verbesserung der Erinnerungsfähigkeit erwiesen haben.

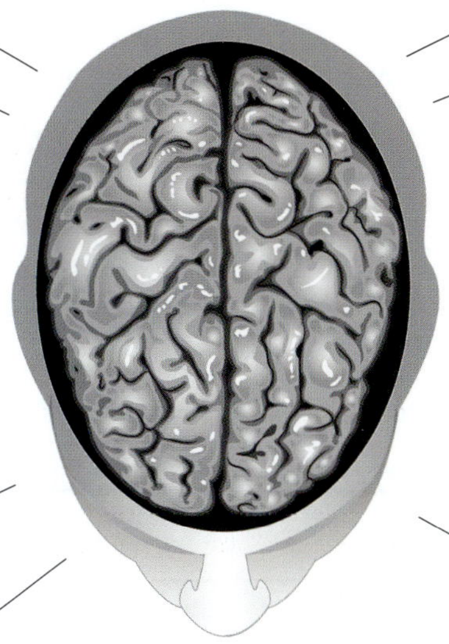

1.2 Verknüpfungstechniken

Unser Gedächtnis funktioniert wie ein Netzwerk, das durch Informationsaufnahme neue Verknüpfungen zu bereits vorhandenem Wissen bildet. Der Vorteil dieser netzwerkartigen Informationsverarbeitung besteht darin, dass das Wissen so schneller wieder abrufbar ist.
Das Lernen fällt uns wesentlich leichter, wenn wir den Lernstoff durch **Ober- und Unterbegriffe** strukturieren. **Schlüsselwörter**, die Bilder und Gedanken zu einem Thema bündeln, erhöhen ebenfalls die Merkfähigkeit, und je vielfältiger eine Information mit anderen verbunden ist, desto einfacher kann man sich an diese später erinnern. Deswegen ist es für den Lernerfolg wichtig, stets an vorhandenes **Vorwissen** anzuknüpfen und möglichst **viele Sinne** dabei anzusprechen.
Als hilfreich hat es sich außerdem erwiesen, beim Lernen gezielt mit **Assoziationen** (einprägsamen, manchmal auch ungewöhnlichen Gedankenverknüpfungen) zu arbeiten. Dies erreichen Sie z. B. durch das Bilden von Eselsbrücken, das **Verbildlichen/Veranschaulichen** abstrakter Begriffe oder durch das Erfinden von Geschichten zu dem Lernstoff.

Kartenhaus – Gebärden – Spargeltarzan – Computer – Artenvielfalt – Holz – Konkurrenz – Angorapullover – Rosenkrieg – Lachfalte – Erdgas – Buggy – Bildungshunger – Loblied

1 Verknüpfen Sie die obigen zehn Begriffe aus dem Wortspeicher miteinander, indem Sie
- *a diese in Ober- und Unterbegriffe ordnen,*
- *b diesen gedanklich einen Platz im Raum oder an Ihrem Körper zuweisen bzw. eine Skizze davon anfertigen (so arbeiten linke und rechte Hirnhälfte optimal zusammen),*
- *c diese in einer selbst geschriebenen Geschichte miteinander in Beziehung treten lassen,*
- *d sich eine Eselsbrücke bauen und mit den Anfangsbuchstaben einen Satz bilden.*

2 Informieren Sie sich im Internet über weitere Memotechniken und probieren Sie eine davon aus.

1.3 Lerntypen

Finden Sie heraus, auf welchem Lernweg Sie am erfolgreichsten sind.

Auditiver Lerntyp Lernen durch Hören	**Visueller Lerntyp** Lernen durch Sehen	**Kinästhetischer Lerntyp** Lernen durch Handeln
– wiederholt den Stoff durch leises oder inneres Sprechen	– liest sich den Stoff mehrmals durch, markiert Schlüsselwörter	– schreibt sich wichtige Schlüsselwörter heraus
– erinnert sich bei Prüfungen durch inneres Sprechen	– erinnert sich bei Prüfungen an Skript oder Tafelanschrift	– erinnert sich bei Prüfungen an selbst gemachte Lernplakate
– bevorzugt Referate und Vorträge – lernt aus Erklärungen anderer	– bevorzugt übersichtliche Hefteinträge, Skizzen und Schaubilder	– bevorzugt Projektarbeiten, Gruppenarbeiten, Experimente und Fall e
– bevorzugt mündliche Prüfungen	– bevorzugt schriftliche Prüfungen	– bevorzugt praktische Prüfungen
– hört, was mit anderen los ist	– sieht, was mit anderen los ist	– spürt, was mit anderen los ist
– telefoniert/erklärt gern – hört gern Musik	– beurteilt andere oft nach dem äußeren Eindruck	– mag Praxis lieber als Theorie – hat großen Bewegungsdrang
– lernt leicht auswendig – kann gut mündlich kommunizieren	– lernt leicht aus Büchern	– lernt durch aktives Gestalten und Ausprobieren
Tipp ▶ sollte Audio-CDs als Lernhilfen einsetzen	**Tipp** ▶ sollte Lernposter, Lernkarteien und Mindmaps nutzen	**Tipp** ▶ sollte Anwendungsbeispiele suchen und beim Lernen herumgehen

1.4 Mindmapping

Das Erstellen von Mindmaps (engl. „Gedächtnislandkarten") ist eine vom britischen Mentaltrainer Tony Buzan geprägte Form der Notiztechnik zur Informationsverarbeitung, Stoffstrukturierung und Gliederungserstellung. Dabei arbeiten beide Gehirnhälften optimal zusammen, was einerseits die Merkfähigkeit erhöht und andererseits zu kreativen Lösungen anregt.

Vorgehen:

- Schreiben Sie auf ein unliniertes Blatt im Querformat das Thema Ihrer „Gedächtnislandkarte" als Schlagwort in die Mitte.
- Von diesem zentralen Begriff aus verzweigen sich in alle Richtungen Äste, die mit einem Schlagwort/ Symbol enden.
- Von diesen Hauptästen, die als Oberbegriffe dienen, können wiederum beliebig viele Nebenäste, also Unterbegriffe, abzweigen.
- Wenn Sie die Mindmap zur Ideenfindung nutzen wollen, schreiben und malen Sie **alle** Schlüsselwörter oder Symbole auf, die Ihnen zu diesem Thema einfallen. Sie können auch einen Fließtext zum Lernen verfassen, in dem Sie die Schlüsselwörter aus der Mindmap unterbringen.
- Die Einprägsamkeit Ihrer Mindmap wird durch die Verwendung von Farben, Symbolen und Zeichnungen erhöht.

Tipps

- Mit (Doppel-)Pfeilen können Sie Zusammenhänge verdeutlichen.
- Bei Bedarf (wenn Sie eine Gliederung für einen Vortrag oder einen Text benötigen) können Sie die Hauptäste nummerieren.

3 Gestalten Sie eine Mindmap

a zu Organisation und Gestaltung eines kirchlichen Festes in einer Praxiseinrichtung,

b zu einem ausgewählten Fachthema, z. B. zu einem Krankheitsbild. Halten Sie anschließend anhand Ihrer Mindmap einen Kurzvortrag zu diesem Thema (orientieren Sie sich dabei ggf. an Kapitel 7 im Abschnitt „Lern- und Arbeitstechniken".),

c zum nachfolgenden Zeitungsartikel „Auf der Suche nach dem Kapiertrieb". Ergänzen Sie dabei auch Zeichnungen und eigene Gedanken in Schlagworten.

Mindmap zur Textzusammenfassung von „Auf der Suche nach dem Kapiertrieb"

Auf der Suche nach dem Kapiertrieb

[…] Lernen ist wie Sex. Sagt die Hirnforschung. Aber das glaubt natürlich keiner. Lernen gilt als saure Pflicht, öde und nervtötend. Dabei könnte nichts weiter von der Wirklichkeit entfernt sein: Erstens ist der Trieb nach Erkenntnis mit dem Sexualtrieb durchaus vergleichbar, woraus zweitens folgt, dass Lernen sexy ist, was drittens erklärt, warum unser Gehirn nichts lieber tut als eben das: lernen. […]

Klingt gewagt? Weil Sex nur Lust erzeugt und Lernen vor allem anstrengend ist? Weit gefehlt. „Auch sexuelle Aktivität ist anstrengend", gibt der amerikanische Hirnforscher John Gottman zu bedenken. Aber da beide Tätigkeiten wichtig für den Fortbestand unserer Gattung seien, würden sowohl beim Sex als auch beim (erfolgreichen) Lernen Botenstoffe im Gehirn ausgeschüttet, die das körpereigene Belohnungszentrum anregten. „Eine neue Stadt zu entdecken, eine neue Sprache zu lernen, das löst ein ähnliches Gefühl aus wie die Einnahme von Kokain", schwärmt Gottmann. […]

Dass Lernen mit Lust verknüpft ist und emotional gefärbte Erlebnisse besser als neutrale erinnert werden, erkannte schon vor über 300 Jahren der Verfasser der Didactica Magna[1], Jan Amos Comenius. „Alles, was beim Lernen Freude macht, unterstützt das Gedächtnis", brachte Comenius die spätere Erkenntnis der Neurodidaktik[2] auf den Punkt.

Und die scheinbar moderne Einsicht, dass Informationen dann am besten verarbeitet werden, wenn sie auf möglichst vielfältige Weise – gesungen, gereimt, gemalt – den Wahrnehmungsapparat anregen, entspricht [dem Leitsatz] von Heinrich Pestalozzi (1746 bis 1827), eine gute Erziehung müsse „mit Kopf, Herz und Hand" erfolgen. Selbst die wichtigste Botschaft der frühkindlichen Forschung – dass in den ersten Lebensjahren die Grundlagen für spätere Lernerfolge gelegt werden und bestimmte „Entwicklungsfenster" des Lernens sich irgendwann schließen – plappert schon der Volksmund mit seinem „Was Hänschen nicht lernt, lernt Hans nimmermehr" daher. [...]

Unser Gehirn lernt immerzu, ob wir wollen oder nicht. Wer es nicht glaubt, wird von allen Babys eines Besseren belehrt. Sie beweisen, dass Lernen kinderleicht ist: Von Anfang an erforschen sie die Welt, üben sich unermüdlich im Laufen, Sprechen oder Nervensägen – und haben ganz offensichtlich Spaß daran. Und warum sind Babys wahre Meister des Lernens? „Weil wir noch keine Chance hatten, es ihnen abzugewöhnen", antwortet der Psychologe Manfred Spitzer.

Für ihn ist die Frage nach der fehlenden Motivation meist völlig falsch gestellt. „Menschen sind von Natur aus motiviert, sie können gar nicht anders, denn sie haben ein äußerst effektives System hierfür im Gehirn eingebaut." Die Frage, wie man Menschen motiviere, sei etwa so sinnvoll wie die Frage: Wie erzeugt man Hunger? Die einzig vernünftige Antwort laute: Gar nicht, denn er stellt sich von allein ein. In Wahrheit gehe es bei der Motivationserzeugung letztlich immer um Probleme, „die jemand damit hat, dass ein anderer nicht das tun will, was er selbst will". Die richtige Frage laute also nicht: Wie motivieren? Sondern: Warum sind so viele Menschen häufig demotiviert? Und da entdeckt Spitzer ein ganzes Arsenal von „Demotivationskampagnen" unserer Gesellschaft – wie etwa die Ausschreibung von Preisen, die stets nur den Besten (die kein Motivationsproblem haben) verliehen werden und alle anderen Bewerber demotivieren. [...]

Was sich in den Schulen ändern müsste, um den Erkenntnissen der Neurodidakten gerecht zu werden, ist also häufig genau das, was weitsichtige Pädagogen [...] seit Jahrzehnten predigen: den Schülern nicht möglichst viel Stoff eintrichtern wollen, sondern sie zum eigenen Problemlösen anregen (nur dies aktiviert schließlich das Belohnungszentrum); sie im Selbstversuch die Grenzen von Erfolg und Misserfolg ausloten lassen (auch Sex erfährt man nur durch aktives Tun, nicht durch Zuschauen); besonderes Gewicht auf die frühe Förderung im Vor- und Grundschulalter legen (wenn Lernstrategien ausgebildet werden); klare Standards und Grenzen setzen (die Orientierung erlauben) und darauf achten, dass die Gehirne nicht mit zu vielen Reizen überflutet werden (Computerspiele).

Vor allem aber [...] sollten wir endlich akzeptieren, dass kein Gehirn dem anderen gleicht und Menschen – auch in ihrem Lernverhalten – höchst individuell sind. So hat die Neurobiologie gezeigt, dass die „Zeitfenster" für wichtige Fertigkeiten wie Laufen, Sprachenlernen oder Musizieren von Kind zu Kind ganz verschieden sein können. [...]

Wirklich neu ist übrigens auch diese Erkenntnis nicht. Schon [der Wissenschaftler] Heinz von Foerster hatte erkannt: „Lernen ist das Persönlichste auf der Welt. Es ist so eigen wie ein Gesicht oder ein Fingerabdruck – und noch individueller als das Liebesleben." So gesehen ist Lernen sogar noch aufregender als Sex.

Quelle: Schnabel, Ulrich: Auf der Suche nach dem Kapiertrieb, in: Die Zeit Nr. 48/2002, abgerufen unter http://www.zeit.de/2002/48/Lernen_Aufmacher [23.04.2012]

4 ***Ziehen Sie Schlussfolgerungen aus den bisherigen Informationen, wie Sie Lernprozesse von Betreuten optimieren können. Gestalten Sie ein Plakat zum Thema Lerntipps. Beziehen Sie dabei folgende Aspekte in Ihre Überlegungen ein:***
- ***Gestaltung des Arbeitsplatzes und der Arbeitszeiten***
- ***Gestaltung einer förderlichen Arbeitsatmosphäre***
- ***Aufbereitung des Lernstoffes***

---

[1] Von Jan Amos Comenius zwischen 1627 und 1638 verfasst, gilt als erstes großes Werk der Pädagogik.

[2] Die Neurodidaktik möchte praxisorientierte Ansätze für neue didaktische und pädagogische Konzepte unter Berücksichtigung der neueren Erkenntnisse aus der Hirnforschung liefern.

5 Erläutern Sie nachfolgendes Zitat und übertragen Sie es auf die heilpädagogische Praxis, in der Sie Menschen mit Behinderung vor vielfältige Lernaufgaben stellen.

**„Du kannst einen Menschen nichts lehren,
du kannst ihm nur helfen,
es in sich selbst zu entdecken."**

Galileo Galilei (1564–1642, ital. Mathematiker, Physiker und Philosoph)

1.5 Brainstorming

Brainstorming (engl. „Gehirnsturm") ist eine von Alex F. Osborne entwickelte Methode zur Ideenfindung für eine Gruppe von fünf bis zu 20 Personen. Das Thema des Brainstormings sollte dabei nicht zu speziell und nicht zu allgemein formuliert sein.

Phase 1: „Grünes Licht"

- Ein neutral bleibender, nicht kommentierender Moderator notiert alle auf Zuruf gelieferten Schlagworte aus der Gruppe für alle sichtbar auf Flipchart, Wandtafel oder Plakat.
- In dieser ersten Phase, die mindestens fünf bis zehn Minuten in Anspruch nimmt, dürfen die gelieferten Ideen von niemandem kommentiert, bewertet, korrigiert oder kritisiert werden. Nur dadurch wird das freie Assoziieren und Fantasieren ohne „Schere im Kopf" ermöglicht.

Phase 2: „Rotes Licht"

- Die Schlagworte werden von den Teilnehmern nach thematischer Zusammengehörigkeit sortiert.
- Erst dann erfolgt die gemeinsame Auswertung des Ideenmaterials nach festgelegten Kriterien (z. B. „nicht/schwierig/leicht realisierbar", „mit hohen/mit wenig/ohne Kosten realisierbar").

Als Abwandlung bietet sich (vor allem bei wenig eingespielten Teams) das **Brainwriting** als anonymisierte schriftliche Ideensammlung an.
Beim **Brainwalking** werden Plakate mit verschiedenen Fragestellungen im Raum verteilt, auf denen die Teilnehmer ihre Ideen stichpunktartig festhalten; diese Methode eignet sich besonders für größere Gruppen, die bereits brainstorming-erprobt sind.

6 Führen Sie ein Brainstorming zum Thema Sprachförderung durch.

7 Diskutieren Sie in Ihrer Klasse Vor- und Nachteile und Grenzen der Brainstormingmethode und vergleichen Sie diese mit dem Mindmapping.

2 Mitschrift

Lernsituation

Heilerziehungspflegerin Luise Wolfram besucht im Rahmen einer Heilerziehungspflege-Messe einen Fachvortrag zum Thema „Kommunikationsanbahnung mit lautsprachbegleitenden Gebärden". Um möglichst viele Informationen behalten zu können, hat sie ihre Notizblätter folgendermaßen strukturiert:

Beispiel für Notizblätter

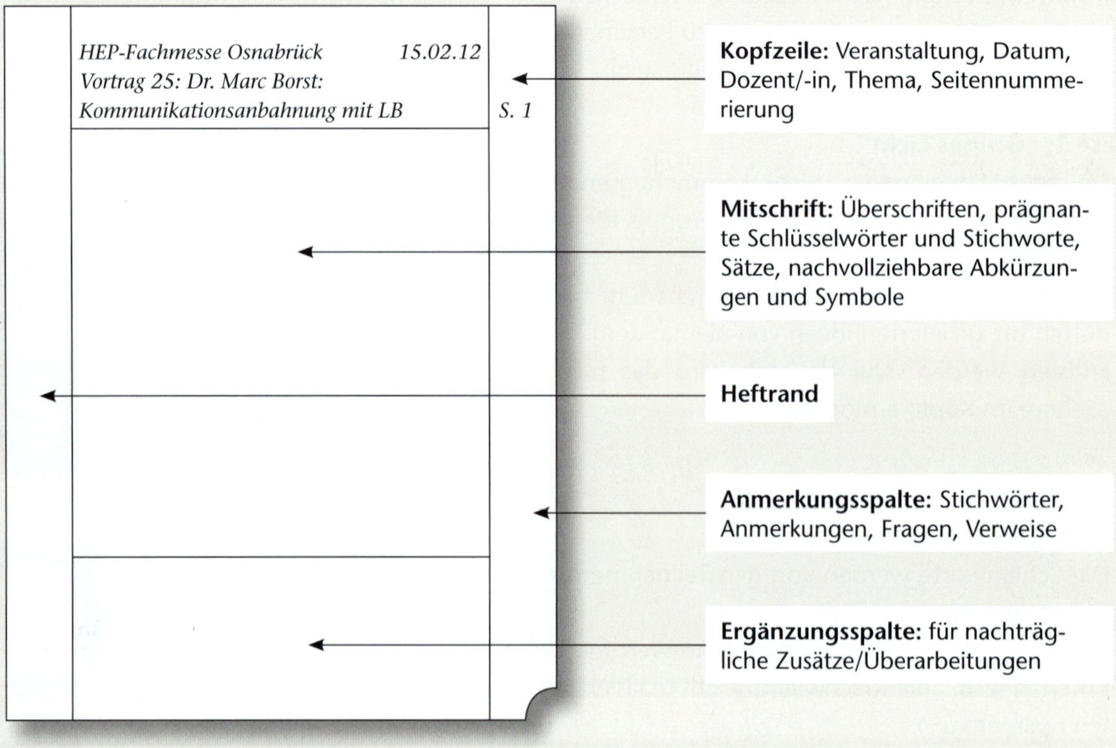

1 Wie hat Luise Wolfram ihre Mitschriften-Blätter vorbereitet? Erläutern Sie deren Aufbau und Funktion.

2 Erläutern Sie, welche Fähigkeiten für ein effektives Mitschreiben notwendig sind.

Vorteile von Vortrags- und Unterrichtsmitschriften

- Zwang zur Konzentration
- schnelles Erfassen von Kernaussagen, Struktur und Aufbau eines Stoffgebietes
- Lernstoffaneignung bereits während des Vortrags
- schnelle und leichte Aufarbeitung und Wiederholung des Stoffgebiets

Tipps

- Halten Sie nur das Wesentliche fest (Schlüsselwörter) – nur Definitionen und besonders wichtige Aussagen sollten wörtlich mitgeschrieben werden.
- Lose, einseitig beschriftete DIN-A4-Blätter sind am übersichtlichsten und zweckmäßigsten.
- Vergleichen Sie Ihre Mitschrift mit anderen Gruppenmitgliedern und ergänzen Sie diese ggf.
- Versuchen Sie anhand Ihrer Mitschrift, die wesentlichen Inhalte für eine fachfremde Person wiederzugeben.

3. Üben Sie das Mitschreiben im Unterricht, indem Sie
a Ihre Blätter wie oben vorbereiten,
b Ihre Mitschriften mit anderen vergleichen und ergänzen,
c mithilfe Ihrer Mitschrift einen Kurzvortrag über die wesentlichen Aussagen halten.

3 Fachliteratur

3.1 Möglichkeiten der Informationssuche

Lernsituation

Heilerziehungspflegerin Susanne Mende macht gerade ein Praktikum in einer schulvorbereitenden Einrichtung. Sie möchte gern mehr über das Thema ADHS erfahren, um mehr Sicherheit gegenüber ihren Kolleginnen zu bekommen. Auch erhofft sie sich, Praxisanregungen für die Betreuung der ADHS-Kinder zu bekommen und den Eltern eine größere Unterstützung bieten zu können.

1 Erstellen Sie eine Mindmap zu möglichen Informationsquellen.

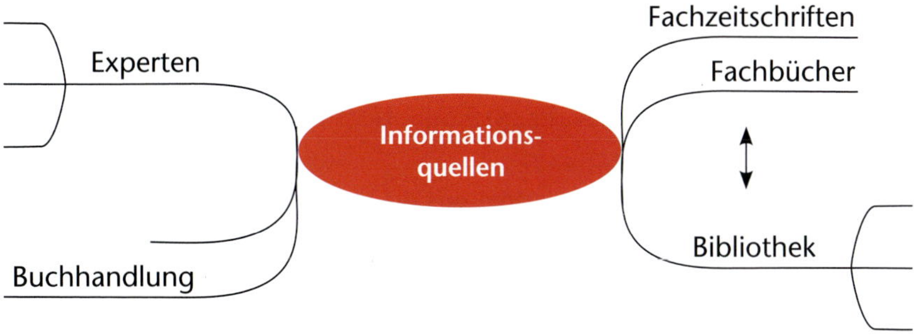

2 Welche der unter 1 aufgeführten Informationsquellen sind Ihrer Meinung nach besonders ergiebig? Nummerieren Sie die Äste Ihrer Mindmap in der Reihenfolge, in der Susanne ihre Quellen auswerten sollte.

3 Diskutieren Sie Ihre Nummerierung der Informationsauswahl in der Klasse.

3.2 Informationssuche im Internet

Suchmaschinen im Internet erleichtern die erste Informationssuche. Oft ist allerdings die Menge der gefundenen Websites zu einem bestimmten Thema sehr groß. Deswegen sollte der Suchbegriff möglichst genau sein. So präzisieren Sie Ihre Suchergebnisse:

- Verknüpfen Sie mehrere Stichworte miteinander, um sich mehr oder weniger Ergebnisse anzeigen zu lassen: Bei der Verwendung von UND werden nur Einträge angezeigt, die alle Begriffe beinhalten; ODER findet Beiträge, die einen der Begriffe enthalten; NICHT schließt Begriffe aus.
- Wenn Sie die Suchbegriffe in Anführungszeichen setzen, wird nach Texten gesucht, welche die angegebenen Begriffe in genau dieser Reihenfolge enthalten.
- Schließen Sie bestimmte Suchwörter aus, indem Sie ein Minus (ohne Leerzeichen) vor den Suchbegriff setzen.

- Wenn Sie verschiedene Wortendungen einschließen wollen, fügen Sie an den Wortstamm ohne Leerzeichen ein * an (bei „Heilerziehungspflege*" z.B. wird nach Heilerziehungspflege, Heilerziehungspfleger, Heilerziehungspflegeschule usw. gesucht).

Wenn Sie Informationen aus dem Internet z.B. für ein Referat verwenden wollen, sollten Sie nur anerkannte und möglichst aktuelle Quellen verwenden, die den derzeitigen Forschungsstand widerspiegeln. Seriöse Internetquellen sind z.B.

- Websites namhafter Forschungs- und Bildungsinstitute wie z.B. von der Ständigen Konferenz von Ausbildungsstätten für Heilpädagogik in der Bundesrepublik Deutschland oder dem Deutschen Behindertenrat,
- die Seiten von Berufsverbänden, z.B. vom Verband Sonderpädagogik e.V., vom Berufsverband Heilerziehungspflege oder vom Berufs- und Fachverband Heilpädagogik e.V.,
- Websites von Berufsfachforen, Internetfachzeitschriften wie „Heilpädagogik online" oder
- Uni-Homepages.

Prüfen Sie dazu das Impressum. Grundsätzlich ist Vorsicht geboten bei gebührenpflichtigen oder gewerblichen Seiten, die in erster Linie etwas verkaufen wollen. Zitieren Sie nur aktuelle, möglichst werbungsfreie Seiten, die in den letzten sechs Monaten überarbeitet wurden, die Quellenangaben enthalten und die keine Rechtschreibfehler aufweisen. Prüfen Sie auch die Seriosität der angegebenen Links (an der Aktualität der Links können Sie auch erkennen, wie gut eine Internetseite gepflegt wird).

Tipps

Artikel in Internetlexika wie z.B. Wikipedia werden von freiwilligen (Laien-)Autoren verfasst. Obwohl sie inzwischen oft qualitativ hochwertig sind, sind manche Informationen darin auch wissenschaftlich anfechtbar.

- Vorsicht bei sehr kurzen (neuen) Artikeln, da diese inhaltlich meist noch nicht ausgereift sind.
- Über den Button „Versionsgeschichte" können Sie Änderungen, die der Artikel im Laufe der Zeit erfahren hat, nachvollziehen.
- Zitate z.B. aus der „Wikipedia-Liste exzellenter Artikel" sind meist unbedenklich.

4 ***Stellen Sie für die Klasse eine Linkliste mit hilfreichen Adressen und Homepages für den Bereich Heilpädagogik/Heilerziehungspflege zusammen.***

5 ***Sie suchen ein Internetforum, in dem Sie sich mit Betroffenen und Angehörigen des Asperger-Syndroms austauschen können. Erläutern Sie, welche Suchbegriffe sinnvoll sind.***

3.3 Bibliotheksrecherche

Bei der Suche nach fachlichen Informationen sollten Sie sich nicht nur auf eine – meist recht oberflächliche – Internetrecherche beschränken, sondern sich auch einen Überblick über den aktuellen Forschungsstand anhand entsprechender Fachliteratur verschaffen. Besonders bei der Anfertigung von Facharbeiten wird erwartet, dass Sie im Theorieteil den gegenwärtigen Stand der Forschung zu einem Fachgebiet zusammenfassend wiedergeben und interpretieren. Zur Fachliteratur zählen:

- Sach-/Fachbücher
- Lehrbücher (für den Unterricht konzipiert)

- Fachlexika (z. B. medizinische Wörterbücher)
- Fachzeitschriften (z. B. „HEP-Informationen", „Motorik", „Zur Orientierung. Fachzeitschrift der Behindertenhilfe", „Zeitschrift für Heilpädagogik", „Geistige Behinderung. Zeitschrift der Lebenshilfe", „Behindertenpädagogik", „Häusliche Pflege", „Pflege-Zeitschrift" oder „Pflege ambulant")

Verwenden Sie nach Möglichkeit keine Fachbücher, die älter als zehn, und keine Fachzeitschriftenartikel, die älter als fünf Jahre sind.
Geeignete Literatur bekommen Sie über Stadt-/Gemeinde-, vor allem aber kostenlos über Staats- und Universitätsbibliotheken. Meist können Sie online im **Bibliothekskatalog** (OPAC[1]) recherchieren, welche Publikationen für Sie interessant sind. Suchen Sie entweder 1) nach Verfasser und Elementen des Titels im alphabetischen Katalog, 2) systematisch oder nach Schlagwörtern geordnet im Sachkatalog oder 3) vor Ort im die Buchaufstellung verzeichnenden Standortkatalog.

3.4 Auswahlkriterien

Fachbücher müssen nicht von vorne bis hinten gelesen werden. Verschaffen Sie sich vorab schnell und gezielt einen Überblick, ob das Fachbuch für Ihr Thema und Ihre Zielgruppe geeignet ist:

- Buchrückseite, Klappentext[2], Vorwort

Diese enthalten wichtige Informationen über Inhalt, Aufbau und Zielsetzung des Buches und machen Angaben zur angesprochenen Zielgruppe (Laien, Fachleute, Studierende, Eltern usw.).

- Inhaltsverzeichnis und Kapitelüberschriften

Diese spiegeln die Themenschwerpunkte des Buches wider und geben Auskunft, wie differenziert und ausführlich bestimmte Themen behandelt werden. Bestimmten Krankheitsbildern z. B. können ganze Bücher oder einzelne Buchkapitel gewidmet sein, sie können aber auch nur in einem Absatz kurz erläutert werden.

- Sachregister

Häufig finden Sie in Fachbüchern ein Sachregister, welches – meist am Ende des Buches – in alphabetischer Reihenfolge wichtige im Buch verwendete Stichwörter mit Seitenangaben auflistet. Überfliegen Sie die entsprechenden Seiten zu Ihrem gesuchten Stichwort, um sich einen Eindruck über Sprachstil und Inhalt zu verschaffen.

Tipp

Gehen Sie vom Allgemeinen zum Speziellen: Lesen Sie zunächst Überblicksinformationen in (Internet-)Lexika, dann Fachbücher und Spezialaufsätze zum Thema.

---

[1] *Als Online Public Access Catalogue (kurz OPAC) bezeichnet man einen öffentlich zugänglichen digitalen Bibliothekskatalog.*
[2] *Klappentext: Ein auf den Einschlagklappen eines Buchschutzumschlags stehender Text, zumeist mit einer werbenden Kurzzusammenfassung des Buchinhalts.*

6 Suchen Sie zu einem Fachthema Ihrer Wahl drei Fachbücher und einen Fachzeitschriftenartikel und prüfen Sie nach den oben vorgeschlagenen Schritten, ob diese für die Vorbereitung eines 30-minütigen Referats geeignet sind.

7 Susanne Mende (Seite 15) ist bei ihrer Recherche zum Thema ADHS in der Bibliothek auf folgende vier Bücher gestoßen. Nummerieren Sie die thematisch geeigneten in der Bearbeitungsreihenfolge und begründen Sie kurz Ihre Entscheidung.

Klappentext (Auszug)	Inhaltsverzeichnis (Auszug)
Kai Kahl/Jan Hendrik Puls/Gabriele Schmid: Praxishandbuch ADHS, Thieme, Stuttgart 2007, 160 S.	
Ein nützliches Arbeitsmittel für Psychotherapeuten, Psychologen, Sozialarbeiter und Pädagogen. Die Aufmerksamkeitsdefizit-Hyperaktivitätsstörung ist eine sehr häufige psychiatrische Erkrankung, die oft chronisch verläuft. Dieses nützliche Handbuch vermittelt in übersichtlicher Form neben Grundlagenwissen vor allem praxisrelevante Informationen zur Diagnostik und Behandlung von ADHS. **Das Besondere** – praxisnahe Vermittlung verschiedener Behandlungsmethoden – klinisches Vorgehen nach Altersstufen gegliedert – leserfreundliche didaktische Aufbereitung der Themen **Detailliert beschrieben** – Psychotherapie, Coaching und medikamentöse Therapie – Komorbidität und Differenzialdiagnose – hilfreiche Praxistipps	2.4 **Case Management: Medikation im Kindesalter** . . . 45 *Birte Behn* Einleitung . . . 45 Methylphenidat . . . 45 Atomoxetin . . . 48 Homöopathie . . . 49 2.5 **Case Management: Nichtmedikamentöse Therapie** . . . 51 *Gabriele Schmidt* Elternberatung . . . 51 Elterntraining . . . 54 Kooperation mit Schule und Kindergarten . . . 55 Konzentrationstraining . . . 57 Verhaltenstherapie . . . 58 Ergotherapie und Psychomotorik . . . 59 Familientherapie . . . 60 Entspannungstraining – geeignet bei ADHS? . . . 61
Michael Rösler (Hg.): Diagnose und Therapie der ADHS. Kinder – Jugendliche – Erwachsene, Kohlhammer, Stuttgart 2010, 166 S.	
Das Buch beschreibt die diagnostischen Maßnahmen, wobei die für jedes Lebensalter zu berücksichtigenden Besonderheiten herausgearbeitet werden. Neben der klassischen klinischen Diagnostik werden auch die modernen psychopathologischen Ratingskalen vorgestellt. Die verfügbaren Therapiemethoden werden für jedes Lebensalter differenziert besprochen und die Grundlagen der Pharmako- und Psychotherapie erläutert.	**II. Diagnostik im Kindes- und Jugendalter** 2. ADHS bei Vorschulkindern . . . 21 *Alexander von Gontard* 3. Diagnose und Differenzialdiagnose der ADHS im Kindes- und Jugendalter . . . 29 *Thomas J. Lempp, Eftichia Duketis, Stephan Bender und Christine M. Freitag* 4. Fragebögen und Beurteilungsskalen zur Erfassung von ADHS bei Kindern und Jugendlichen . . 44 *Anja Görtz-Dorten und Manfred Döpfner* 5. ADHS und Autistische Störungen: Differenzialdiagnose, Risikofaktoren und therapeutische Implikationen . . . 58 *Christine M. Freitag*

Christine Mangold: ADHS – Krankheit oder Modediagnose unserer Zeit?
Irl, Buchendorf b. München 2007, 129 S.

Christine Mangold arbeitete bis zur Geburt ihrer Kinder als Krankenschwester für Anästhesie und Intensivmedizin. Die ersten Erfahrungen mit der Kraft der Homöopathie machte sie, wie viele andere junge Mütter auch, durch die Krankheit der Kinder. Nach der Familienpause legte sie die Amtsarztprüfung ab und absolvierte ihr Studium in klassischer Homöopathie an der Clemens von Bönninghausen Akademie. Schon während dieser Zeit hielt sie Vorträge zum Thema „Aufmerksamkeitsstörungen bei Kindern“. Nun arbeitet sie mit diesen Kindern in eigener Praxis. Das Anliegen dieses Buches ist eine möglichst wertfreie Betrachtung des Phänomens „Störung der Aufmerksamkeit“. Die Behandlung durch die klassische Homöopathie bildet natürlich den Schwerpunkt. Ein weiteres Anliegen ist die Behandlung nach miasmischen Gesichtspunkten. Aber auch andere alternative Behandlungsmethoden […] werden besprochen.

Sind Sie bereit für ein faszinierendes Thema? 3
Inhaltsverzeichnis 5
1. Eine „unwissenschaftliche“ Einstimmung auf das Thema 8
   1.1. Der Rosenpsychiater 8
   1.2. Zwischen dem Kontinuum krank und gesund bewegt sich die Menschheit 9
   1.3. Was ist Aufmerksamkeit 9
2. Was ist ADHS 10
   2.1. Einteilung in eine altersspezifische Symptomatik 12
[…]
3. Ursachen von ADHS 14
   3.1. Die Hypothese einer neurobiologischen Störung 14
   3.2. Genetik 15
   3.3. Umwelttoxine und allergische Reaktionen (Phosphatüberempfindlichkeit, Feingold-Diät) 16
   3.4. Quecksilberintoxikation 16
[…]
8. Indigokinder 31
9. Wie kann man das Kind in der homöopathischen Praxis testen 31
[…]
10. Die homöopathische Behandlung 32

Armin Born/Claudia Oehler: Lernen mit ADS-Kindern. Ein Praxishandbuch für Eltern, Lehrer und Therapeuten.
8., aktualisierte Aufl., Kohlhammer, Stuttgart 2010. 202 S.

Stimmen zu den Vorauflagen dieses Standardwerkes: „Dieses Praxisbuch füllt eine wesentliche Lücke in der langen Reihe der ADS-Ratgeber: gut verständlich, praxisorientiert und äußerst handlungsrelevant gibt es Hilfestellungen und Anleitungen zum Umgang mit Lern- und Leistungsstörungen bei ADS-Kindern. […] Eltern, Lehrern und praktisch tätigen Therapeuten sei es wärmstens ans Herz gelegt“ (Z. Kinder-Jugendpsychiatrie).
„[…] ein Handbuch, Ratgeber, Mutmacher für Eltern, Lehrer und Lerntherapeuten. […] Das WIE der fachlich kompetenten Hilfe wird in dem Buch anhand von praxisnahen Beispielen gezeigt und sollte in keiner Schulbibliothek und keiner Familie mit einem betroffenen Kind fehlen!“ (ADAPT Newsletter).
Dieses Buch „zählt zum Besten, was der deutsche Büchermarkt derzeit zum Thema ADS und Lernen zu bieten hat“ (Bundesverband Aufmerksamkeitsstörung/Hyperaktivtität e. V.).

Teil I: Grundlagenwissen […]
Kapitel 2: Besondere Leistungsprobleme bei ADS-Kindern 7
1. Welche Besonderheiten sehen Sie als Eltern in der Lern- und Hausaufgabensituation Ihrer Kinder . . 7
2. Was sieht die Lehrerin bei Ihrem Kind im Unterricht 8
3. Was sehen Psychologen in Testverfahren in der Praxis 10
4. wie passt die Schulwirklichkeit zu der besonderen Ausgangssituation von ADS-Kindern 11
5. Zur aktuellen Forschungslage 12
[…]
Teil II: Allgemeine Tipps zum Lernen mit ADS-Kindern 51
Kapitel 7: Lerntipps für ADS-Kinder im Überblick . . 51
1. Grundprinzipien 53
2. Mehr des Lernstoffes von außen 53
3. Wenige, passende Methoden und Reduktion auf das Wesentliche 52
4. Der visuelle Einprägeweg ist häufig günstiger . . . 52
5. Lernwege ohne Schreiben 54
6. Unterstützung bei den Hausaufgaben 54
[…]

4 Aktives Lesen (Francis Robinson)

Bei Francis Robinsons „SQ3R-Methode", auch 5-Schritt-Methode genannt, geht es um aktives Lesen. Das Ziel des aktiven Lesens ist es, sich fachlich anspruchsvolle Texte eigenständig zu erarbeiten und darin enthaltene Kernaussagen langfristig zu behalten.

1. Schritt: Überblick verschaffen („Survey")

Verschaffen Sie sich zunächst einen Überblick über das Buch/den Text. Dazu liefern Titel, Untertitel, Inhaltsverzeichnis, Vorwort, Einleitung, Kapitelzusammenfassungen, Schlusswort und Sachregister wichtige Hinweise.

2. Schritt: Fragen an den Text stellen („Questions")

Formulieren Sie anschließend (schriftlich) Fragen zum Text, die Sie am Ende der Lektüre geklärt haben möchten – dies ist gleichzeitig eine gute Prüfungsvorbereitung. Denkbar sind z. B. Fragen zu Autor, Inhalt, zu einzelnen Kapiteln oder zum Argumentationsaufbau (Welche Behauptungen/Thesen werden aufgestellt? Wie sind diese begründet? Werden Beispiele dazu genannt?).

3. Schritt: Lesen und inhaltlich gliedern („Read")

Jetzt erst beginnt die eigentliche Lesearbeit. Entscheiden Sie, abhängig von Ihren vorher formulierten Fragen, ob Sie den Text ganz lesen oder einzelne Abschnitte nur überfliegen wollen.
Schon beim ersten Lesen bekommen Sie einen Eindruck über die Textsorte, den im Text behandelten Sachverhalt und die Meinungen und Absichten des Autors. Diesen **vorläufigen Eindruck überprüfen** Sie im weiteren Verlauf Ihrer Textuntersuchung auf seine Richtigkeit.

Tipps

Wenn Sie beim Lesen auf einen unbekannten Begriff stoßen ...
- ... fragen Sie sich zunächst: Ist er für das Verständnis zentraler Gedanken wichtig?
- Wenn ja: Können Sie ihn sich aus dem Textzusammenhang erklären?
- Wenn nein: Schlagen Sie in einem Wörterbuch oder (Internet-)Fremdwörterbuch nach.
- Zerlegen Sie komplizierte Sätze zum besseren Verständnis in Haupt- und Nebensätze (vgl. Kapitel 4 im Abschnitt „Normen der Standardsprache").

Um den Textaufbau und die Kernaussagen herausarbeiten zu können und einen besseren Überblick zu bekommen, unterteilen Sie den Text in **Sinnabschnitte**. Dabei können Ihnen die Abschnitte helfen, die der Autor selbst gemacht hat.
Suchen Sie in diesen Abschnitten möglichst prägnante Schlüsselwörter und Kerngedanken, die den Inhalt zusammenfassen. In eigenen Büchern oder Kopien können Sie diese **Schlüsselwörter** im Text **markieren** oder **unterstreichen**.[1] Um neben dem Inhalt auch den Argumentationsaufbau des Textes

[1] *Auf S. 22 finden Sie einen Absatz mit Markierungsbeispielen. Markieren Sie nur aussagekräftige Wörter, nicht ganze Sätze.*

zu erfassen, vermerken Sie daneben, ob es sich jeweils um eine These, ein Beispiel, eine Fragestellung, einen Ausblick, eine Schlussfolgerung usw. handelt.

Tipps

- Unterstreichen/markieren Sie erst, nachdem Sie sich über den Inhalt des Abschnitts klar geworden sind. Denn erst dann wissen Sie, welches die wichtigen Stellen im Text sind.
- Unterstreichen Sie nicht zu viel, sondern nur aussagekräftige Nomen sowie für das Verständnis wichtige Adjektive und Verben.

4. Schritt: In eigenen Worten zusammenfassen („Recite")

Anhand Ihrer Markierungen und Unterstreichungen können Sie nun den Inhalt losgelöst vom Text wiedergeben und so Ihr Textverständnis überprüfen. Notieren Sie sich dazu die wichtigsten Inhalte in eigenen Worten stichpunktartig auf ein Extrablatt. Nutzen Sie eventuell grafische Darstellungen (siehe Abbildung unten) oder Mindmaps, um Zusammenhänge zu verdeutlichen und sich das Gelesene einzuprägen.

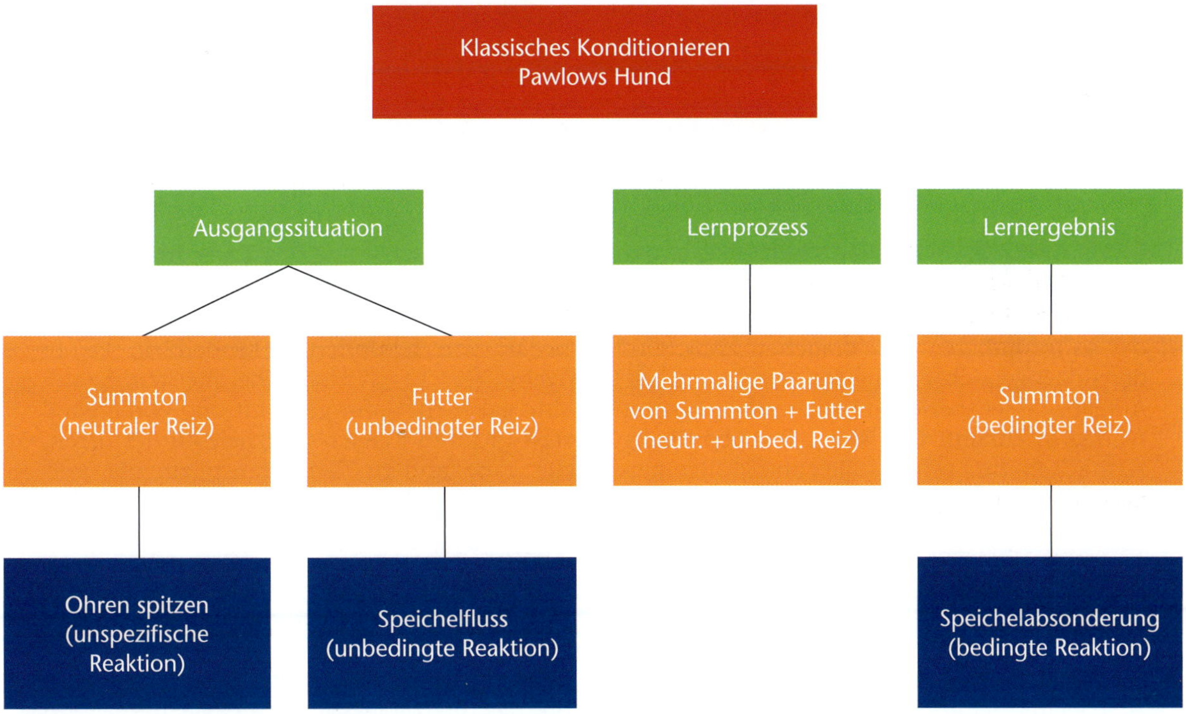

Beispiel für grafische Textzusammenfassung: Konzept der pawlowschen Konditionierung

Tipp

Entwickeln Sie für die Schritte 3 und 4 Ihr eigenes Abkürzungs- und Symbolsystem, z. B.:

+ -	richtig, positiv bzw. falsch, negativ
!	wichtig, zu beachten
?	fraglich, unklar
T	These
Bsp	Beispiel
#	wichtige Definition
⇒	Schlussfolgerung
Z	Zusammenfassung

5. Schritt: Gesamtzusammenfassung („Review")

Rekapitulieren Sie sich abschließend die gedankliche Struktur des Textes und fassen Sie Ihre Erkenntnisse aus der Lektüre in eigenen Worten zusammen. Orientieren Sie sich dabei an den Fragen aus Schritt 2.

1 *Kopieren Sie den unten stehenden Artikel „Behinderte Schüler: Das Recht auf Miteinander" und erarbeiten Sie sich nach der SQ3R-Methode ein Textverständnis dafür.*

2 *Ist es sinnvoll, Sonderschulen abzuschaffen? Führen Sie eine Diskussion (vgl. Kapitel 5.1 im Abschnitt „Gesprächsführung") über die Vor- und Nachteile der Inklusion. Informieren Sie sich dazu über die Unterschiede zwischen Integration und Inklusion und die aktuelle Rechtslage in Deutschland.*

Behinderte Schüler: Das Recht auf Miteinander

Die Vereinten Nationen garantieren behinderten Kindern die freie Wahl ihrer Schule. Profitieren sie von mehr Normalität, oder brauchen sie besonderen Schutz?

Ein Streitgespräch zwischen Thomas Stöppler und Ulf Preuss-Lausitz. Thomas Stöppler leitete eine Sonderschule und ist Vorsitzender des Verbandes Sonderpädagogik e. V. in Baden-Württemberg. Ulf Preuss-Lausitz ist Professor für Erziehungswissenschaft und Sprecher des Arbeitskreises Gemeinsame Erziehung in Berlin.

Ausgangslage in Dtl.

DIE ZEIT: Knapp 500.000 Kinder und Jugendliche besuchen derzeit in Deutschland eine sonderpädagogische Fördereinrichtung. Sind die alle auf der falschen Schule?

These Preuss-Lausitz

Ulf Preuss-Lausitz: Zugespitzt könnte man das so formulieren. Wir brauchen zwar Sonderpädagogen, aber keine Sonderschulen. Die Aufgabe dieser speziellen Fördereinrichtungen wird es in Zukunft sein, sich selbst überflüssig zu machen. Ihre Lehrer sollen an die allgemeinen Schulen wechseln, wo sie helfen, behinderte wie nichtbehinderte Kinder gemeinsam zu unterrichten. Denn die Kompetenz der Sonderpädagogen kann sich im gemeinsamen Unterricht am besten entfalten.

Gegenthese Stöppler

Thomas Stöppler: Ich sehe das völlig anders. Wir brauchen eigenständige Sonderschulen auch weiterhin, und zwar in ihrer ganzen Breite und Differenziertheit. Denn es gibt Schüler, die in einer sonderpädagogischen Einrichtung – zumindest zeitweise – am besten gefördert werden. Dazu gehören Lernbehinderte, massiv Verhaltensgestörte oder Jugendliche mit enormen Sprachdefiziten.

Bspe

Preuss-Lausitz: Aber schon die Definition, wer auf eine Sonderschule gehört, ist doch alles andere als klar! Anders ist nicht zu erklären, dass im Saarland dreimal so viele schwer sehbehinderte Kinder festgestellt werden wie in Niedersachsen […].

ZEIT: […] Kann man sich wirklich vorstellen, dass ein geistig behindertes Kind im Rollstuhl in einem Klassenraum mit gesunden Schülern zusammen unterrichtet werden soll?

Preuss-Lausitz: […] Auch ich habe es nicht geglaubt, bis ich es gesehen habe – eine Schule in Brandenburg […] hat Kinder mit allen Behinderungsarten aufgenommen, und das hat ganz wunderbar geklappt. Ein körperlich und geistig schwer mehrfach behindertes Kind hat dort natürlich einen individuellen Förderlehrer an seiner Seite. Für mehrere Stunden bekommt es auch Einzelunterricht oder geht zur Physiotherapie. Aber es fühlt sich als Teil seiner Klasse und lernt dort […] sicherlich mehr als in einer Schule für geistig Behinderte.

Stöppler: Ich höre ganz andere Meldungen. Sonderpädagogen berichten zum Beispiel aus Berlin von erschreckenden Fällen, in denen allgemeine Schulen dem individuellen Förderbedarf von behinderten Kindern in keiner Weise gerecht werden. Die meisten Lehrer sind gar nicht dafür geschult und vorbereitet, dass in ihren Klassen plötzlich Kinder sitzen, die ganz andere Lernvoraussetzungen mitbringen als die übrigen Schüler. […] Sonderpädagogik erfordert eine hochkomplexe Didaktik, die stets auf das einzelne Kind zugeschnitten werden muss. Ob das gelingt, hängt nicht davon ab, ob irgendjemand zufällig mit einem anderen gut kann. [Sondern damit, ob] der Lehrer gut ausgebildet ist und ob das pädagogische Umfeld stimmt. Ein schwerst verhaltensauffälliges Kind etwa benötigt ein klar strukturiertes Lernarrangement, während ein massiv lernbehindertes Kind eine eher offene Lernsituation braucht, wo es etwas entdecken kann. Ein hörbehindertes Kind braucht eine gute Ausleuchtung, um das Mundbild ablesen zu können – für blendempfindliche sehbehinderte Kinder bedeutet aber helles Licht eine erhebliche Einschränkung. Diese Schüler kann man nicht alle mit gesunden Kindern so nebenbei im Klassenraum unterrichten!

Preuss-Lausitz: […] Wir wissen doch längst, dass es wenig Sinn ergibt, zehn lernbehinderte oder verhaltensauffällige Kinder in einem Raum zu unterrichten. Kinder lernen am besten von anderen Kindern. Wenn es aber niemanden gibt, von dem sie lernen können, sind die Fortschritte gering. Deshalb schaffen knapp achtzig Prozent aller Sonderschüler nicht einmal den Hauptschulabschluss; das gilt auch für körperbehinderte, geistig nicht beeinträchtigte Schüler. Nur zwei Prozent der Förderschüler bringen es zum mittleren Schulabschluss, die Abiturquote ist fast gleich null. Das zeigt doch das Versagen dieses Konzepts.

Stöppler: Glauben Sie wirklich, dass alle Kinder in integrativen Beschulungsformen plötzlich den Hauptschulabschluss oder gar das Abitur ablegen? Die meisten Kinder mit Behinderungen werden dort nur nebenherlaufen. Denn die Lehrer in den Regelschulen sind bislang in keiner Weise auf die Förderschüler vorbereitet. Bevor wir von Inklusion reden, müssen wir dafür erst die notwendigen Bedingungen schaffen. Das aber kostet Zeit und Geld.

Preuss-Lausitz: Diese Art der Argumentation kenne ich seit drei Jahrzehnten: „Erst muss die allgemeine Schule ganz toll werden, dann können wir mit der Integration beginnen." Diese Logik hat dazu geführt, dass sich fast nichts getan hat. Dafür wurde das System der Sonderschulen immer weiter ausgebaut, ihre Zahl stieg in den vergangenen fünfzehn Jahren um mehr als ein Drittel.

Stöppler: [...] Während meiner Zeit als Schulleiter haben wir viele Kinder aus der Förderschule in die allgemeine Schule integriert, wenn wir guten Gewissens sagen konnten, dass das Kind dort die nötige Unterstützung bekommt. Dennoch wird es immer Schüler geben, die eine Spezialeinrichtung brauchen. [...] Wir hören immer wieder Berichte enttäuschter Eltern, dass ihr Kind auf der Integrationsschule erst recht die Erfahrung des Außenseiters macht, weil es in vielen Belangen langsamer und schwächer als seine Klassenkameraden ist. In der *Lebenshilfe-Zeitung* schrieb einmal eine Mutter, ihr Kind habe in der Integrationsschule „vor allem geduldige Hilfsbereitschaft und ein mehr oder minder gut kaschiertes Desinteresse der Mitschüler" erfahren. Erst auf der Sonderschule, unter Klassenkameraden mit ähnlichen Schwierigkeiten, sei ihre Tochter aufgeblüht.

Preuss-Lausitz: Es gibt auch Förderschüler, die sich dafür schämen, dass sie eine Sonderschule besuchen. [...] Wir haben in Brandenburg untersucht, wie sich Kinder in Integrationsklassen fühlen. Dort waren nichtbehinderte Schüler im Schnitt zufriedener als in nichtintegrativen Parallelklassen, und die Kinder mit Behinderung äußerten die höchste Zufriedenheit. Zudem war das Klassenklima besser.

Stöppler: Sie sagen, *im Schnitt* war die Zufriedenheit größer [...]. Gute Behindertenpädagogik aber betrachtet stets den Einzelfall. Das ist der Unterschied zwischen uns: Sie wollen alle Förderschüler in die Regelschulen pressen. Ich sage, wir müssen bei jedem einzelnen Kind fragen, wo es am besten unterstützt wird – in der Integrationsklasse, der Sonderschule oder einer Außenklasse? [...]

ZEIT: Erwarten Sie künftig auch von allen Lehrern, Integrationsschüler zu unterrichten?

Preuss-Lausitz: Selbstverständlich. [...] Jeder Lehrer muss damit rechnen, während seiner Berufslaufbahn auch Förderschüler in seiner Klasse zu haben. Zugegeben: Die meisten Kollegen sind auf diese Herausforderungen bislang nicht vorbereitet. Ich fordere schon lange, dass alle Pädagogen das Lehren in heterogenen Klassen und den Umgang mit verhaltensauffälligen und lernbehinderten Schülern lernen müssen. [...]

ZEIT: Wie gehen denn andere Länder mit der Problematik um, die wir hier diskutieren? [...]

Preuss-Lausitz: Die meisten Industrienationen haben sehr viel weniger Förderschüler in Sonderschulen. Länder wie Italien, Spanien oder Irland haben fast ganz umgestellt auf eine gemeinsame Erziehung. Deutschland ist weltweit ein Sonderfall ...

Stöppler: ... um den uns Sonderpädagogen in anderen Ländern durchaus beneiden. Ich kenne die Situation in Italien recht gut. Viele Kinder mit Lernbehinderungen oder Verhaltensauffälligkeiten gehen dort in den allgemeinen Schulen komplett unter. Als Reaktion darauf haben sich inzwischen viele Privatschulen gegründet, auf die begüterte Eltern ihre behinderten Kinder schicken.

ZEIT: [...] Würde ein gemeinsamer Unterricht für alle billiger oder teurer?

Preuss-Lausitz: Billiger [...] wird ein inklusives Schulsystem sicherlich nicht. Aber es muss auch nicht automatisch teurer werden [...]. Denn man verlagert ja nur Personal von einer Schule an die andere. Teuer ist es hingegen, zwei Systeme parallel zu finanzieren. Das können wir uns nicht leisten.

Stöppler: Ich sage Ihnen voraus, dass Ihr Modell ein Sparmodell wird und unsere Kollegen in den Regelschulen aufgesogen werden. Dort drohen die Sonderpädagogen zum einen zu Experten für alle schwierigen Schüler in einer Klasse zu werden. Zum anderen wird man zuerst an sie denken, wenn ein Lehrer krank geworden ist und man eine Vertretung braucht. Das Nachsehen haben die Förderschüler, die nicht mehr viel von ihrem Lehrer haben werden. [...]

Quelle: Schnabel, Ulrich/Spiewak, Martin: Behinderte Schüler. Das Recht auf Miteinander, in: Die Zeit Nr. 6/2010, S. 29f.

5 Zitieren und Quellenangaben

Wenn Sie eine fremde Quelle (z.B. Fachliteratur, Zeitungsartikel, Internetquellen) in Ihrer eigenen Darstellung aufgreifen und argumentativ verarbeiten, müssen Sie diese korrekt zitieren. Zitate werden bei der Erschließung und Interpretation eines literarischen Textes wie auch bei der Analyse und Erläuterung eines Sachtextes verwendet und liefern die fachtheoretischen Grundlagen für Referate und Facharbeiten. Durch Zitate sichern Sie in einem argumentativen Text Ihre Meinung ab, indem Sie sich auf anerkannte Autoritäten, Experten oder Aussagen von Betroffenen berufen.

Durch das Offenlegen Ihrer Quellen verdeutlichen Sie, worauf Ihre Überlegungen aufbauen und geben an, welche Materialien Sie dafür verwendet haben, sodass Leser/-innen diese für weiterführende Informationen nachverfolgen und selbst vertiefend nutzen können. Außerdem ist fremdes Gedankengut urheberrechtlich geschützt. Verstöße gegen das Urheberrecht, sogenannte Plagiate, werden als Betrug gewertet.

Zitieren Sie sinnvoll, d.h. so wenig wie möglich und so viel wie nötig. Reihen Sie Zitate nicht wahllos aneinander, sondern ziehen Sie diese für Ihre Argumentation heran, wenn sie als überzeugender Beleg oder zur Veranschaulichung der von Ihnen aufgestellten Behauptungen dienen.

Ihr Zitat muss dabei inhaltlich und sprachlich in den eigenen Text eingebettet werden. Dabei haben Sie die Wahl zwischen indirekten, also sinngemäßen Zitaten und direkten Zitaten, bei denen Sie den Originalwortlaut nicht bzw. nur mit entsprechender Kennzeichnung verändern dürfen.

Tipps

Benutzen Sie Zitate, um
- die Gedanken eines Autors vorzustellen,
- die Herkunft/Quelle einzelner Gedanken anzugeben,
- eigene Erkenntnisse mithilfe von Autoritäten zu untermauern,
- Thesen/Behauptungen zu belegen,
- auf weiterführende Literatur zu verweisen oder
- Material zur kritischen Auseinandersetzung zu liefern, indem Sie gegenteilige Meinungen darstellen.

Korrekte Kennzeichnung von Zitaten

Zitierregel	*Beispiel*
Geben Sie nach jedem Literaturzitat in Klammern die **Quelle in Kurzform** (z.B. Autor, Kurztitel des Werkes, Seite) an. Die ausführlichen Quellenangaben führen Sie dann im Literaturverzeichnis am Ende der Arbeit auf.	*„Die Lebenswelten von Menschen mit Behinderungen haben sich besonders in den letzten 25 Jahren stark gewandelt“* ***(Doll, Praxisorientierte Heilerziehungspflege, 2009, S. 10).***
Geben Sie bei **mehrfachen Zitaten** der gleichen Quelle hintereinander nur am Anfang Autor, Kurztitel und Seite an, danach nur noch **„ebd.“** für „ebenda“.	Wurde Doll (s.o.) bereits zitiert, reicht nun folgende Angabe aus: *(vgl. ebd., S. 13f.)* oder *(ebd., S. 13f.)*
Bei **Zitaten über zwei Seiten** oder zwei Verszeilen (bei Gedichten) fügen Sie in Klammern ein **„f.“** an. Bei mehreren Seiten oder Verszeilen steht ein „ff.“ für „die folgenden Seiten“.	*vgl. Z. 5f. oder vgl. S. 16f.* *vgl. Z. 34ff. oder vgl. S. 53ff.*

Zitierregel	*Beispiel*
Indirekte Zitate, d. h. die sinngemäße, zusammenfassende Übernahme einer Textpassage, werden **nicht in Anführungszeichen** gesetzt. Verwenden Sie **ggf.** den **Konjunktiv** (vgl. Kap. 3 im Abschnitt „Normen der Standardsprache"), wenn Sie Aussagen bzw. Meinungen eines anderen Autors zitieren. Geben Sie am Ende der sinngemäßen Übernahme durch den Klammerzusatz **(vgl. ...)** an, wo die Textstelle wörtlich zu finden ist.	*Erhard Doll weist darauf hin, dass der Begriff Heilerziehungspfleger(in) als Berufsbezeichnung erstmals 1958 verwendet wurde und das Berufsverständnis auf eine ganzheitliche Pflege und die Verbesserung der Lebensqualität* ***abziele (vgl. Doll, Praxisorientierte Heilerziehungspflege, 2009, S. 10).***
Wörtliche/direkte Zitate stehen **in Anführungsstrichen**. Vermerken Sie die Fundstelle danach in Klammern.	*Doll betont die Wichtigkeit der* ***„Vermittlung solcher Fähigkeiten und Fertigkeiten, die ein Sich-Zurechtfinden in der Welt ermöglichen"*** *(ebd.).*
Wenn eine Textstelle, die Sie zitieren wollen, bereits ein Zitat enthält, kennzeichnen Sie dieses **Zitat im Zitat** mit **einfachen Anführungszeichen**.	*Daher stellt er abschließend klar: „Es geht also um mehr als nur um Versorgung und Behandlung* ***‚Kranker'"*** *(ebd.).*
Zitieren Sie so kurz und prägnant wie möglich. Manchmal genügt es, **einzelne Wörter** oder **Satzteile** zu zitieren, dann folgt die **Quellenangabe gleich nach dem schließenden Anführungszeichen**.	***„Arbeitsassistenz" (ebd., S. 13)*** *bedeutet also die Unterstützung von körperbehinderten Menschen während ihrer Arbeitszeit, um ihre Funktionseinschränkungen auszugleichen.*
Kennzeichnen Sie **Verkürzungen bzw. Auslassungen** von Wörtern oder Satzteilen durch eckige Klammern **mit drei Punkten [...]**. Dabei dürfen Sie den Sinn jedoch nicht entstellen und der Satz muss – trotz Kürzung – noch verständlich und grammatikalisch korrekt sein.	*„Das Kündigungsschutzgesetz sorgt [...] dafür, dass eine Beendigung des Arbeitsverhältnisses [...] durch den Arbeitgeber ganz konkreten Regeln unterliegt [...]" (ebd., S. 15).*
Integrieren Sie kürzere Zitate in Ihren eigenen Text, indem Sie Ihren eigenen Satzbau grammatisch an das Zitat anpassen. **Veränderungen** oder **hinzugefügte Wörter** müssen Sie **mit eckigen Klammern [Wort] kenntlich** machen.	*Familienentlastende Dienste stellen nach Meinung des Autors ebenfalls ein interessantes Arbeitsfeld für Heilerziehungspfleger dar. Er kritisiert jedoch, dass deren Finanzierung „nicht immer durchgängig gesichert* ***[ist]****. Deshalb findet eine Einstellung von Heilerziehungspflegern noch immer nur sehr zögerlich statt" (ebd., S. 13).*
Längere Zitate über mehr als drei Zeilen in Facharbeiten oder Hausarbeiten bilden einen **eigenen Abschnitt**: Beginnen Sie Ihr Langzitat mit einer neuen Zeile und rücken Sie es eventuell zusätzlich ein.	*Doll definiert den Wortbestandteil „Heil-„ in „Heilerziehungspflege" folgendermaßen:* *„Heilen meint nicht das ‚Heil' im medizinischen Sinn. Vielmehr bezieht sich der Begriff auf die Gesamtheit der Lebensumstände und somit auf ein sinnerfülltes Leben eines zu betreuenden Menschen mit Behinderung". (ebd., S. 10)* *und betont damit ...*
Zitate, die ohne klaren Bezug zum laufenden Text beginnen, sollten Sie durch einen **Zusatz in eckiger Klammer erklären**.	*„Dabei* ***[beim Erziehen]*** *geht es um die Vermittlung solcher Fähigkeiten und Fertigkeiten, die ein sich Zurechtfinden in der Welt ermöglichen" (ebd.).*

Tipps

- **Zitieren Sie nicht zu ausgiebig**, sodass Ihre eigenen Gedanken hinter den gesammelten Zitaten verschwinden. Prüfen Sie: Ist das Zitat für das Thema wichtig und interessant?
- **Zitieren Sie nicht unnötig**: Selbstverständliche Gedanken und Begriffsklärungen, die inzwischen Allgemeingut sind, brauchen nicht zitiert werden.
- **Verfälschen Sie die Zitate nicht**: Geben Sie wörtliche Zitate worttreu, indirekte Zitate mit *vgl.* wieder. Reißen Sie Zitate nicht aus ihrem ursprünglichen gedanklichen Zusammenhang, sodass der Sinn entstellt wird.
- **Zitieren Sie nicht zu wenig**: Das bedeutet, dass Sie entweder zu wenig gelesen (und zu wenig gearbeitet) haben oder dass andere (Experten-)Meinungen, die im Interesse einer sachgerechten Auseinandersetzung wichtig sind, von Ihnen unberücksichtigt/unerwähnt blieben.

Schließen Sie Ihre Facharbeit oder Referathandouts mit einem (nach den Autoren-Nachnamen alphabetisch geordneten) **Literatur- bzw. Quellenverzeichnis** ab. Dort führen Sie alle verwendeten Quellen (also Literatur, Internetquellen, Film- oder Radiobeiträge) auf. Für ein komplettes Literaturverzeichnis sind folgende Angaben unverzichtbar:

- **Nachname, Vorname** des/der Verfasser(s) oder Herausgeber(s)[1]
- ggf. Name des **Übersetzers, Illustrators**
- **Titel** und ggf. **Untertitel**
- Zahl der **Auflage** (wenn es keine Erstauflage ist)
- **Erscheinungsort und -jahr**

Die Zeichensetzung und Reihenfolge der bibliografischen Angabe ist weitgehend Geschmackssache – behalten Sie jedoch das einmal gewählte Muster innerhalb einer Arbeit konsequent bei. Im Folgenden einige Beispiele zur Orientierung – falls Ihnen nicht schon ein Schema vorgegeben ist.

Beispiele für Quellenangaben

Quelle	*Beispiele*
(Fach-)Buch	▶ *Doll, Erhard/Greving, Heinrich/Niehoff, Dieter: Praxisorientierte Heilerziehungspflege. Bausteine des Rechts. 2. Auflage, Bildungsverlag Eins, Troisdorf 2009.* ▶ *Schmutzler, Hans-Joachim: Handbuch Heilpädagogisches Grundwissen. Die frühe Bildung und Erziehung behinderter und von Behinderung bedrohter Kinder. 2. Auflage, Herder, Freiburg 2008.*
Zeitungs- bzw. Zeitschriftenartikel	Hier brauchen Sie neben dem Autor und Titel auch den Namen der Zeitung/Zeitschrift sowie Seitenangaben zu dem Artikel. Je nach Publikationshäufigkeit müssen Heftnummer, Monat oder – bei Tageszeitungen – das genaue Datum angegeben werden. ▶ *Friedrichsen, Gisela: Mensch, Martin! In: Der Spiegel 47/2010, S. 60 ff.* ▶ *Greine, Rita: Spürbar miteinander in Kontakt kommen. Spiele zur Entwicklung von Körperbewusstsein. In: Kindergarten heute 1/2009, S. 18–20.*
Internetartikel	Geben Sie neben Verfasser und Titel die genaue Internetadresse (URL) an. Da sich Websites oft ändern, sollten Sie auch das Datum angeben, an dem Sie diese zuletzt aufgerufen haben. ▶ *o. Verf.:[2] Heilpädagogische Entwicklungsförderung. abgerufen unter: http://www.heilpaedagogik-info.de/fachwissen/heilpaedagogische-entwicklungsfoerderung.html [Zugriff am 26.02.2011]*
(Kurz-)Film	Hierfür benötigen Sie den Namen des Regisseurs, Format (z. B. 8mm, VHS, DVD), Produktionsland und -jahr sowie Spieldauer. ▶ *Elliot, Adam (Buch, Regie und Animation): Harvie Krumpet. DVD, Australien 2003, 23 Min.*

[1] *Herausgeber sind für die Auswahl der an einem Sammelband beteiligten Autoren zuständig; nach dem Herausgebernamen fügen Sie dann in Klammern „Hg." ein, z. B.: Müller, Michaela (Hg.): …*

[2] *Gebräuchliche Abkürzung für „ohne Verfasser", daneben gibt es auch die Abkürzung „o. T." für „ohne Titel".*

1 Erstellen Sie zu einem Fachthema Ihrer Wahl eine Literaturliste mit Fachbüchern, Zeitungsartikeln und Internetseiten.

2 Recherchieren Sie in Internet und Bibliothek (OPAC), für welche Themen und Zielgruppen die oben als Beispiele kursiv angegebenen Quellen eingesetzt werden können.

3 Welche Medien (Bücher, Zeitungen, Zeitschriften, Filme) begegnen Ihnen in den Praxiseinrichtungen? Erstellen Sie ein Verzeichnis mit Ihrer Meinung nach für die heilpädagogische Arbeit besonders empfehlenswerten Medien und stellen Sie sich gegenseitig Ihre Ergebnisse vor.

6 Gliederung

Beim Anfertigen einer **Facharbeit**, einer **Erörterung** oder eines **Referates** benötigen Sie eine aussagekräftige, sinnvolle Gliederung Ihres Themas. Indem Sie gezwungen sind, ein Thema durch zusammenfassende Über- und Unterpunkte nach Wichtigkeit zu ordnen, erleichtern Sie Lesern bzw. Zuhörern das Nachvollziehen Ihrer Ideen. Gliederungen werden grundsätzlich **der Ausarbeitung vorangestellt** und bei längeren Texten wie einer Facharbeit durch Seitenangaben ergänzt. Falls Ihre Betreuungslehrkraft Ihnen bereits ein Gliederungsschema vorgegeben hat, müssen Sie sich natürlich daran orientieren. Zu Beginn eines Referates sollten Sie Ihrem Publikum die Gliederung vorstellen, eventuell auch visualisieren. Damit stimmen Sie es auf Ihr Thema ein.

Tipp

Zur Vorbereitung einer Gliederung brauchen Sie eine **Stoffsammlung**. Fertigen Sie dazu auf einem Schmierzettel ein **Brainstorming** oder eine **Mindmap** (vgl. Kapitel 1.4 und 1.5) mit Schlagworten zu Ihrem Thema an. Sortieren Sie geeignete Schlagworte aus, formulieren Sie diese ggf. um und erstellen Sie daraus eine nach Wichtigkeit geordnete Gliederungsreihenfolge.

Man unterscheidet zwischen der **dezimalen Gliederung** mit arabischen Ziffern, und der **alphanumerischen Gliederung**, einer Mischung aus Buchstaben und arabischen sowie römischen Ziffern.

Beispiele für Gliederungsschemata	
Dezimalgliederung:	***Alphanumerischen Gliederung:***
1 Einleitung *2 Hauptteil* *2.1 Erste Hauptthese* *2.1.1 Erste Unterthese* *2.1.2 Zweite Unterthese* *2.2 Zweite Hauptthese* *2.2.1 Erste Unterthese* *2.2.2 Zweite Unterthese* *3 Schluss*	*A Einleitung* *B Hauptteil* *I Erste Hauptthese* *1. Erste Unterthese* *2. Zweites Unterthese* *II Zweite Hauptthese* *1. Erste Unterthese* *2. Zweite Unterthese* *C Schluss*

Tipps

Erstellen einer Gliederung:
- Die Argumente/Thesen werden meist **nach steigender Wichtigkeit**/Komplexität **geordnet**.
- Zu jedem Gliederungspunkt sollten **treffende, knappe Überschriften im Nominalstil**[1] formuliert werden, die nicht mit Satzzeichen enden.
- Die einzelnen Gliederungspunkte sollten **inhaltlich unterschiedliche Aspekte eines Themas** beleuchten. (So ist z. B. die Untergliederung *2.1 Förderung des Gruppenzusammenhalts* und *2.2 Förderung des Sozialverhaltens* wenig sinnvoll, da 2.1 einen Teilbereich von 2.2 darstellt.)
- Achten Sie auf **logische Nummerierungen**: Auf einen Gliederungspunkt 2.1 muss zwingend 2.2 folgen, auf eine Nummer 2.1.1 muss 2.1.2 folgen usw.
- Die **Überschriften** sollten eine **inhaltliche Aussage** enthalten. Benutzen Sie daher möglichst keine Leerformeln wie *Einführung, Hauptteil* oder *Schluss.*

1 Im Folgenden sind Gliederungsbeispiele einer Erörterung und einer Konzeption abgedruckt. Diskutieren Sie die Unterschiede und die Qualität der Gliederungen. Formulieren Sie Verbesserungsvorschläge.

Beispiele für eine Gliederung

A) Was ist Bulimie eigentlich und seit wann gibt es diese Krankheit?
B) Ursachen und Symptome von Bulimie
   I. Ursachen
      1.1 Gesellschaftliches Schlankheitsideal als Maßstab
      1.2 Die bulimische Persönlichkeit: Minderwertigkeitsgefühle, starke Leistungsorientierung und Neigung zu Kontrollverlust
   II. Symptome
      1.1 Missbrauch von Abführmitteln, Entwässerungsmitteln und Appetitzüglern
      1.2 Erbrechen nach Essattacken
C) Der Therapieerfolg hängt von der Eigeninitiative ab!

Unsere Konzeption
Vorwort: Was Kinder brauchen
Inhaltsverzeichnis
Wir über uns – Damit Sie wissen, wer wir sind
Unser Haus
Unsere Gruppen
Unser besonderes Profil
Die pädagogischen Ziele
Die Prinzipien unserer Arbeit
Methoden und Elemente unserer pädagogischen Arbeit
Eltern, unsere Partner

[1] *Nominalstil: Verkürzte Satzkonstruktionen ohne Verben, wie z. B. in der Überschrift „Vorstellen (Nomen) der Praxiseinrichtung" statt „Ich stelle meine Praxiseinrichtung vor (Verb)". Meist verwenden Sie dafür Substantivierungen, d. h., Sie verwandeln Verben durch charakteristische Nomenendungen wie z.B. -ung, -keit, -heit etc. in Substantive/Nomen (Bsp. beschreiben → Beschreibung).*

7 Referate, Kurzvorträge und Ansprachen

Lernsituationen 1 und 2

1 Heilpädagogin Maren Krause möchte das Kollegium eines heilpädagogischen Zentrums über die Inhalte der besuchten Fortbildung informieren. Sie erhält dafür bei der nächsten Großteamversammlung, zu der die Kolleginnen und Kollegen der SVE, des Wohnheims, der Tagesstätte und des Fachdienstes geladen sind, 30 Minuten Redezeit.

2 Das heilpädagogische Wohnheim Lindenhof feiert dieses Jahr sein 30-jähriges Bestehen. Heilerziehungspfleger Karsten Labus wurde als Dienstältester von der Wohnheimleitung beauftragt, eine zehnminütige Rede zur Eröffnung des Festaktes zu halten, zu der neben Mitarbeitern, Bewohnern und ihren Angehörigen auch Mitglieder des kirchlichen Trägervereins sowie die örtliche Presse geladen sind.

7.1 Publikumsanalyse und Zieldefinition

Im beruflichen und schulischen Alltag gibt es verschiedene Gelegenheiten für eine Rede, ein Referat oder eine Ansprache. Bei der Vorbereitung Ihres Vortrages ist es zunächst wichtig zu klären: Zu wem sprechen Sie? Welche Rahmenbedingungen sind gegeben bzw. möchten Sie dafür haben (Zeitrahmen, Sitzordnung, Medienausstattung usw.)? Was wollen Sie mit der Rede erreichen? Nach diesen Kriterien richten sich Inhalt, Wortwahl und der gesamte Stil Ihrer Rede.

Publikumsanalyse: Zu wem sprechen Sie?
Haben Sie es mit **Fachleuten oder Laien** zu tun, d. h., handelt es sich bei Ihrem Publikum um Kollegen und Vorgesetzte oder sind auch Klienten und deren Angehörige dabei? Wie können Sie **Vorkenntnisse** und (positive wie auch negative) Vorerfahrungen Ihrer Zuhörer/-innen zum Thema in Ihren Vortrag einbeziehen? Wie wirken sich die **Altersstruktur** und die vermuteten (unterschiedlichen) **Interessenlagen des Publikums** auf Ihren Vortrag aus?

Zieldefinition: Was wollen Sie erreichen?
Handelt es sich um einen **Informationsvortrag** bzw. ein Fachreferat oder soll das Publikum in einer **Überzeugungsrede** zu einer Einstellungs- oder Verhaltensänderung bewegt werden? Soll zur Einstimmung auf ein Fest eine humorvolle **Gelegenheitsansprache** gehalten werden oder soll anlässlich eines Jubiläums geleistete Arbeit rückblickend gewürdigt werden?

1 Diskutieren Sie in Kleingruppen, wie der Stil Ihres Vortrages sich aufgrund der Publikumsanalyse und der unterschiedlichen Zieldefinitionen verändert.

2 Formulieren Sie für Maren Krause und Karsten Labus (auf der Basis der Publikumsanalyse) Gebote und Verbote bei der Vortragsvorbereitung und definieren Sie mögliche Ziele für beide Reden. Erstellen Sie anschließend für beide Redeanlässe eine Grobgliederung.

7.2 Schreiben einer Rede

„Es genügt nicht nur, keine Meinung zu haben, man muss auch unfähig sein, sie auszudrücken."

Eine gute Gliederung einer Rede oder eines Textes ist eine wichtige Grundvoraussetzung, damit die Inhalte von anderen verstanden werden. Dabei kann man zwischen innerer und äußerer Gliederung unterscheiden.

Innere Gliederung bedeutet, dass der Text eine innere Folgerichtigkeit bzw. einen logischen Aufbau besitzt und die Informationen in einer sinnvollen Reihenfolge und sprachlich-stilistisch eindeutig (vgl. dazu Kapitel 7 im Abschnitt „Normen der Standardsprache") dargeboten werden.
Durch die **äußere Gliederung** wird der Aufbau des Textes mittels drucktechnischer Mittel sichtbar gemacht, d. h., zusammengehörige Teile werden im Handout des Referats durch Absätze und Zwischenüberschriften übersichtlich gruppiert und wichtige Informationen hervorgehoben (z. B. durch Fettdruck). Die folgende Tabelle zeigt, was einen gut gegliederten Text von einem zusammenhanglosen unterscheidet.

Ungegliedertheit/Zusammenhanglosigkeit	Gliederung/Ordnung
– ungegliedert – zusammenhanglos – unübersichtlich – keine Unterscheidung zwischen Wesentlichem und Unwesentlichem – kein roter Faden erkennbar – keine sinnvolle Reihenfolge ersichtlich (zeitlich und logisch ungeordnet)	– gegliedert – folgerichtig – übersichtlich – Unterscheidung von Wesentlichem und Unwesentlichem – roter Faden bleibt sichtbar – sinnvolle Reihenfolge (vom Allgemeinen zum Besonderen, vom Überblick zum Einzelfall)

Ungegliederter, zusammenhangloser Fließtext	*Gegliederter Stichworttext (für Karteikarte oder Handout)*
Aufgaben der Gesprächsleitung: *Jeder Teilnehmer soll sein Gesprächsrecht wahrnehmen können und zur Teilnahme animiert werden. Eine Gesprächsleitung ist sinnvoll ab einer Teamgröße von sechs Personen. Die Moderation strukturiert das Gespräch, d. h., sie sorgt dafür, dass das Gesprächsziel nicht aus dem Blick gerät. Und dass wichtige Aspekte nicht vergessen werden. Außerdem leitet sie am Anfang das Gespräch ein, fasst wichtige Ergebnisse zwischendurch und am Schluss zusammen und achtet auf die Einhaltung der Gesprächsregeln. Diese Regeln sind wichtig. Sie begrüßt am Anfang die Teilnehmer und verabschiedet sie am Schluss, wobei sie außerdem das weitere Vorgehen mit den Teammitgliedern abspricht. Manchmal muss sie einem Teilnehmer das Wort auch entziehen, z. B. wenn er sich nicht an die Gesprächsregeln hält und beleidigend wird oder wenn manche Teilnehmer nicht zu Wort kommen.*	***Aufgaben der Gesprächsleitung/Moderation*** *(ab Teamgröße von sechs Personen sinnvoll):* ***a) zu Beginn des Gesprächs:*** ▶ *Begrüßung der Teilnehmer* ▶ *Hinführung zum Thema, Bestimmen der Gesprächsziel(e)* ***b) während des Gesprächs:*** ▶ *Orientierung an Gesprächsregeln* ▶ *Worterteilung, ggf. Wortentzug* ▶ *Strukturierung und Lenkung des Gesprächs im Hinblick auf die Gesprächsziele* ▶ *Einbringen neuer Aspekte, Teilergebniszusammenfassung* ***c) am Ende des Gesprächs:*** ▶ *Ergebniszusammenfassung* ▶ *Klärung des weiteren Vorgehens* ▶ *Verabschiedung der Teilnehmer*

Gegliederter Fließtext (für Ausarbeitung oder Facharbeit)
Eine Gesprächsleitung/Moderation ist ab einer Teamgröße von sechs Personen sinnvoll. Die Aufgaben der Moderation bestehen darin, die Teilnehmer zu Beginn des Gesprächs zu begrüßen und zum Thema hinzuleiten. Daraus ergeben sich die Ziele des Gesprächs (Klärung, Organisation, Meinungsaustausch). Während des Gesprächs achtet die Moderation darauf, dass alle Teilnehmer sich um eine positive Gesprächsatmosphäre bemühen. Dazu bittet sie um Wortmeldungen und kann Vielrednern das Wort auch entziehen. Das Gespräch wird dadurch strukturiert und gelenkt. Die Moderation sorgt außerdem dafür, dass sämtliche Aspekte eines Themas behandelt werden, und fasst zwischendurch Wichtiges zusammen. Am Ende des Gesprächs fasst sie den bisherigen Ergebnisstand zusammen, klärt das weitere Vorgehen mit der Gruppe ab und verabschiedet die Diskussionsteilnehmer.

3 *Formulieren Sie folgenden unsystematisierten, zusammenhanglosen Text in einen gegliederten um.*

Wenn jemand einen anderen schlägt oder ihm gegenüber psychisch verletzend wird, dann sprechen wir von Gewalt. Zum Beispiel, wenn ich Schimpfworte verwende. In der Soziologie heißt das, dass man physisch oder psychisch Gewalt einsetzt, um einer anderen Person gegen ihren Willen Schaden zuzufügen oder sie dem eigenen Willen zu unterwerfen. Dadurch wollen wir die anderen beherrschen. Oder wir antworten auf Gewalt mit Gegengewalt. Ein Staat kann auch Gewalt ausüben. Dabei unterscheidet man zwischen der Gebietshoheit (Herrschaftsmacht über ein Gebiet und die dort lebenden Menschen) und der Personalhoheit. Der sind alle Angehörigen dieses Staates unterworfen. Gewalt heißt also, dass man körperlichen oder seelischen Zwang gegenüber anderen Menschen ausübt. Es geht aber manchmal auch um die physische Einwirkung auf Tiere oder Sachen.

7.3 Freies Sprechen

Das freie Sprechen kann durch auf Karteikarten notierte Stichpunkte vereinfacht werden – wichtig ist dabei die Verwendung von klaren und verständlichen Schlüsselwörtern. Ihr Ziel sollte sein, dass Sie möglichst frei und lebendig sprechen und nicht eintönig ablesen. Das bedeutet, Sie müssen die zu vermittelnden Inhalte verstanden haben und in eigenen Worten anschaulich erklären können, denn nur so bekommen sie Überzeugungskraft. Eine ausformulierte Rede behindert Ihren natürlichen Redefluss.

Daher empfiehlt es sich, wie in nachfolgendem Beispiel dargestellt, nur Stichworte (aussagekräftige Nomen/Adjektive/Verben) auf Karteikarten zu notieren.

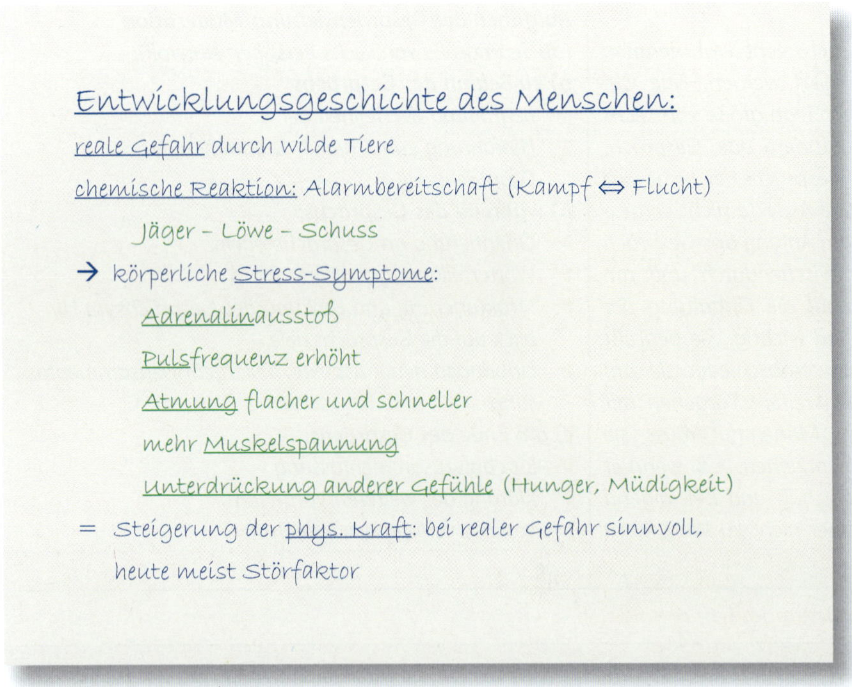

Entwicklungsgeschichte des Menschen:
reale Gefahr durch wilde Tiere
chemische Reaktion: Alarmbereitschaft (Kampf ⇔ Flucht)
Jäger – Löwe – Schuss
→ körperliche Stress-Symptome:
Adrenalinausstoß
Pulsfrequenz erhöht
Atmung flacher und schneller
mehr Muskelspannung
Unterdrückung anderer Gefühle (Hunger, Müdigkeit)
= Steigerung der phys. Kraft: bei realer Gefahr sinnvoll,
heute meist Störfaktor

Karteikarte zu einem Vortrag zum Thema „Stress als gesundheitlicher Risikofaktor in Pflegeberufen"[1]

Versuchen Sie als Redner/-in stets **Blickkontakt** zu Ihrem Publikum zu halten und ihm nicht den Rücken zuzudrehen. Schauen Sie dabei nicht immer die gleiche(n) Person(en) an, sondern verteilen Sie Ihre Blicke gleichmäßig (links – Mitte – rechts). Vermeiden Sie schwer verständliche Endlossätze und geben Sie mit gezielten (im Redemanuskript vermerkten) **Sprechpausen** Gelegenheit, das Gehörte zu verarbeiten. Wechseln Sie ab und zu Redetempo und Lautstärke, um für mehr Aufmerksamkeit und Spannung zu sorgen.

„In dir muss brennen, was du in anderen entzünden willst."
Sprichwort

Besonders überzeugend sind Sie, wenn Sie aus innerem Engagement heraus sprechen, d.h., wenn Sie selbst Interesse an dem Thema haben.

7.4 Anschauungsmaterial

Der Einsatz von Anschauungsmaterial verschafft Vortragenden Verschnaufpausen und erhöht die Merkfähigkeit beim Zuhörer. So können Sie z.B. mit Overheadprojektor oder Beamer Tabellen, Grafiken, Schlagworte, Zitate oder Bilder an die Wand projizieren, eine Wandzeitung mit Fotos, Karikaturen und Kurztexten zum Thema gestalten oder Plakate mit der Referatsgliederung und ausgewählten Thesen oder Bildern aufhängen. Häu-

[1] *Stichworte/Erinnerungshilfen sind blau, Beispiele/Belege grün dargestellt.*

fig werden zudem während eines Fachvortrags Namen, Fachbegriffe und Daten an die Tafel geschrieben. Auch Anschauungsobjekte wie z. B. zum Vortrag passende Gegenstände oder ein Büchertisch mit Literaturtipps zum Thema oder Filmausschnitte sind eine Möglichkeit der Veranschaulichung.

7.5 Zusammenfassung: Planung eines Fachvortrags

Aus dem bisher Dargestellten ergeben sich folgende Arbeitsschritte bei der Planung einer Präsentation bzw. eines Fachvortrags, wobei die einzelnen Schritte auch in anderer Reihenfolge oder zum Teil zeitgleich durchgeführt werden können. Ergänzen Sie die in der Tabelle aufgeführten Handlungsschritte für Ihre eigene Planung um eine Spalte mit (realistischen!) Zeitangaben.

Checkliste

Arbeitsplanung bei einer Präsentation/einem Fachvortrag

✓ **Absprache** über Thema (Schwerpunkte) und Termin mit Lehrkraft/Praxisanleitung

✓ Erstellung des Konzeptes/einer **Stoffsammlung** (durch Brainstorming oder Mindmap, siehe Kapitel 1.4 und 1.5)

✓ Literatur-/**Materialbeschaffung** zum Thema durch Bibliothek, Internet, Medienzentrale oder Befragung von Experten (siehe Kapitel 3)

✓ **Sichtung** und Auswahl des Materials (siehe Kapitel 3 und 4)

✓ evtl. **Absprachen** bezüglich Arbeitsteilung mit Mitreferent(en)

✓ Erstellen der **Gliederung** (siehe Kapitel 6)

✓ evtl. nochmals Absprache der Gliederung mit Betreuungslehrkraft

✓ Entwerfen eines **Redekonzepts auf Karteikarten** (siehe Kapitel 6.3):
- keine ganzen Sätze, sondern nur aussagekräftige Stichworte formulieren in großer, leserlicher Schrift
- ein einheitliches Farbsystem (z. B. Definitionen rot, Beispiele grün) und Symbole (⇔ ≠ ! ⇒) vereinfachen das Zurechtfinden auf der Karteikarte während des Vortrags
- überzeugende Argumente auswählen, verständlich formulieren
- unterschiedliche Abfolgen ausprobieren
- bei Bedarf neue Karteikarten mit zusätzlichen Aspekten einfügen

✓ **Einleitung** entwerfen, z. B.:
- sich als Redner(in) vorstellen
- Überblick geben, Ziele des Vortrags erläutern
- Interesse am Thema wecken: z. B. durch einen Bildimpuls, eine Karikatur oder indem man Zuhörer/-innen persönlich anspricht, persönliche Erlebnisse schildert, sich auf aktuelle Ereignisse bezieht oder Fragen stellt, die im Laufe des Vortrags beantwortet werden

✓ **Schluss** auf Karteikarte übertragen, z. B.:
- Zusammenfassung der wichtigsten Ergebnisse/persönliches Fazit
- Rückbezug auf Einleitungsfragen, -zitat usw.
- weiterführende Literaturtipps
- Einstieg in Diskussion mit Frage an Zuhörer

- ✓ Karteikarten nummerieren und **Medieneinsatz** planen (siehe Kapitel 7.4)
- ✓ mindestens zweimaliger **Probevortrag** (mit Stoppen der Zeit)
- ✓ Erstellen und Drucken des **Handouts** mit Literaturangaben (siehe Kapitel 5)
- ✓ **Kopieren** des Handouts für Zuhörer
- ✓ **Vorbereiten des Raumes** (Sitzordnung, Vorbereitung des Medieneinsatzes, Plakate aufhängen, Tafelanschriften vorbereiten usw.)
- ✓ **Präsentation/Vortrag/Referat**

Tipps

- Eine gute Vorbereitung (des Inhalts, der Visualisierung und des freies Sprechens) hilft, die unvermeidliche Aufregung in Grenzen zu halten.
- Denken Sie positiv: Freuen Sie sich auf Ihr Publikum, das von Ihnen Neues erfahren will.
- Sie müssen nicht perfekt sein – kleine Pannen wirken durchaus sympathisch.
- Wählen Sie zum Vortrag Kleidung, in der Sie sich wohlfühlen.
- Atmen Sie kurz vor Ihrer Rede einige Male tief ein und aus. Spüren Sie, wie sich dabei Ihre Bauchdecke hebt und senkt. Durch die tiefe Bauchatmung wird Ihr Gehirn mit genügend Sauerstoff versorgt und das bewusste Atmen wirkt sich beruhigend auf Ihre Nerven aus.

Wenn Sie einem Fachvortrag zuhören, dann bemühen Sie sich um **aktives Zuhören**, d.h. halten Sie Blickkontakt mit dem Sprecher und versuchen Sie, seine Gedankengänge nachzuvollziehen. Unterbrechen Sie den Vortrag nicht durch vorschnelle Fragen oder eigene Beiträge, sondern notieren Sie sich Fragen, Ergänzungen oder Einwände für das Ende des Vortrags, der meist in eine Diskussion mündet.

4 Stellen Sie in fünfminütigen Kurzreferaten Ihren Mitschülerinnen und Mitschülern Ihre Praxiseinrichtung vor. Orientieren Sie sich bei der Vorbereitung und Arbeitsplanung an obiger Checkliste.

5 Halten Sie zehnminütige Fachreferate zu körperlichen oder geistigen Behinderungsarten. Orientieren Sie sich bei der Vorbereitung und Arbeitsplanung an obiger Checkliste.

8 Präsentationsmedien

Wichtiger Hinweis

Bei einem Fachvortrag bleibt dem Publikum nur ca. 20 Prozent des Gehörten in Erinnerung, aber immerhin 50 Prozent von dem, was es gleichzeitig sehen und hören kann.

Wenn Sie in Ihrer Einrichtung einen Fachvortrag halten oder Ihre Klasse in einem Referat über ein Thema informieren möchten, sollten Sie auf Visualisierungen, also Verbildlichungen und Verschriftlichungen, zurückgreifen. Denn so können die anderen Ihre Informationen besser aufnehmen und verstehen. Visualisierungen ergänzen das gesprochene Wort, sind jedoch kein Ersatz dafür.

Folgende Medien können Sie zur Visualisierung nutzen:

- Power-Point-Präsentation über Beamer
- Overhead-Folie
- Tafel
- Plakat
- Flipchart
- Pinn-/Stellwand
- Handout
- Whiteboard

1 Diskutieren Sie über die Vor- und Nachteile beim Einsatz der oben genannten Visualisierungsmedien.

2 Erläutern Sie, welche der oben aufgezählten Medien Sie bei den folgenden Anlässen zur Visualisierung einsetzen würden:
a Dokumentation einer Ferienfreizeit
b Vorstellung einer Praxiseinrichtung in der Schule
c Funktionsweise eines Küchengerätes für die Bewohner einer heilpädagogischen Wohngruppe
d Hinweis auf eine Veranstaltung
e Referat in der Schule zu einem Krankheitsbild

Tipps

Diese Passagen Ihres Vortrags sollten visualisiert werden:

- alle Hauptgliederungspunkte Ihres Vortrags (am besten als Einstieg) und wichtige Schlagworte
- alle schwer verständlichen Textstellen, die evtl. mehrmals gelesen werden müssen
- wichtige Definitionen
- unbekannte Fachbegriffe

8.1 Visualisierungsregeln

- Beachten Sie bei der Wahl von Schriftart, Schriftgröße, Zeilenabstand und Hintergrundfarbe, dass die Visualisierung für *alle* Zuschauer **gut lesbar** sein sollte.
- Sorgen Sie für Struktur und Ordnung, indem Sie (z. B. bei Power-Point-Präsentationen oder Overheadfolien) **Titel**, **Überschriften** und **Unterpunkte** einfügen.
- Zur Visualisierung genügen meist aussagekräftige **Stichworte**. Ganze Sätze oder Textausschnitte müssen Sie nur bei Definitionen, Gesetzestexten usw. zitieren.
- Faustregel: nicht mehr als **fünf Informationen pro** Overhead-/Powerpoint-**Folie**

- Besonders **wichtige Informationen** sollten Sie gestalterisch **hervorheben**.
- Mit erläuternden **Bildern**, **Skizzen**, **Grafiken** oder **Tabellen** gewinnt Ihr Vortrag an Überzeugungskraft und Anschaulichkeit (Bilder nie nur zur Dekoration verwenden).
- **Präsentieren** Sie Ihre **Informationen schrittweise** (z.B. indem Sie Folien abdecken und nur so lange projizieren, wie über ihren Inhalt gesprochen wird).
- Achten Sie auf ein **angemessenes Tempo** beim Medieneinsatz: Wechseln Sie (Power-Point-)Folien nicht zu schnell, geben Sie dem Publikum durch Redepausen die Möglichkeit mitzudenken.
- **Nicht mit dem Rücken zum Publikum**: Wenden Sie sich beim Präsentieren stets den Zuhörern zu und nicht der Projektionsleinwand. Für Demonstrationen sollten Sie einen Stift verwenden und auf der Schreibfläche des Projektors einsetzen.

8.2 Plakat und Flyer

Plakate und Flyer eignen sich besonders für Einladungen zu bestimmten Veranstaltungen oder für Kurzinformationen. Zur visuellen Unterstützung eines Fachreferats können Sie ebenfalls ein Plakat anfertigen.

- **Überschrift:** Verdeutlichen Sie durch eine Überschrift das Hauptanliegen.
- **Planvolles Vorgehen:** Ein Plakat muss komponiert werden! Die Texte und grafischen Elemente müssen feststehen, die Blattaufteilung und die logische Anordnung müssen überlegt werden (Raster). Sinnvoll ist ein DIN-A4-Entwurf vorab.
- **Format auswählen:** Flipchart-Papier eignet sich besonders für Referate. Teures farbiges Tonpapier oder Tonkarton sollte nur für Einladungen und repräsentative Aushänge ausgewählt werden. Bei Flyern ist es sinnvoll, eine Kopiervorlage mit zwei oder vier Textvorlagen auf einer DIN-A4-Seite unterzubringen.
- **Struktur:** Der Aufbau muss mit einem Blick erkennbar sein durch inhaltlich zusammengehörige Textblöcke. Außerdem helfen Trennlinien, Kästen und Spalten zum Sortieren der Informationen. Sinneinheiten sollten räumlich nah zusammenstehen.
- **Mut zur Lücke:** Auch Freiflächen sind Gestaltungselemente! Deswegen sollten Sie mindestens 30 Prozent der Fläche freilassen, ansonsten ist der Gesamteindruck zu unruhig und unübersichtlich.
- **Farben:** Sie beleben den Text und erleichtern den Überblick. Stellen Sie durch gleiche Farben und Formen inhaltliche Zusammenhänge her (maximal drei Farben verwenden). Bei Flyern entfällt aus Kostengründen meist der Zwei- bzw. Dreifarbendruck. Damit Ihr Handzettel dennoch auffällt, können Sie ihn auf farbiges (nicht zu dunkles) Papier kopieren.
- **Große Schrift:** Verwenden Sie zur Plakatbeschriftung dicke Stifte. Beschriftungen sind auch während der Präsentation (mit Stiften oder durch das Anpinnen von Karten) möglich.
- **Fernwirkung:** Plakate müssen aus mindestens fünf Metern noch gut lesbar sein.
- **Keine Abkürzungen:** Schreiben Sie alle nicht allgemein verständlichen bzw. nicht gebräuchlichen Abkürzungen aus.
- **Wichtiges hervorheben:** Besonders wichtige Informationen können durch farbige Schrift, Unterstreichen, Umrahmen oder Schraffieren hervorgehoben werden.
- **Bild schlägt Wort:** Halten Sie die Texte auf Plakat bzw. Flyer möglichst knapp. Oft ist es besser, auf Plakaten Schemazeichnungen, Skizzen, Diagramme oder Bilder zu verwenden. Diese können mithilfe einer Folie und einem Tageslichtprojektor vergrößert auf das Plakat projiziert und abgezeichnet werden.

3 ***Gestalten Sie ein Plakat zu den Umgangsregeln in einer heilpädagogischen Wohngruppe.***

4 ***Gestalten Sie ein Plakat, mit dem ein integrativer Kindergarten im Eingangsbereich der Einrichtung die Eltern zu einem Flohmarkt in der städtischen Fußgängerzone einlädt. Der Verkaufserlös soll der Einrichtung zugute kommen.***

5 Gestalten Sie einen Flyer, auf dem Sie Jugendliche eines heilpädagogischen Wohnheims zur samstäglichen Disco einladen.

6 Beurteilen Sie das nachfolgende Plakat nach den oben genannten Kriterien.

Beispiel für ein selbst gestaltetes Filmplakat

The HPS proudly presents the one and only ...

am 8.12.2012 ab 20 Uhr!!!

Gezeigt werden drei Filme eurer Wahl.
Der Eintritt kostet 4 €, dafür bekommt ihr auch jede
Menge Popcorn. Getränke gibts zum
Selbstkostenpreis. Außerdem verkaufen wir Pizza.
Also nehmt euch was zum Kuscheln mit und dann heißt es:

FILM AB!!!!!!

9 Facharbeit

Definition

Eine Facharbeit ist die **selbstständige Ausarbeitung eines Themas** aus einem (Schul-)Fach nach den Regeln der hinter dem Schulfach stehenden Fachwissenschaft.

Für eine Facharbeit sollen Sie in einem begrenzten Teilgebiet einschlägige Fachliteratur heranziehen und verarbeiten, indem Sie wissenschaftliche Methoden und Kategorien untersuchen, beschreiben und auswerten. Das heißt, Sie müssen in Ihrer Facharbeit eigenständig den aktuellen Forschungsstand zu einem Thema darstellen und interpretieren, indem Sie Fachliteratur gewinnbringend verarbeiten und Theorie und Praxis argumentativ verknüpfen, wobei Sie jeweils angemessene Methoden zur Überprüfung der Theorie anwenden.

Sie stellen in Ihrer Facharbeit Ihre Fähigkeit zu eigenständiger Arbeit unter Beweis und fördern damit auch die Handlungsfähigkeit für Ihr berufliches Weiterkommen. Denn durch das selbstständige Erarbeiten Ihres Themas erweitern Sie Ihre Fach-, Methoden-, Lern- und Sozialkompetenz.

Arbeitsplanung

Die folgende Checkliste gibt Ihnen einen Überblick über die Vorgehensweise beim Ausarbeiten einer Facharbeit. Ähnlich wie bei der Referatsplanung kann die Durchführung der einzelnen Schritte individuell ausgestaltet werden, wichtig ist jedoch ein realistischer Zeitplan, der im Laufe der Arbeit dem aktuellen Stand angepasst werden muss.

Checkliste

Arbeits- und Zeitplanung bei einer Facharbeit

- ✓ **Themenwahl** (-eingrenzung)
- ✓ **Themenabsprache** mit Betreuungslehrkraft
- ✓ Erstellung des Konzeptes/**Stoffsammlung** (durch Brainstorming oder Mindmap, siehe Kapitel 1)
- ✓ Bibliothek, Internet, Medienzentrale, Befragung von Experten: Literatur-/**Materialbeschaffung** zum Thema (siehe Kapitel 3)
- ✓ **Sichtung** und Auswahl des Materials (siehe Kapitel 3)
- ✓ eventuell Durchführung der dazu erforderlichen **Praxiseinheit(en)**
- ✓ Erstellen der **Gliederung**/des Inhaltsverzeichnisses (siehe Kapitel 6)
- ✓ (anschließend nochmals Absprache mit Betreuungslehrkraft)
- ✓ **Einleitung** entwerfen, z. B.: Fragestellung(en)/Untersuchungsinteresse/Projektziel darstellen – Abgrenzung des Themas – verwendete Untersuchungsmethoden – Angaben zu Praxiseinrichtung, Rahmenbedingungen usw. – Begriffsklärung
- ✓ Schreiben des **Hauptteils** am Computer
  - von Betreuungslehrkraft vorgegebene Formalia (zu Schriftgröße, Rändern, Zeilenabstand usw.) beachten
  - beim Ausformulieren objektive Tatsachen von persönlichen Meinungen trennen, ebenso fremde und eigene Gedanken (siehe Kapitel 5)
  - Quellenangaben in Kurzform dem Fließtext beifügen (siehe Kapitel 5)
  - beim Ausformulieren auf innere und äußere Gliederung achten (siehe Kapitel 6)
  - regelmäßige Sicherungskopien auf externer Festplatte oder CD anfertigen oder sich die Arbeit nach jeder Überarbeitung selbst per Mail schicken
- ✓ Schreiben des **Schlussteils**, z. B.: Zusammenfassung wesentlicher Ergebnisse – Fazit/Resümee – Ausblick
- ✓ Erstellen des Literatur-/**Quellenverzeichnisses** (siehe Kapitel 5)
- ✓ Erstellen des **Anhangs** (Fotos, Grafiken, Statistiken, Arbeitsblätter usw.)
- ✓ erste ausgedruckte Version **Korrektur lesen** (lassen): Überprüfen von Formatierung, Rechtschreibung, Grammatik, logischer Folgerichtigkeit
- ✓ Erstellen des **Deckblattes** und Erklärung über selbstständige Anfertigung der Facharbeit
- ✓ **Ausdrucken** der Arbeit
- ✓ evtl. **Binden** (lassen) der Arbeit (meist in zweifacher Ausfertigung), dabei Öffnungs- und Bearbeitungszeiten des Copyshops einkalkulieren
- ✓ **Abgabe** der Arbeit

1 Entwerfen Sie für Ihre Facharbeit einen für Sie passenden und realistischen Arbeits- und Zeitplan.

Halten Sie sich beim Schreiben Ihrer Facharbeit an die von Ihrer Schule vorgegebenen formalen und inhaltlichen Anweisungen. Erforderlich ist eine korrekte Rechtschreibung und Grammatik, ebenso wichtig sind eindeutige, verständliche Formulierungen und die Verwendung exakter Fachbegriffe. Achten

Sie bei Facharbeiten und Fachvorträgen vor allem auf die **logische Folgerichtigkeit** (vgl. Seite 30) beim Ausformulieren, die sich bereits anhand der Gliederung erkennen lässt (vom Theoretischen zum Praktischen, vom Allgemeinen zum Besonderen) und belegen Sie Ihre Argumentation durch **Beispiele, Zitate** und **Expertenmeinungen** (zum Aufbau einer schlüssigen Argumentation vgl. auch Kapitel 4.4 und Kapitel 5 im Abschnitt „Sachtexte").

Eventuell sind auch **Fotos, Zeichnungen** oder **Tabellen/Statistiken** hilfreich. Fotos und Statistiken in der Facharbeit müssen **nummeriert** und mit einer erklärenden **Bildunterschrift** versehen sein, außerdem sollte im Text Bezug darauf genommen werden.

Sprachliche Gestaltung

Die Facharbeit ist ihrer Zielsetzung nach eine wissenschaftliche Arbeit. Daher sollten Sie wissenschaftliche Fachsprache verwenden:

- Verzichten Sie auf unterschwellige Bewertungen/Manipulationen und argumentieren Sie sachlich.
- Seien Sie eindeutig in Ihrer Wortwahl: Begriffe müssen eindeutig geklärt und verwendet werden.
- Verwenden Sie einschlägige Fachterminologie, aber keine Fremdwörter, für die es geläufige Wörter aus der Muttersprache gibt.
- Verwenden Sie verknüpfende Konjunktionen und Adverbien.
- Vermeiden Sie unnötige Substantivierungen[1], Doppelungen[2], unnötige Füllwörter[3] und stark verschachtelte Sätze.
- Machen Sie sinngemäße Absätze.
- Achten Sie auf korrekte Rechtschreibung und Zeichensetzung.
- Fragen Sie sich bei der letzten Überarbeitung: Was müssen Sie Außenstehenden (die mit dem Thema weniger vertraut sind) noch präziser darstellen und erläutern? Was kann gestrichen werden, weil es nebensächlich ist oder bereits an anderer Stelle erklärt wurde?

Hinführende/einleitende Ausdrücke:

- *Im Folgenden/zunächst/vorab/soll gezeigt werden …*
- *Einleitend ist festzustellen …*
- *Bevor/ehe … analysiert wird, …*
- *Um … soll zunächst…*

Überleitende Ausdrücke:

- *allgemeine Überleitungen:*
  - *Weiterhin/Ferner/Überdies/Zudem sollte man …*
  - *Nicht nur …, sondern auch … ist zu beachten.*
  - *Ferner ist darauf hinzuweisen, dass …*
  - *Darauf aufbauend kann man …*
- *Gründe/Ursachen:*
  - *weil*
  - *daher*
  - *wegen*
  - *da*
  - *aufgrund*
  - *durch*
- *Gegensätze/Bedingungen:*
  - *einerseits … andererseits,*
  - *hingegen*
  - *aber*
  - *während*
  - *sondern*
  - *jedoch*

---

[1] *Schreiben Sie statt „Zur Vermeidung starker Blutung wird unter Hochhaltung des betroffenen Körperteils das Anlegen eines Druckverbandes empfohlen" besser: „Um starke Blutungen zu vermeiden, soll das betroffene Körperteil hochgehalten und ein Druckverband angelegt werden."*

[2] *Aufeinanderfolgende Nennung zweier bedeutungsgleicher Wörter, z. B. „Dies beweist und stützt folgendes Beispiel …"*

[3] *irgendwie, gewissermaßen, an und für sich, natürlich, eigentlich, sozusagen*

- *Zweck/Folgen:*
  - *damit*
  - *sodass*
  - *zwecks*
  - *infolge*
  - *um … zu*

Abschließende Ausdrücke:

- *Folglich …*
- *Schließlich muss man sagen …*
- *Hieraus resultiert …*
- *Ein Ergebnis daraus ist …*
- *Ein logischer Schluss, der sich daraus ergibt, ist …*
- *Die Konsequenz ist …*

Formale Gestaltung

Da die Bestimmungen hierzu je nach Bundesland und Schule variieren, sollten Sie bei Ihrer Lehrerin oder Ihrem Lehrer genaue Auskünfte über die erforderlichen Formalia einholen. Meist sind folgende Angaben auf dem Deckblatt üblich:

- Name der Schule
- Schuljahr, Klasse, Fach
- Titel/ggf. Untertitel der Arbeit
- Name des Verfassers/der Verfasserin
- Name der Betreuungslehrkraft
- Datum der Abgabe

Erklärung zur selbstständigen Anfertigung der Facharbeit

Hiermit versichere ich, dass ich die vorliegende Facharbeit selbstständig verfasst und keine anderen als die angegebenen Hilfsmittel verwendet habe.

Ort, Datum: ? ______________ Unterschrift: ? ______________

(Vorname Nachname)

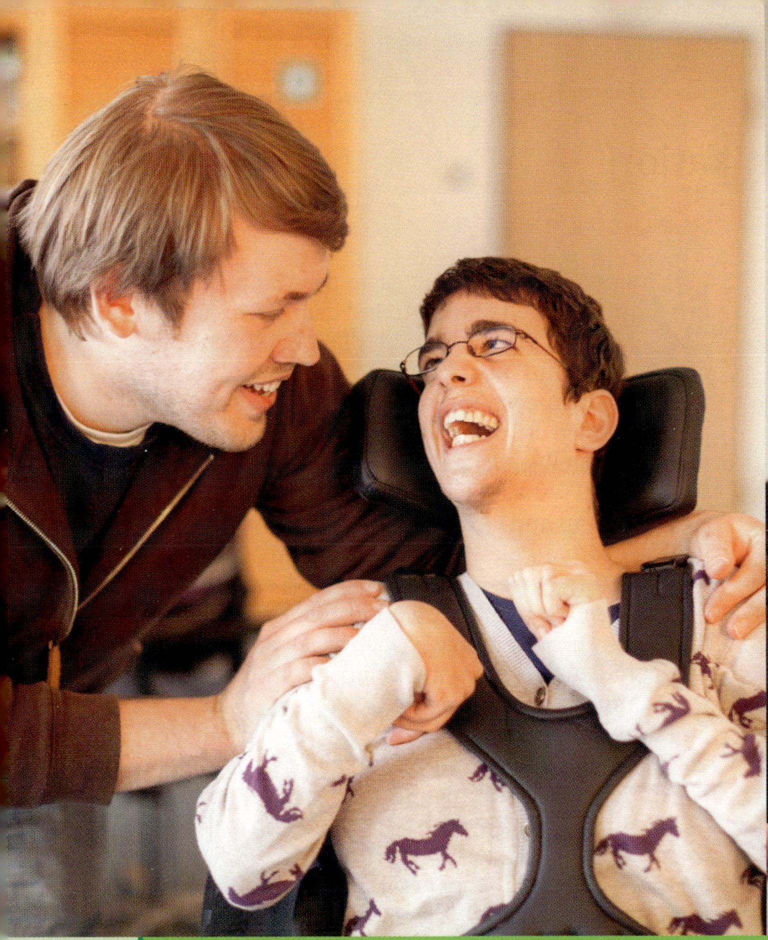

Gesprächsführung

„Hast du deine Meinung schon durch die drei Siebe gegossen: jenes der Wahrheit, jenes der Güte, jenes der Notwendigkeit?"

Sokrates (470–399 v. Chr., griech. Philosoph)

Das Kapitel „Gesprächsführung" behandelt die zentrale Frage, wie Sie mit anderen Menschen umgehen (wollen), und möchte Ihnen Anregungen zum sozialen Handeln geben.

Dazu benötigen Sie allgemeines Wissen über verschiedene Theorien, Arten und Ziele der Kommunikation und Interaktion (Fachkompetenz). Außerdem müssen Sie Menschen verstehen lernen, die sich anders ausdrücken als Sie selbst, und die Fähigkeit entwickeln, sich selbst kritisch wahrzunehmen (Selbstkompetenz). Und Sie müssen soziale Situationen erfassen und Beziehungen herstellen und gestalten können (Sozialkompetenz).

Kompetenzen

Dieses Kapitel soll Ihnen helfen,

- sich in Theorie und Praxis mit verbaler und nonverbaler Kommunikation auseinanderzusetzen,
- hilfreiche Gesprächsregeln und -techniken für eine professionelle Gesprächshaltung in unterschiedlichen beruflichen Kontexten kennenzulernen,
- mit Konfliktsituationen besser umzugehen und
- zwischen verschiedenen Arten und Zielsetzungen beruflicher Gespräche zu unterscheiden.

Das für Heilerziehungspflege und Heilpädagogik grundlegende Wissen um Kommunikation und Gesprächsführung wird Ihnen in diesem Kapitel durch Theorieimpulse vermittelt und soll durch praktische Übungen und Rollenspielanleitungen gefestigt werden.

1 Funktionen von Kommunikation

Ein Tisch ist ein Tisch | Bichsel, Peter

Ich will von einem alten Mann erzählen, von einem Mann, der kein Wort mehr sagt, ein müdes Gesicht hat, zu müd zum Lächeln und zu müd, um böse zu sein. Er wohnt in einer kleinen Stadt, am Ende der Straße oder nahe der Kreuzung. [...]

Im obersten Stock des Hauses hat er sein Zimmer, vielleicht war er verheiratet und hatte Kinder, vielleicht wohnte er früher in einer andern Stadt. [...] In seinem Zimmer sind zwei Stühle, ein Tisch, ein Teppich, ein Bett und ein Schrank. Auf einem kleinen Tisch steht ein Wecker, daneben liegen alte Zeitungen und das Fotoalbum, an der Wand hängen ein Spiegel und ein Bild. Der alte Mann machte morgens einen Spaziergang und nachmittags einen Spaziergang, sprach ein paar Worte mit seinem Nachbarn, und abends saß er an seinem Tisch.

Das änderte sich nie, auch sonntags war das so. Und wenn der Mann am Tisch saß, hörte er den Wecker ticken, immer den Wecker ticken. Dann gab es einmal einen besonderen Tag, einen Tag mit Sonne, [...] mit Vogelgezwitscher, mit freundlichen Leuten, mit Kindern, die spielten – und das Besondere war, dass das alles dem Mann plötzlich gefiel. Er lächelte. „Jetzt wird sich alles ändern", dachte er. Er öffnete den obersten Hemdknopf, nahm den Hut in die Hand, beschleunigte seinen Gang, wippte sogar beim Gehen in den Knien und freute sich. Er kam in seine Straße, nickte den Kindern zu, ging vor sein Haus, stieg die Treppe hoch, [...] und schloss sein Zimmer auf.

Aber im Zimmer war alles gleich, ein Tisch, zwei Stühle, ein Bett. Und wie er sich hinsetzte, hörte er wieder das Ticken, und alle Freude war vorbei, denn nichts hatte sich geändert. Und den Mann überkam eine große Wut. Er sah im Spiegel sein Gesicht rot anlaufen, sah wie er die Augen zukniff; dann verkrampfte er seine Hände zu Fäusten, hob sie und schlug mit ihnen auf die Tischplatte, erst nur einen Schlag, dann noch einen, und dann begann er auf den Tisch zu trommeln und schrie dazu immer wieder: „Es muss sich ändern, es muss sich ändern!"

[...] „Immer derselbe Tisch," sagte der Mann, „dieselben Stühle, das Bett, das Bild. Und dem Tisch sage ich Tisch, dem Bild sage ich Bild, das Bett heißt Bett, und den Stuhl nennt man Stuhl. Warum denn eigentlich?" Die Franzosen sagen dem Bett „li", dem Tisch „tabl", nennen das Bild „tablo" und den Stuhl „schäs", und sie verstehen sich. Und die Chinesen verstehen sich auch. „Weshalb heißt das Bett nicht Bild", fragte sich der Mann und lächelte, dann lachte er, lachte, bis die Nachbarn an die Wand klopften und „Ruhe" riefen. „Jetzt ändert es sich", rief er, und er sagte von nun an dem Bett „Bild". „Ich bin müde, ich will ins Bild", sagte er, und morgens blieb er oft lange im Bild liegen und überlegte, wie er nun dem Stuhl sagen wolle, und er nannte den Stuhl „Wecker".

Er stand also auf, zog sich an, setzte sich auf den Wecker und stützte die Arme auf den Tisch. Aber der Tisch hieß jetzt nicht mehr Tisch, er hieß jetzt Teppich. Am Morgen verließ also der Mann das Bild, zog sich an, setzte sich an den Teppich auf den Wecker und überlegte, wem er wie sagen könnte.

Dem Bett sagte er Bild. Dem Tisch sagte er Teppich. Dem Stuhl sagte er Wecker. Der Zeitung sagte er Bett. Dem Spiegel sagte er Stuhl. Dem Wecker sagte er Fotoalbum. Dem Schrank sagte er Zeitung. Dem Teppich sagte er Schrank. Dem Bild sagte er Tisch. Und dem Fotoalbum sagte er Spiegel.

Also: Am Morgen blieb der alte Mann lange im Bild liegen, um neun läutete das Fotoalbum, der Mann stand auf und stellte sich auf den Schrank, damit er nicht an die Füße (sic!) fror, dann nahm er seine Kleider aus der Zeitung, zog sich an, schaute in den Stuhl an der Wand, setzte sich dann auf den Wecker an den Teppich und blätterte den Spiegel durch, bis er den Tisch seiner Mutter fand. Der Mann fand das lustig, und er übte den ganzen Tag und prägte sich die neuen Wörter ein. Jetzt wurde alles umbenannt: Er war jetzt kein Mann mehr, sondern ein Fuß, und der Fuß war ein Morgen und der Morgen ein Mann.Jetzt könnt ihr die Geschichte selbst weiterschreiben. [...]

Quelle: Bichsel, Peter: Kindergeschichten, Luchterhand, Neuwied/München 1969, S. 25–30

1 Schreiben Sie die Geschichte selbst weiter.

2 Diskutieren Sie: Welche Funktionen/Ziele der mündlichen Kommunikation spielen im heilpädagogischen/heilerziehungspflegerischen Berufsalltag eine Rolle? Lassen Sie sich dabei von nachfolgenden Bildern anregen.

3 Notieren Sie stichpunktartig, welche Gesprächsformen Sie bei Ihrem letzten Praktikum kennengelernt haben. Unterstreichen Sie, welche Gespräche Ihnen noch Schwierigkeiten bereiten und formulieren Sie anschließend Fähigkeiten und Kompetenzen, die Ihnen (noch) für bestimmte Gesprächsformen/-anlässe fehlen. Tauschen Sie sich in Kleingruppen über Ihre Ergebnisse aus.

Definition

Unter **Kommunikation** (lat. communicare = (mit-)teilen, teilnehmen lassen, gemeinsam machen) versteht man den Austausch von Gedanken in Sprache, Bild oder Schrift. Jede **Interaktion** (d.h. jedes Verhalten als Reaktion auf etwas oder jemanden) wird als Kommunikation verstanden, da jede Reaktion Mitteilungscharakter hat.

Vom Zeitpunkt unserer Geburt an kommunizieren wir miteinander, um in menschlicher Gemeinschaft das Leben und Überleben zu sichern, konkrete Alltagsanforderungen erfolgreich zu bewältigen und Bedürfnisse zu befriedigen. Dabei übermitteln wir anderen Beziehungsbotschaften, geben Informationen und nehmen selbst welche auf, um Aufgaben erfüllen zu können.
Kommunikation findet aber nicht nur zwischen Menschen statt, sondern erfolgt auch mit bzw. zwischen nichtmenschlichen Lebewesen (z.B. Haustieren), mit bzw. zwischen Objekten (z.B. Maschinen) oder komplexen Systemen, sofern der Informationsempfänger in irgendeiner Form auf die empfangene Botschaft reagiert und damit selbst wieder zum Sender wird.

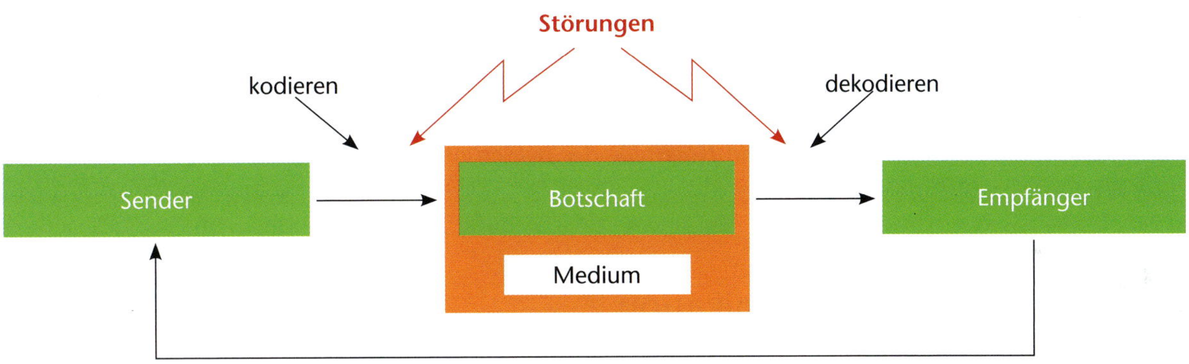

Der Kommunikationsprozess als Regelkreis

4 Erläutern Sie den vom Kommunikationswissenschaftler Paul Watzlawick[1] entwickelten Regelkreis der Kommunikation (siehe Abbildung oben), indem Sie stichpunktartig notieren,
a welche Möglichkeiten der Sender hat, Nachrichten zu „verpacken"/kodieren (z.B. Schreiben),
b durch welche Einflussfaktoren bei Kodierung und Dekodierung Störungen zustande kommen können (z.B. durch unterschiedliche Dialekte) und
c welche Mittel/Medien es zur Übermittlung von Botschaften gibt (z.B. Papier).

5 Entscheiden Sie, ob es sich bei den folgenden Situationen um Kommunikationsprozesse handelt:
a Sie sehen fern/hören Radio.
b Ein Gehörloser wird auf der Straße angesprochen. Er reagiert nicht darauf.
c Auf Ihren Befehl hin druckt Ihr Computer ein Dokument aus.
d Stefan setzt sich im Klassenzimmer neben Andreas. Andreas steht auf und setzt sich neben Kai.
e Eine Katze macht beim Anblick des Nachbarhundes einen Buckel und faucht ihn an.

[1] *Biografische Angaben zu Paul Watzlawick finden Sie auf Seite 51.*

2 Arten von Kommunikation

Die Sprache ist das differenzierteste Instrument der zwischenmenschlichen Verständigung, jedoch nicht das einzige. Insgesamt lassen sich drei Formen von Kommunikation unterscheiden: die verbale, die nonverbale und die paraverbale Kommunikation.

2.1 Verbale Kommunikation

Verbale Kommunikation bedeutet das gesprochene Wort, den Inhalt, die Sprache. Hier kann man differenzieren zwischen **Laut-** und **Schriftsprache** sowie zwischen **Syntax** (Grammatik), **Semantik** (Bedeutung von Wörtern) und **Pragmatik** (Wirkung der Äußerungen). Auch verschiedene Kommunikationsstile sind für das gegenseitige Verstehen oder für Missverständnisse verantwortlich:

- Bei der **direkten Kommunikation** geben wir Anweisungen oder Informationen explizit und deutlich weiter. Es wird erwartet, klare Positionen zu beziehen und offen Kritik und Zustimmung zu äußern. Konflikte werden als nützlich angesehen, wenn sie zu mehr Wahrheit und Klarheit führen.
- Wer **indirekt kommuniziert**, gibt Botschaften eher verschlüsselt und implizit[1] weiter. Direkte Stellungnahmen werden vermieden, vor allem aus dem Bedürfnis heraus, andere nicht anzugreifen und die soziale Harmonie zu wahren.

*1 **Erläutern Sie schriftlich die Vor- und Nachteile der beiden oben angegebenen Kommunikationsstile und geben Sie Beispiele dafür.***

2.2 Nonverbale Kommunikation

Circa 80 Prozent der zwischenmenschlichen Kommunikation verlaufen auf der nonverbalen Ebene, die folgende Elemente beinhaltet:

- Gestik (Bewegung der Arme, Hände usw.)
- Mimik/Blickkontakt/Gesichtsausdruck
- vegetative Symptome (Erröten, Schwitzen usw.)
- körperliche Nähe oder Distanz (In unserem Kulturkreis beträgt die intime Distanz etwa eine Armlänge, die soziale Distanz ca. 1–3 m und die öffentliche Distanz über 3 m.)
- Schweigen
- Körperhaltung (steif oder locker, raumgreifend oder wenig Platz einnehmend usw.)
- Outfit (Kleidung, Accessoires, Parfüm usw.)

Wichtiger Hinweis

Die meisten nonverbalen Informationen werden unbewusst registriert. Nonverbale Signale sind kultur- und schichtenabhängig und unterstützen die verbale Kommunikation, können aber auch im Widerspruch zum Geäußerten stehen.

---

[1] *implizit: unausgesprochen mit gemeint*

2 Beschreiben Sie, welche Gefühlsregungen Sie in obigen Bildern erkennen.

3 Beschreiben Sie stichpunktartig, wie folgende Gefühle nonverbal ausgedrückt werden:
a Mitleid b Verachtung c Verblüffung

4 Bilden Sie Kleingruppen. Versuchen Sie im Rollenspiel folgende explizite Beziehungsaussagen nonverbal zu vermitteln und tauschen Sie sich über Ihre Versuche aus:
a Ich schätze dich. b Du langweilst mich. c Du bist verrückt.

2.3 Paraverbale Kommunikation

Während der verbale Anteil einer Botschaft auch geschrieben bzw. gelesen werden kann und der nonverbale Anteil hauptsächlich gesehen wird, wird der paraverbale Teil hingegen vor allem akustisch wahrgenommen. Es geht hier also um

- Stimme (Stimmlage, Resonanzraum, Stimmfärbung usw.)
- Sprechverhalten (Artikulation, Lautstärke, Sprechtempo, Sprachmelodie, Sprechpausen usw.) und
- Sprache (Dialekt, Wortwahl usw.) des Senders.

5 Die Betonung ist manchmal entscheidend für die Bedeutung. Lesen Sie folgenden Witz laut so vor, dass er Sinn ergibt:
Was ist Konsequenz? Heute so, morgen so. Was ist Inkonsequenz? Heute so, morgen so.

6 Sprechen Sie den Satz „Ich warte auf dich" mit den unter a bis e angegebenen unterschiedlichen paraverbalen Variationen und diskutieren Sie in Kleingruppen, wie die Zuhörer das dabei unterschwellig Mitgehörte interpretieren.
a Tonhöhe: etwas höher/tiefer als Ihre normale Tonhöhe
b Artikulation: undeutlich/übergenau
c Sprechtempo: langsam/schnell
d Sprachmelodie: Tonhebung/Tonsenkung gegen Satzende
e Betonung: erstes/letztes Wort betont

7 Wir weisen Sprechern/Sprecherinnen mehr oder weniger bewusst je nach paraverbaler Ausdrucksfähigkeit Persönlichkeitseigenschaften zu, die zum Teil auf Vorurteilen beruhen und falsch sein können. Schreiben Sie die folgenden Sätze ab und ergänzen Sie sie.

a Jemand, der zögernd, stockend und in kurzen Sätzen spricht, wird oft für ? gehalten.

b Jemand, der starken Dialekt spricht, wird oft für ? gehalten.

c Menschen, die stottern, werden oft für ? gehalten.

2.4 Zusammenfassung: Faktoren einer erfolgreichen Kommunikation

Eine Nachricht ist immer nur so gut wie das, was beim Empfänger ankommt. Für eine gelungene Kommunikation muss das, was wir als Sender sagen wollen, mit dem, was der Empfänger versteht, übereinstimmen. Kommunikation findet immer gleichzeitig auf verschiedenen Ebenen statt. Für das Verständnis einer Information sind die verschiedenen Kommunikationskanäle unterschiedlich beteiligt:

- Die verbale Kommunikation (Inhalt) trägt zu sieben Prozent zum Verständnis bei.
- Die paraverbale Kommunikation (Tonfall, Betonung, Artikulation) ist mit 38 Prozent an einer erfolgreichen Kommunikation beteiligt.
- Die nonverbale Kommunikation (Auftreten, Bewegung, Mimik, Gestik) trägt zu 55 Prozent zum Erfolg bei.

Wir müssen also nicht nur die Worte richtig dekodieren (entschlüsseln), um uns zu verstehen, sondern auch alle anderen komplexen Signale richtig deuten. Diese kommunikative Sensibilität und Kompetenz ist in zwischenmenschlichen Begegnungen unverzichtbar.

8 *Beschreiben Sie eine Praxissituation, in der die Kommunikation erschwert war, da die nicht sprachliche Kommunikation der sprachlichen widersprach (= inkongruente[1] Botschaften).*

9 *Erläutern Sie anhand eines Beispiels aus Ihrem Praxisalltag, was folgender Ausspruch bedeutet.*
„Man lügt wohl mit dem Munde, aber mit dem Maule, das man dabei macht, sagt man doch noch die Wahrheit."
Friedrich Nietzsche (1844–1900, dt. Philosoph und Dichter)

10 *Diskutieren Sie in Kleingruppen, wie zuverlässig Ihnen nonverbale und paraverbale Signale bei Menschen mit körperlicher und/oder geistiger Behinderung erscheinen und welche Konsequenzen Sie daraus ziehen. Halten Sie Ihre Ergebnisse auf Overheadfolie fest und stellen Sie sie der Klasse vor.*

11 *Diskutieren Sie in der Klasse, ob ein Haustier ein angemessener Kommunikationspartner für Menschen mit Behinderung sein kann.*

2.5 Manipulation und Scheinargumentation

In Gesprächen, bei Diskussionen oder Verhandlungen wird oft versucht, den Partner mit Scheinargumenten oder Argumentationsfallen zu manipulieren. Dagegen können Sie sich nur erfolgreich wehren, wenn Sie Manipulationstaktiken kennen und identifizieren können.

Manipulationsart	Kennzeichen
Blockieren	– keine Antwort geben – nicht verstehen wollen oder absichtlich missverstehen – ausweichen
Sich mit allen Mitteln durchsetzen	– drohen oder persönlich angreifen – lügen – Zeitdruck machen oder schlechtes Gewissen erzeugen
„Entweder-Oder"-Argumentation/ Zirkelschluss	– vorgeben, dass alle anderen Alternativen nicht akzeptabel sind – vorgeben, dass es nur zwei Alternativen gibt – eine These wird mit der gleichen, leicht umformulierten These begründet
Analogiefalle	– argumentieren mit nicht wirklich vergleichbaren Situationen

[1] *inkongruent (lat.): nicht übereinstimmend*

Manipulationsart	Kennzeichen
Schwarzsehen	– die gegnerische Position wird bewusst drastisch düster dargestellt
Allgemeinplätze	– z. B.: *Jedes Kind weiß, ... Niemand wird bezweifeln, dass ... Alle sind sich doch einig, dass ...*
Killerphrasen	– z. B.: *Das haben wir schon immer so gemacht. Das hat noch nie funktioniert.*
Perfektionstrick	– Ablehnen eines Vorschlags, weil er nicht perfekt ist
Persönlicher Angriff	– Charakter, Vertrauenswürdigkeit einer Person werden in Zweifel gezogen.

Tipps

So wehren Sie sich gegen Manipulationen:

- **Taktik ansprechen** und beim Namen nennen
- Mit **kritischen Fragen** die Schwachpunkte bewusst machen
- Scheinargumente bewusst **überhören** und da weitermachen, wo Sie unterbrochen wurden
- Durch den „**Präzisionstrichter**" versachlichen Sie emotional geladene Situationen. Stellen Sie aktive Klärungsfragen, welche die Situation konkretisieren und präzisieren (z. B. „Was ist genau vorgefallen?" „Sie nannten verschiedene Ursachen. Welche ist die Hauptursache?").
- Die „**Schallplatte mit Sprung**"-Technik: Wiederholen Sie konsequent Ihre wichtigen Punkte, wann immer der Partner ablenkt und auf ein anderes Thema zu sprechen kommt (z. B. „Es geht jetzt wie gesagt darum ..." „Nochmals, was mir wichtig ist ..." „Ich wiederhole: ...").
- Eine (begründete) **Gesprächsunterbrechung** als letzte Möglichkeit, wenn andere Methoden fruchtlos waren: Sprechen Sie die Manipulationsart direkt an (z. B. „Ich muss die Diskussion unterbrechen, ich habe den Eindruck, dass es nicht mehr um ... geht, sondern um ...").

12 ***Diskutieren Sie über Gegenmaßnahmen zu jeder in obiger Tabelle aufgelisteten Manipulationsart.***

13 ***Notieren Sie sich in Partnerarbeit in Form einer Mindmap Möglichkeiten der nonverbalen und paraverbalen Manipulation sowie geeignete Abwehrstrategien dazu.***

3 Kommunikationsmodelle

3.1 Vier Seiten einer Nachricht (Friedemann Schulz von Thun)

Friedemann Schulz von Thun (geb. 1944), Psychologe

Der deutsche Psychologe und Kommunikationswissenschaftler Friedemann Schulz von wurde bekannt für sein populärwissenschaftliches Werk *Miteinander reden*. Als Psychologieprofessor an der Universität Hamburg erforschte er die zwischenmenschliche Kommunikation und Thun hat ein kommunikationspsychologisches Konzept entwickelt, mit dessen Hilfe Nachrichten analysiert und Missverständnisse und Kommunikationsstörungen erklärt werden können.

Schulz von Thun entwickelte das „**Nachrichtenquadrat**", ein kommunikationspsychologisches Konzept, um Nachrichten analysieren und Missverständnisse bzw. Kommunikationsstörungen erklären zu können. In jeder Nachricht sind nach dieser Theorie vier verschiedene Botschaften enthalten, die mitgesendet bzw. auf Empfängerseite mitgehört/-verstanden werden können. Somit erweitert sich das auf Seite 45 bereits vorgestellte einfache Kommunikationsmodell um folgende Komponenten:

Sachinhaltsebene einer Nachricht:

Bei der Inhaltsebene steht die sachliche Informationsübermittlung im Vordergrund, wobei Gefühle, implizite Wünsche oder Absichten ausgeblendet werden.

1 Erläutern Sie, wie folgender Witz aus Sicht des Kommunikationsquadrats funktioniert.

Ein Witz

„Vor vier Monaten hab ich geheiratet, aber leider starb meine Frau vor zwei Wochen.“ – „Wie schrecklich! Was hatte sie denn?“ – „Ein kleines Geschäft und einiges an Festgeldanlagen.“ – „Das meinte ich doch nicht! Was hat ihr denn gefehlt?“ – „Mehr Geld, um das Geschäft vernünftig auszubauen.“ – „Nein, ich meine, woran ist sie denn gestorben?“ – „Sie ist die Kellertreppe hinuntergefallen, als sie Kartoffeln für das Mittagessen holen wollte.“ – „Um Himmels willen! Was habt ihr denn da gemacht?“ – „Nudeln.“

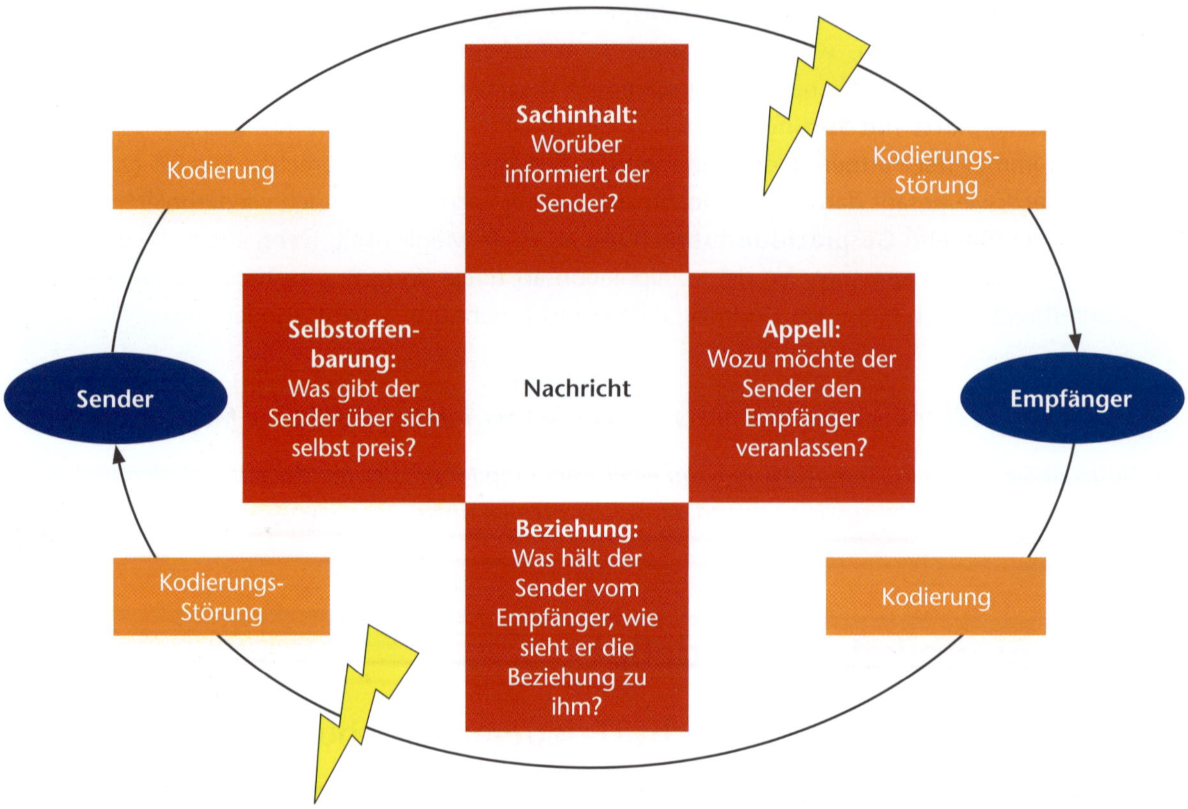

Friedemann Schulz von Thun, Nachrichtenquadrat

2 Beschreiben Sie in Partnerarbeit, auf welcher Ebene Marco in nachfolgender Praxissituation gesendet und auf welcher Ebene die Heimleiterin Frau Brose geantwortet hat. Diskutieren Sie, ob Sie diese Ebene in diesem Fall angebracht ist und weshalb Frau Brose sie vermutlich gewählt hat. Halten Sie Ihre Ergebnisse stichpunktartig fest.

3 Diskutieren Sie in Kleingruppen, bei welcher Art von Konflikten die Sachebene Ihrer Meinung nach angebracht und bei welchen Konfliktarten sie unangemessen ist. Halten Sie Ihre Ergebnisse auf einem Plakat fest.

Lernsituation

Heilerziehungspfleger Marco stürmt wütend in das Büro der Heimleitung und ruft: „Ich halte das nicht mehr aus mit Frau Müller! Ich kündige!" Die Heimleiterin Frau Brose erwidert darauf, ohne von ihren Papieren aufzublicken: „Das ist Ihre Entscheidung. Sie müssten das in schriftlicher Form zum Quartalsende machen, d.h., Sie könnten zum 1. September kündigen und müssten dann noch bis Anfang Dezember arbeiten."

Appellebene einer Nachricht

Die Appellebene drückt aus, wozu der Sender den Empfänger veranlassen möchte, d.h. was dieser nach Meinung des Senders tun, denken oder fühlen soll. Solche Appelle können **offen** oder **verdeckt**, **bewusst** oder **unbewusst** gesendet werden.

4 Erläutern Sie, welche Appelle hinter folgenden Sätzen stehen, ob die Appelle offen oder verdeckt gesendet werden und warum diese Kodierung vermutlich gewählt wurde.
a „Unsere Mitarbeiterküche ist ganz schön dreckig!"
b Ein Bewohner weint, weil ihn eine Mitbewohnerin angeschrien hat.
c „Alois von Gruppe 4 macht mir Sorgen. Ich weiß nicht, was ich mit ihm machen soll."

5 Gerade in „Helferberufen" haben manche Mitarbeiter ein großes „Appellohr". Diskutieren Sie über Vor- und Nachteile dieser Empfängerhaltung.

Beziehungsebene einer Nachricht

Aus jeder Nachricht geht hervor, wie der Sender zum Empfänger steht und was er von ihm hält. Dies zeigt sich z.B. verbal (Wortwahl), paraverbal (durch den Tonfall) oder nonverbal (durch die Körpersprache). Für diese Seite der Nachricht ist der Empfänger besonders empfindlich, denn hier fühlt er sich als Person in bestimmter Weise behandelt (oder misshandelt). Durch frühe Beziehungsbotschaften in unserer Kindheit bekommen wir ein Selbstkonzept und entwickeln unser **Selbstwertgefühl**.

6 Bilden Sie Kleingruppen und stellen Sie abwechselnd folgende explizite Beziehungsaussagen para- und nonverbal dar. Tauschen Sie sich anschließend darüber aus, was Ihnen leicht- und was schwergefallen ist und weshalb.
a Ich bemitleide dich. b Du bist interessant. c Ich verachte dich.

Selbstoffenbarungsebene einer Nachricht

Jede Nachricht enthält auch Informationen über die Person, die spricht. Selbstoffenbarung umfasst einerseits die gewollte **Selbstdarstellung** und andererseits die unfreiwillige **Selbstenthüllung**. Zur Selbstdarstellung dienen **Fassadentechniken**. Damit sind sprachliche „Tricks" gemeint, welche die eigenen Persönlichkeitsanteile verbergen sollen, wie z.B. in folgenden Situationen:

Beispiele

- *In der Konferenz schweigt Pia lieber als Fragen zu stellen und sich dadurch bloßzustellen.*
- *Raimund verbirgt Gefühle und Bedürfnisse durch einen betont sachlichen, unpersönlichen Gesprächsstil. Er sagt statt „Ich möchte …" lieber „Man muss …" oder „Wir sollten …". Statt „Ich ärgere mich, dass du ohne mich zu fragen den Dienstplan geändert hast" fragt er: „Warum hast du denn den Montagsdienst getauscht?"*

7 Machen Sie sich Notizen zu folgenden persönlichen Fragen und tauschen Sie sich im Anschluss in Kleingruppen darüber aus:

a Erinnern Sie sich an private oder berufliche Gespräche und Begegnungen: Wie wichtig ist Ihnen Ihre Selbstdarstellung? Welchen Eindruck möchten Sie bei anderen hinterlassen?

b In welchen mitmenschlichen Begegnungen ist Ihre Selbstdarstellungsangst besonders stark, in welchen Situationen sind Sie besonders auf der Hut (z. B. bei bestimmten Kollegen, Angehörigen)? Was befürchten Sie?

c In welchen Situation ist Ihre Selbstoffenbarungsangst gering? Wie zeigen Sie sich dann?

Happy end | Marti, Kurt

Sie umarmen sich, und alles ist wieder gut. Das Wort ENDE flimmert über ihrem Kuss. Das Kino ist aus. Zornig schiebt er sich zum Ausgang, sein Weib bleibt im Gedrängel hilflos stecken, weit hinter ihm. Er tritt auf die Straße und bleibt nicht stehen, er geht, ohne zu warten, er geht voll Zorn, und die Nacht ist dunkel. Atemlos, mit kleinen, verzweifelten Schritten holt sie ihn ein, holt ihn schließlich ein und keucht zum Erbarmen. Eine Schande, sagt er im Gehen, eine Affenschande, wie du geheult hast. Sie keucht. Mich nimmt nur wunder warum, sagt er. Sie keucht. Ich hasse diese Heulerei, sagt er, ich hasse das. Sie keucht noch immer. Schweigend geht er und voll Wut, so eine Gans, denkt er, so eine blöde, blöde Gans, und wie sie keucht in ihrem Fett. Ich kann doch nichts dafür, sagt sie endlich, ich kann doch wirklich nichts dafür, es war so schön, und wenn es schön ist, muss ich einfach heulen. Schön, sagt er, dieser Mist, dieses Liebesgewinsel, das nennst du also schön, dir ist ja wirklich nicht zu helfen. Sie schweigt und geht und keucht und denkt, was für ein Klotz von Mann, was für ein Klotz.

Quelle: Marti, Kurt: Dorfgeschichten, Luchterhand, Darmstadt 1983, S. 20

8 Interpretieren Sie mithilfe von Schulz von Thuns Kommunikationsmodell den Dialog des Paares auf der Straße in Kurt Martis Kurzgeschichte „Happy end", indem Sie folgende Sätze abschreiben und ergänzen.

a Die Wortwahl des Mannes („Schande", „Affenschande", Z. 5) deutet darauf hin, dass ___?___ Auf der Appellebene sendet der Mann also an seine Frau die Botschaft: ___?___

b Der Mann bewertet das Weinen der Frau als ___?___, weil er vermutlich ___?___ Die dahinter verborgene Selbstoffenbarung des Mannes lautet also: ___?___

c Die Frau reagiert auf die Beschuldigungen des Mannes mit ___?___, weil sie ___?___ Das zeigt sich in Zeile ___?___, wo es heißt: „___?___" Die Beziehung des Paares kann also als ___?___ beschrieben werden, da ___?___

9 *Erläutern Sie mit Schulz von Thuns Kommunikationsmodell den Konflikt zwischen Elsa und Arne in dem Beispiel auf Seite 57, indem Sie jeweils in einem Satz darstellen, welche Selbstoffenbarungen und Appelle Arne und Elsa senden und was sie damit jeweils über ihre Beziehung aussagen.*

10 *Finden Sie heraus, mit welchen „Ohren" Sie bevorzugt hören. Tauschen Sie sich dazu zu zweit über ein Thema Ihrer Wahl aus. Versuchen Sie jeweils mehrere Minuten lang, nur einen bestimmten Aspekt (Sach-, Beziehungsaspekt, Selbstoffenbarung, Appell) herauszuhören und nur darauf zu antworten.*

Tauschen Sie sich anschließend über Ihre Erfahrungen in der Kleingruppe aus:
- *Welche Hörgewohnheiten fielen Ihnen leicht und womit hatten Sie Schwierigkeiten?*
- *Welches unterentwickelte „Ohr" möchten Sie trainieren?*
- *Welche Ursachen haben Ihre Überspezialisierungen?*
- *In welchen Situationen/bei welchen Personen reagieren Sie besonders mit welchem „Ohr"?*

3.2 Fünf Axiome der Kommunikation (Paul Watzlawick)

Paul Watzlawick (1921–2007), Kommunikationswissenschaftler

Paul Watzlawick war ein österreichischer Kommunikationswissenschaftler, Psychotherapeut, Psychoanalytiker, Soziologe, Philosoph und Autor. Im deutschsprachigen Raum wurde er vor allem durch seine Veröffentlichungen zur Kommunikationstheorie bekannt.

Paul Watzlawick stellte fünf Grundregeln/Axiome[1] auf, welche die menschliche Kommunikation und ihre Paradoxie[2] erklären sollen.

Erstes Axiom: Man kann nicht nicht kommunizieren.

In einer sozialen Situation kann man nicht nicht kommunizieren, da jedes Verhalten gegenüber anderen einen kommunikativen Charakter hat.

Beispiel
In einer schulvorbereitenden Einrichtung fragt Heilpädagoge Philipp die 5-jährige Michelle, warum sie nicht mit aufgeräumt hat. Michelle antwortet nicht, sondern starrt auf den Boden und wendet sich von Philipp ab.

Kommunikationsstörungen nach dem ersten Axiom
- Ignorieren der Kommunikation durch Antwort-Verweigern/Nicht-Eingehen auf die Botschaft des Senders
- widerwillige Annahme der Kommunikation („Wenn es unbedingt sein muss …")
- Abweisungen („Mit dir will ich nichts zu tun haben.")
- einseitige Beendigung („Davon will ich nichts hören.")
- Entwertung der Aussage des Partners (abwesend/unkonzentriert sein/Bagatellisierung)
- Flucht in Symptome („Ich habe Kopfschmerzen/bin zu müde …")

---
[1] *Axiom: Grundsatz, der keines Beweises bedarf*
[2] *Paradoxie: Widersprüchlichkeit*

Zweites Axiom: Jede Kommunikation hat einen Inhalts- und einen Beziehungsaspekt, wobei letzterer den ersteren bestimmt.

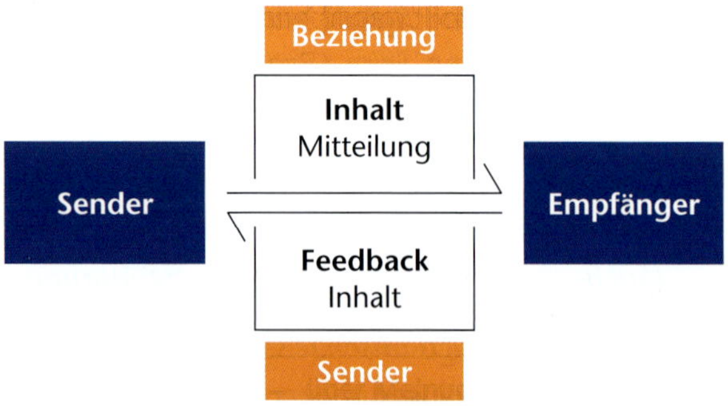

Der Inhaltsaspekt der Kommunikation sagt aus, dass es um Informationsvermittlung (Frage nach dem Was) geht, doch ist diese immer gekoppelt an den Beziehungsaspekt (Frage nach dem Wie), der Aufschluss über das Verhältnis zwischen Sender und Empfänger gibt. Das heißt, dass der Empfänger abhängig z. B. von seinen Vorerfahrungen mit dem Sender und von dessen Gestik/Mimik/Tonfall die Informationen entweder positiv-bestätigend oder negativ-abwertend aufnimmt.

Kommunikationsstörungen nach dem zweiten Axiom

- negative Beziehung über die Inhaltsebene austragen
- Uneinigkeit auf der Inhaltsebene auf die Beziehungsebene übertragen
- negative oder unklare Beziehung
- Versuch, den Beziehungsaspekt ganz aus der Kommunikation herauszuhalten
- Vernachlässigung des Beziehungsaspektes

Beispiel

Heilerziehungspflegeschülerin Margot beobachtet in ihrer Praxisstelle, dass Frau R. bei Süßspeisen und herzhaften Fleischgerichten (die sie offenbar gern mag) schnell ihren Mund öffnet und isst, während sie bei Suppen und Salaten oft viel Hilfestellung und Zeit zum Essen braucht. Bei der nächsten Teamsitzung schlägt sie vor, Frau R. in ihrer Selbstbestimmung beim Essen zu unterstützen. Ihre Anleitung schneidet ihr das Wort ab: Frau R. muss wie alle anderen essen, was auf den Tisch kommt. Außerdem könne sie als Praktikantin Frau R. noch gar nicht richtig einschätzen, zumal sie in letzter Zeit sowieso häufig gefehlt habe.

11 Erläutern Sie, inwiefern sich die Beziehungsebene zwischen Margot und ihrer Anleitung auf die Sachebene auswirkt. Welche Störung nach dem zweiten Axiom ist hier zu beobachten?

Drittes Axiom: Die Natur einer Beziehung ist durch die Interpunktion der Kommunikationsabläufe seitens der Partner bedingt.

Dies bedeutet, dass Sender und Empfänger den Kommunikationsablauf unterschiedlich gliedern und so ihr eigenes Verhalten oft nur als Reaktion auf das Verhalten des anderen interpretieren, d. h. behaupten, die „Schuld" läge beim anderen. So wirkt das eigene Verhalten als Reiz und Verstärkung für das Verhalten des anderen und umgekehrt.

12 Gestalten Sie ein der nebenstehenden Abbildung ähnliches Strukturbild mit einem Praxisbeispiel zur Illustration des dritten Axioms.

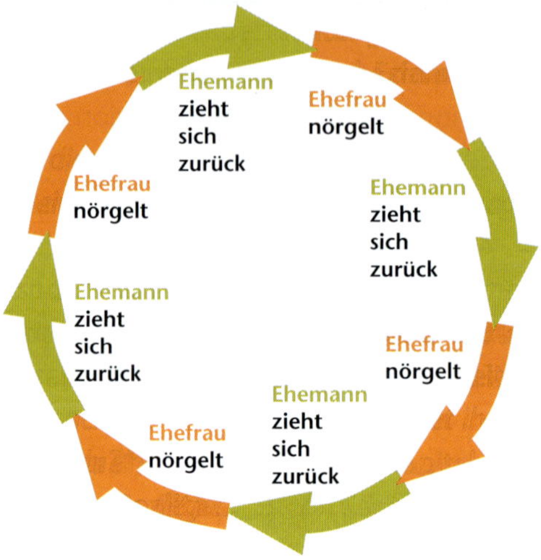

Kommunikationsstörungen nach dem dritten Axiom

- eigenes Verhalten mit dem Verhalten des anderen entschuldigen oder rechtfertigen
- selbsterfüllende Prophezeiung (engl. „self-fulfilling prophecy"): Vorhersage, die sich deshalb erfüllt, weil der, der daran glaubt, sich – meist unbewusst – auch dementsprechend verhält

Viertes Axiom: Menschliche Kommunikation bedient sich analoger[1] und digitaler [2] Modalitäten[3].

Digitale Kommunikation bezieht sich auf Worte und Sätze, die bestimmten Objekten zugeordnet sind. Sie ist logisch, abstrakt und repräsentiert den Inhaltsaspekt, vermittelt also in erster Linie Informationen. Sie bietet jedoch keine Hinweise darauf, wie Informationen bewertet bzw. interpretiert werden sollen. Extrembeispiel einer digitalen Kommunikation ist ein sprechender Computer.
Analoge Kommunikation hat im Gegensatz dazu eine viel direktere, engere Beziehung zu den Objekten, die sie repräsentiert. Sie basiert auf archaischen[4] Kommunikationsformen und ist daher allgemeiner gültig und weiter verbreitet als die viel jüngere digitale Kommunikation. Analoge Kommunikation bezieht sich nicht auf Dinge (wie digitale Kommunikation), sondern auf die Beziehung zwischen Dingen oder Menschen (Beispiel: nonverbale Signale).
Als Kommunikationsteilnehmer übersetzen wir ständig zwischen den beiden „Sprachen". Vor allem analoge Kommunikation birgt zahlreiche Fehlermöglichkeiten. Empfindungen werden analog ausgedrückt, weil sie sich der logischen digitalen Kommunikation entziehen.

Ursachen für Kommunikationsstörungen nach dem vierten Axiom

- Analoge Kommunikation ist mehrdeutig, kann also falsch interpretiert werden (z. B. Stirnrunzeln als Skepsis, Verblüffung oder Ärger).
- Auch digitale Elemente sind nicht immer klar und eindeutig (z. B. bei mangelnder Kodierungsfähigkeit oder Sprachproblemen).
- Überwiegen einer Codierungsart führt zu Störungen
- Nichtübereinstimmung von digitaler und analoger Kommunikation
- Nichtbewusstsein der eigenen analogen Kommunikation bei einem Kommunikationspartner

Fünftes Axiom: Zwischenmenschliche Kommunikationsabläufe sind entweder symmetrisch oder komplementär.

Die Beziehung zwischen Gesprächspartnern basiert entweder auf Gleichheit (symmetrische Beziehung) oder auf Unterschiedlichkeit (komplementäre Beziehung).

Das bedeutet, dass es in komplementären Beziehungen superiore (überlegene) und inferiore (unterlegene) Partner gibt, die sich in ihrem Verhalten gegenseitig ergänzen.

In einer symmetrischen Beziehungsform hingegen bemühen sich die gleich starken Partner, Ungleichheiten untereinander zu minimieren, und streben nach Gleichheit.

Ursachen für Kommunikationsstörungen nach dem fünften Axiom

- symmetrische Eskalation: Beide Kommunikationspartner wollen „gleicher" sein als der andere.
- starre Komplementarität: Kommunikationspartner beharren starr auf komplementären Standpunkten oder vordefinierten Grundkonzeptionen, sodass eine aktuelle, auf Ergänzung ausgerichtete Kommunikation unmöglich wird.
- starkes Autoritäts- bzw. Machtgefälle, Folgen: Abhängigkeit, Unselbstständigkeit, Fremdbestimmung

13 Erläutern Sie, warum es sich in der folgenden Lernsituation um gestörte Kommunikation handelt.

14 Verdeutlichen Sie die im Gespräch vorkommenden Störungen mithilfe der Axiome von Paul Watzlawick. Formulieren und erläutern Sie dabei die relevanten Axiome.

---

[1] *analog: vergleichbar, ähnlich, entsprechend*
[2] *digital: mit Buchstaben/Ziffern darstellbar*
[3] *Modalität: Ausführungsart*
[4] *archaisch: aus der Urgeschichte der Menschheit stammend*

Lernsituation

Seit einigen Wochen beobachtet Heilpädagoge Martin, dass es zwischen Bewohnerin Elsa (21) und ihrem Freund Arne (20) immer wieder zu Streitigkeiten kommt. Neulich konnte er folgendes Gespräch im Gruppenraum mitverfolgen.

Arne: Schau mal, ich hab dir die CD gebrannt, die dir neulich so gut gefallen hat.

Elsa: Kannst du dir nicht mal wieder deine Haare schneiden lassen, die sind schon total lang! Und waschen könntest du die auch mal wieder, das sieht total ungepflegt aus so!

Arne: Ich hab sie erst gestern gewaschen. Leg die CD doch mal ein!

Elsa: Lass doch die blöde CD, brauchst dich gar nicht einschmeicheln jetzt bei mir! *(dreht sich von ihm weg)*

Arne: Was soll das denn jetzt, ich schneid mir meine Haare, wann ich will.

Elsa: Du machst immer nur das, was *du* willst! Mir gefällt das so nicht! *(nach einer Weile)* Ich hab's nicht so gemeint. Zeig mal die CD.

Arne: Nö. Jetzt mag ich nicht mehr. *(verlässt den Gruppenraum)*

Ein Tisch ist ein Tisch (Fortsetzung von Seite 44) | Bichsel, Peter

[…] Der alte Mann kaufte sich blaue Schulhefte und schrieb sie mit den neuen Wörtern voll, und er hatte viel zu tun damit, und man sah ihn nur noch selten auf der Straße. Dann lernte er für alle Dinge die neuen Bezeichnungen und vergaß dabei mehr und mehr die richtigen. Er hatte jetzt eine neue Sprache, die ihm ganz allein gehörte. Hie und da träumte er schon in der neuen Sprache, und dann übersetzte er die Lieder aus seiner Schulzeit in seine Sprache, und er sang sie leise vor sich hin. Aber bald fiel ihm auch das Übersetzen schwer, er hatte seine alte Sprache fast vergessen, und er musste die richtigen Wörter in seinen blauen Heften suchen. Und es machte ihm Angst, mit den Leuten zu sprechen. Er musste lange nachdenken, wie die Leute zu den Dingen sagen. […] Und es kam so weit, dass der Mann lachen musste, wenn er die Leute reden hörte. […] Er musste lachen, weil er all das nicht verstand. Aber eine lustige Geschichte ist das nicht. Sie hat traurig angefangen und hört traurig auf.

Der alte Mann im grauen Mantel konnte die Leute nicht mehr verstehen, das war nicht so schlimm. Viel schlimmer war, sie konnten ihn nicht mehr verstehen. Und deshalb sagte er nichts mehr. Er schwieg, sprach nur noch mit sich selbst, grüßte nicht einmal mehr.

Quelle: Bichsel, Peter: Kindergeschichten, Luchterhand, Neuwied/München 1969, S. 25–30

15 ***Erläutern Sie mithilfe der Fachbegriffe aus Watzlawicks und Schulz von Thuns Kommunikationsmodellen die Kommunikationsstörung in Peter Bichsels Kurzgeschichte „Ein Tisch ist ein Tisch".***

4 Gesprächsregeln

Einflussfaktoren auf das Gesprächsverhalten von Mitarbeiterinnen und Mitarbeitern

1 ***Erläutern Sie mithilfe der obigen Abbildung und anhand von Praxisbeispielen, welche Faktoren das Gesprächsverhalten von Mitarbeitern und Mitarbeiterinnen im sozialen Bereich beeinflussen können.***

4.1 Metakommunikation

Definition

Optimal kommunizieren heißt, das Selbstwertgefühl des anderen achten. Wann immer das Selbstwertgefühl des anderen verletzt wird, leidet auch die Kommunikation darunter.

Wenn in Teambesprechungen die Bearbeitung eines Themas aufgrund gestörter zwischenmenschlicher Beziehungen (Misstrauen, Vorurteile, Antipathie, Angst oder Verletzung) erschwert ist, sollten die Teilnehmer ihr Unbehagen formulieren und den/die anderen auffordern, über die Art der bisher abgelaufenen Kommunikation zu sprechen. Diese Auseinandersetzung über die Art und Weise, wie wir miteinander umgehen bzw. reden und was wir füreinander empfinden, wird **Metakommunikation** („Kommunikation über Kommunikation") genannt. Dadurch können

- Missverständnisse aufgedeckt,
- unterschiedliche Sichtweisen verständlich gemacht und
- Kommunikationsstile, die ansonsten eine dauernde Konfliktursache darstellen würden, verändert werden.

Eine besondere Form der Metakommunikation ist das Feedback (vgl. Kapitel 4.6).

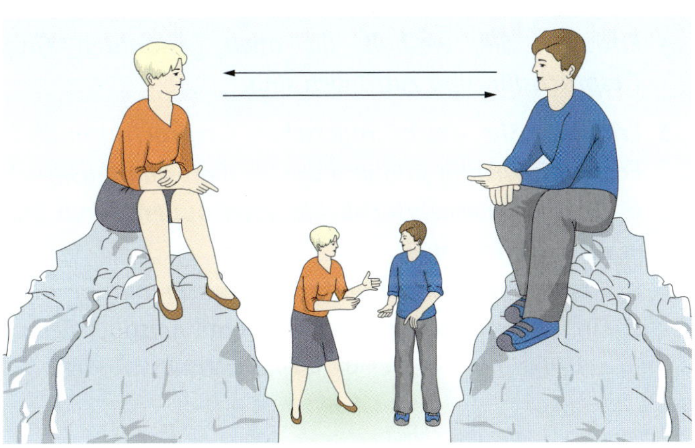

Im Falle einer gestörten Kommunikation eignet sich Metakommunikation, um eine negative Entwicklung der Beziehung zu verhindern.

Voraussetzungen für eine hilfreiche Metakommunikation:

- Einblick in meine eigene Innenwelt: Was geht hier und jetzt in mir vor? Wie erlebe ich den anderen gerade? Was spielt sich zwischen uns ab?
- den anderen in seinem So-Sein akzeptieren
- Mut, dies in Form einer Ich-Botschaft (vgl. Kapitel 4.5) dem Partner mitzuteilen (Selbstoffenbarung)

Beispiel

Im Mitarbeiterteam wird die Frage gestellt, wer eine unbeliebte Aufgabe übernehmen könnte:
Frau Gruber: (lachend) Das könnte doch unser lieber Herr Rühe besonders gut erledigen!
Herr Rühe: Nein, das will ich nicht! Überhaupt habe ich den Eindruck, dass Sie sich über mich lustig machen.

2 Beschreiben Sie in Partnerarbeit Arbeitssituationen, in denen Sie mit Ihren Kolleginnen/Kollegen auch heute schon metakommunizieren, also über Ihre gemeinsame Art und Weise des Kommunizierens reden. Erläutern Sie die beobachteten Auswirkungen auf das Gesprächsklima.

3 Gestalten Sie ein Plakat, auf dem Sie gemeinsam Gesprächs- und Umgangsregeln für die Klasse festlegen.

4.2 Gesprächsgrundhaltungen

Carl Rogers (1902–1987), Psychologe und Psychotherapeut

Carl Rogers studierte in den USA Theologie und Klinische Psychologie und begründete die klientenzentrierte Gesprächstherapie, welche die Einzigartigkeit des Individuums betont und die Gesprächsführung in Psychotherapie und Pädagogik bis heute nachhaltig beeinflusst hat.

Nach Rogers sollte die professionelle Grundhaltung gegenüber Betreuten, Angehörigen und Kollegen folgende drei Komponenten enthalten:

- Akzeptanz: Respekt, bedingungslose Annahme und Wertschätzung einer Person, Trennung zwischen Person und Verhalten, Vertrauen zur Selbsthilfe
- Empathie: aktives Zuhören, einfühlendes Verstehen (vgl. Kapitel 4.7) in den Erlebnishorizont und die Bedeutungszusammenhänge des Gegenübers und Widerspiegeln des gewonnenen Verständnisses
- Kongruenz[1]: Echtheit des eigenen Beziehungsangebotes, d. h., Äußerungen, Verhalten, Gestik und Mimik sollten mit dem inneren Erleben und Denken übereinstimmen

Weitere wichtige Grundhaltungen sind Kontaktfreude, Geduld, Toleranz, Vertrauen und Dialogbereitschaft sowie die Orientierung an den Regeln der Themenzentrierten Interaktion (vgl. Kapitel 4.4).

4 Erläutern Sie, weshalb die oben genannten Gesprächsgrundhaltungen einer professionellen Gesprächsführung zuträglich sind.

5 Erläutern Sie, welche rogerschen Gesprächsgrundhaltungen in folgenden Situationen für Sie als Fachkraft wichtig sind und wie Sie diese zum Ausdruck bringen können.

- ***a Ein Schwerstmehrfachbehinderter äußert durch Brummen, Lallen und Schaukeln Unzufriedenheit oder Zufriedenheit.***
- ***b Eine Betreute schreit und spuckt, wenn man ihr die Nägel schneidet.***
- ***c Ein junger pubertierender Mann mit geistiger Behinderung grabscht die junge Heilerziehungspflegehelferin an, weil er sie sexuell attraktiv findet.***

---

[1] *Kongruenz: Deckungsgleichheit*

4.3 Themenzentrierte Interaktion (Ruth Cohn)

Ruth Charlotte Cohn (1912–2010), Psychologin

Ruth Cohn arbeitete in New York und in der Schweiz als Psychotherapeutin. Als Jüdin u.a. geprägt von ihren Erfahrungen mit dem Nationalsozialismus, entwickelte sie im amerikanischen Exil das Konzept der Themenzentrierten Interaktion (TZI) und vertrat eine humanistische und psychodynamische Psychologie.

Teamgespräche bilden die Basis für eine erfolgreiche und konstruktive Zusammenarbeit. Um Arbeitsgruppen und Teamsitzungen gewinnbringend zu gestalten, formulierte Ruth Cohn Regeln für eine optimale themenzentrierte Interaktion[1] (TZI):

- Übernehmen Sie Verantwortung für sich selbst und für das, was Ihnen in der Gruppe und an der Arbeit wichtig ist. Achten und respektieren Sie Ihre Gedanken und Gefühle wie auch die der anderen.
- Achten Sie auf Störungen (z.B. unterschwellige Konflikte, Konzentrationsschwierigkeiten) und thematisieren Sie diese, falls die Konzentration auf das Thema darunter leidet.
- Es kann immer nur eine(r) sprechen. Seitengespräche sollten in die Gruppe eingebracht werden.
- Sagen Sie „ich" statt „man" oder „wir". Übernehmen Sie die Verantwortung für Ihre Überzeugung. Sie können nicht für andere mitsprechen.
- Stellen Sie Fragen, um etwas zu klären und nicht um andere vorzuführen oder bloßzustellen.
- Sprechen Sie Gruppenmitglieder direkt und mit Blickkontakt an. Kommunizieren Sie nicht über Dritte.
- Geben Sie Feedback, wenn Sie das Bedürfnis dazu haben. Wenn ein Verhalten oder eine Äußerung (un-)angenehme Gefühle bei Ihnen auslöst, teilen Sie dies mit. Sprechen Sie dabei von *Ihren* Empfindungen, bewerten Sie nicht.
- Wenn Sie Feedback erhalten, hören Sie ruhig zu. Verteidigen Sie sich nicht. Betrachten Sie es als Problem des Partners, das Sie lösen helfen können.

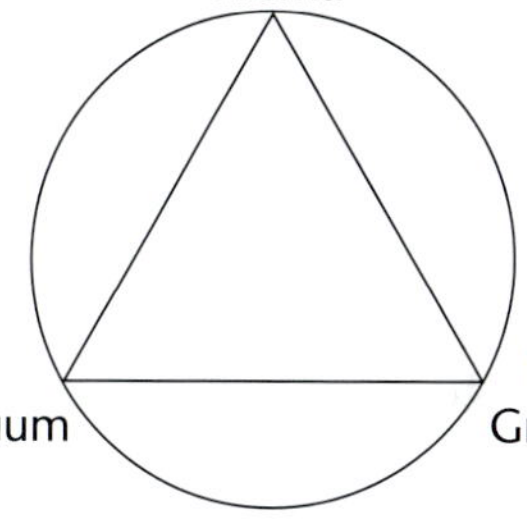

Ziel der themenzentrierten Interaktion ist die Balance zwischen Individuum, Gruppe und gemeinsamem Thema

Quelle: Cohn, Ruth: Von der Psychoanalyse zur Themenzentrierten Interaktion, Klett-Cotta, Stuttgart 1975, S. 245

Lernsituation

Bei der Teamsitzung einer heilpädagogischen Tagesstätte werden viele Privatgespräche geführt. Heilerziehungspflegerin Selma Celik spricht ein Problem mit Marcel (elf Jahre) an. Sie finde keinen Zugang zu Marcel, der sie häufig beschimpft und in der letzten Woche sogar zweimal versucht habe sie zu schlagen. Erzieher Martin Kobe meint daraufhin, Selma dramatisiere mal wieder, alle anderen kämen schließlich gut mit Marcel zurecht. Man müsse diesem Kind eben einfach konsequent seine Grenzen aufzeigen. Selma schweigt verwirrt und verletzt bis zum Ende der Sitzung.

[1] **Soziale Interaktion** *ist die aktive Wechselwirkung und Abstimmung des Verhaltens zwischen Personen oder Institutionen. Damit Interaktion gelingt, müssen die Beweggründe des Gegenübers richtig interpretiert werden. Gelingende Interaktion setzt also gelingende Kommunikation zwischen den Beteiligten voraus.*

6 Zeigen Sie auf, welche TZI-Regeln im Teamgespräch verletzt wurden.

7 Beschreiben Sie mögliche Folgen für die Kommunikation im Team und bezüglich Selmas Umgang mit Marcel.

8 Informieren Sie sich in unten stehender Tabelle über weitere förderliche und hemmende Faktoren beim Teamgespräch. Üben Sie im Rollenspiel, wie die Gesprächsleitung in obiger Lernsituation moderierend eingreifen kann.

4.4 Ich-Botschaft (Thomas Gordon)

Lernsituationen

Kollegin A zu Kollegin B:	„Es ist nicht sehr klug, wenn Sie sich in die Streitereien der Kinder einmischen. Sie sehen ja, was dabei herauskommt."
Mitarbeiterin zu Mutter:	„Sie lassen Lea viel zu wenig Freiraum! Die kann das schon alleine."
Mitarbeiterin zu Mutter:	„Ich glaube, durch Ihre Berufstätigkeit kommt Benjamin zu kurz. Kein Wunder, dass er beim Abschied immer so weinerlich ist."
Kollegin A zu Kollegin B:	„Wie oft habe ich dir schon gesagt, dass du die Beobachtungsbögen in den blauen Ordner heften sollst! So eine Schlamperei!"
Mitarbeiter zu Praktikantin:	„Immer vergisst du, dich um die Materialschränke zu kümmern. Die hätten schon längst mal wieder aufgeräumt werden müssen."
Kollegin A zu Kollege B:	„Du hast dich ja immer noch nicht um die Organisation der Ferienfreizeit gekümmert! Das bleibt mal wieder alles an mir hängen, was?"

9 Erläutern Sie, weshalb sich die Botschaften in den Lernsituationen negativ auf die Kommunikation zwischen Kollegen/Kolleginnen und Angehörigen auswirken. Ziehen Sie zur Erklärung auch die Definition auf Seite 55 heran.

Thomas Gordon (1918–2002), Psychologe

Der amerikanische Psychologe Thomas Gordon promovierte an der Universität von Chicago, wo er auch unterrichtete. Geprägt von seinen Erfahrungen in der Arbeit mit Kindern und Jugendlichen erkannte er die große Bedeutung der Kommunikation und entwickelte eine Methode, um Beziehungen zu verbessern und Konflikte gewaltlos und ohne Verlierer zu lösen.

Seiner Meinung nach sollte man, wenn man sich über das Verhalten eines anderen ärgert, denjenigen nicht anklagen, sondern beschreiben, wie man selbst die Situation gerade erlebt. Wenn man den anderen nicht als Person bewertet, verurteilt und angreift und stattdessen die Wirkung seines Verhaltens auf sich selbst schildert, blockt der andere die geäußerte Kritik nicht sofort ab, weil sein Selbstwertgefühl dadurch nicht beschädigt wird. Ihm wird vermittelt: „Ich achte und respektiere dich, auch wenn mich manche Verhaltensweisen an dir stören."

Wichtiger Hinweis

Eine gute **Ich-Botschaft** umfasst nach Thomas Gordon drei Komponenten:

- Beschreiben Sie kurz das Sie störende Verhalten.
- Schildern Sie die dadurch bei Ihnen ausgelösten (ehrlichen) Gefühle.
- Erläutern Sie die greifbare und konkrete Wirkung des Verhaltens auf Sie und schildern Sie die Konsequenzen, die sich daraus (für Sie und andere) ergeben.

Beispiele

- **Du-Botschaft 1** *der Heilpädagogin an eine Mutter: „Können Sie nicht dafür sorgen, dass Peter regelmäßig in die SVE kommt?"*
- **Ich-Botschaft 1:** *„Mir fällt auf, dass Peter immer nur an zwei bis drei Tagen in der Woche bei uns ist (Beschreibung des Verhaltens). Ich befürchte (Gefühl), dass es für ihn dadurch schwerer wird, in der Gruppe Fuß zu fassen (Konsequenz)."*
- **Du-Botschaft 2** *einer Heilerziehungspflegerin an ihren Kollegen: „Kannst du nicht pünktlich sein? Du bist immer total unzuverlässig."*
- **Ich-Botschaft 2:** *„Ich war heute Morgen bis Viertel nach acht alleine in der Gruppe. Ich komme ganz schön unter Druck, wenn du bis acht nicht da bist. Ich muss dann alles alleine im Blick haben und für Telefonate und Tür-und-Angel-Gespräche bleibt gar keine Zeit."*

10 ***Formulieren Sie die Du-Botschaften aus den Lernsituationen am Kapitelanfang schriftlich in Ich-Botschaften um.***

4.5 Feedback

Definition

Feedback ist eine Mitteilung an eine Person, um sie darüber zu informieren, wie deren Verhalten von anderen wahrgenommen/verstanden wurde.

Die positiven Wirkungen des Feedbacks:

- Es stützt und fördert positive Verhaltensweisen, da diese anerkannt werden.
- Es korrigiert Verhaltensweisen, die dem Betroffenen und dem Team nicht weiterhelfen.
- Es klärt Beziehungen zwischen Personen und hilft, den anderen besser zu verstehen.
- Es dient dazu, Selbstwahrnehmung und Fremdwahrnehmung miteinander zu vergleichen.

Tipps

Beachten Sie beim Geben von Feedback folgende Regeln:

- Beziehen Sie das Feedback stets auf konkrete Situationen.
- Geben Sie Feedback immer sofort im Anschluss und nur, wenn es erwünscht ist.
- Sprechen Sie für sich selbst, nicht für die Allgemeinheit (Ich-Botschaften) und formulieren Sie Wünsche.
- Geben Sie auch positives Feedback.

Beachten Sie beim Erhalten von Feedback folgende Regeln:

- Verlangen Sie Feedback.
- Hören Sie ruhig zu und lassen Sie Kritik erst einmal sacken, bevor Sie sich dazu äußern.
- Verteidigen Sie sich nicht. Stellen Sie bei Unklarheiten Verständnisfragen. Das Feedback sagt eher etwas über die Gedanken und Gefühle des Senders aus als über „die Wirklichkeit".
- Geben Sie eine Rückmeldung an den Feedback-Geber.

11 Stellen Sie sich eine typische Situation bei Ihrer Arbeit vor, die für Sie herausfordernd war. Geben Sie sich selbst ein Feedback, indem Sie zuerst die positiven Dinge aufschreiben, die Ihnen gelungen sind, und im Anschluss die Dinge, die Sie gerne noch verbessern würden (insgesamt ca. eine halbe Seite).

4.6 Aktives Zuhören und Spiegeln

Momo (Auszug) | Ende, Michael

Was die kleine Momo konnte wie kein anderer, das war: zuhören. Das ist nichts Besonderes, wird nun vielleicht mancher Leser sagen, zuhören kann doch jeder.

Aber das ist ein Irrtum. Wirklich zuhören können nur ganz wenige Menschen. Und so wie Momo sich aufs Zuhören verstand, war es ganz und gar einmalig.

Momo konnte so zuhören, dass dummen Leuten plötzlich sehr gescheite Gedanken kamen. Nicht etwa, weil sie etwas sagte oder fragte, was den anderen auf solche Gedanken brachte, nein, sie saß nur da und hörte einfach zu, mit aller Aufmerksamkeit und Anteilnahme. [...]

Sie konnte so zuhören, dass ratlose oder unentschlossene Leute auf einmal ganz genau wussten, was sie wollten. Oder dass Schüchterne sich plötzlich frei und mutig fühlten. Oder dass Unglückliche und Bedrückte zuversichtlich und froh wurden. Und wenn jemand meinte, sein Leben sei ganz verfehlt und bedeutungslos und er selbst nur irgendeiner unter Millionen, einer, auf den es überhaupt nicht ankommt und der ebenso schnell ersetzt werden kann wie ein kaputter Topf – und er ging hin und erzählte alles das der kleinen Momo, dann wurde ihm, noch während er redete, auf geheimnisvolle Weise klar, dass er sich gründlich irrte, dass es ihn, genauso wie er war, unter allen Menschen nur ein einziges Mal gab und dass er deshalb auf seine besondere Weise für die Welt wichtig war.

So konnte Momo zuhören!

Quelle: Ende, Michael: Momo, Thienemann, Stuttgart 1999, S. 15 f.

12 Erläutern Sie die Unterschiede im Gesprächsverhalten von Charly Brown Freundin Lucy und Michael Endes Kinderbuchheldin Momo.

13 Tauschen Sie sich in Kleingruppen darüber aus, ob man – wie Momo – nur durch Zuhören dem anderen beim Problemlösen helfen kann, und stellen Sie Ihre Gesprächsergebnisse im Plenum vor.

Lernsituationen 1 und 2

1 Sie haben Spätdienst. Die Bewohnerin Claudia kommt zu Ihnen und berichtet von einem Streit mit ihrer Freundin Britta, die in einer Gruppe im Nebenhaus wohnt: „Ich war heute bei Britta. Die hat voll rumgezickt die ganze Zeit. Die wollte nichts mit mir machen, die blöde Kuh!"

2 Heilpädagogin Maren macht sich bei Kolleginnen Luft: „Ich fühle mich von der Leiterin bevormundet. Dauernd mischt sie sich in meine Gruppenarbeit ein, das macht mich wahnsinnig."

14 Erläutern Sie, weshalb nachfolgende Antworten/Ratschläge für Maren aus Situation 2 wenig hilfreich sind:

- ***„Warum lässt du dir das auch immer gefallen? Wehr dich doch endlich!"***
- ***„Das ist nun mal ihr Stil. Sie meint es nur gut. Wir haben uns auch alle daran gewöhnt."***
- ***„Vielleicht bist du da etwas überempfindlich. Versuch doch einfach, drüberzustehen!"***

15 Erläutern Sie anhand der Antworten von Marens Kolleginnen, was folgender Satz bedeutet:

„Ratschläge sind Schläge."

Sprichwort

Wirksamer und hilfreicher als Ratschläge zu geben ist es oft, das Problem aus der Perspektive des Ratsuchenden zu sehen und sich um ein Verständnis seiner Lage und der damit verbundenen Gefühle zu bemühen, also auf die Selbstoffenbarung des Sprechers (in Situation 1: „Ich bin wütend") einzugehen. Diese Gesprächstechnik bezeichnet der Psychologe Thomas Gordon als „aktives Zuhören".

Aktives Zuhören

Körperhaltung	Mimik/Gestik	Sprache
– offen – ruhig – zugewandt	– Blickkontakt – zunicken – freundlich	– höflich-respektvoll im Ausdruck – ausreden lassen, interessiert nachfragen – respektvolle, akzeptierende Gesprächshaltung (auch wenn Ratsuchender ein Problem anders löst, als man selbst es tun würde), sodass der andere sich öffnen kann – mit eigenen Ratschlägen/Lösungen zurückhaltend sein – darauf vertrauen, dass Problem selbst lösen kann, indem er durch Reden das Problem und sich selbst besser verstehen lernt

Spiegeln

Vorgehen	*Hilfreiche Satzanfänge*
– mit eigenen Worten das Verstandene kurz zusammenfassen, nicht nachplappern – nichts hinzufügen oder weglassen – Fakten ebenso wie Gefühle spiegeln – keine eigenen Wertungen einbringen	▶ *Wenn ich Sie richtig verstanden habe, …* ▶ *Du willst also lieber …* ▶ *Also im Grunde sagst du, dass …* ▶ *Du bist also enttäuscht, dass …* ▶ *Sie befürchten, dass …*

Beispiel 1:

Jan: *Tomas will nicht mit mir spielen. Nie will der, was ich will.*

Erzieher: *Na, warum machst du auch nicht mal zur Abwechslung das, was Tomas will? Du musst auch mal lernen, nachzugeben, es kann nicht immer nur nach deinem Kopf gehen, Jan!*

Jan: *Ich will aber nicht das machen, was der Angeberblödi will!*

Erzieher: *Na, dann geh und such dir halt jemand anders zum Spielen.*

Jan: *Es ist aber niemand anders zum Spielen da!*
Erzieher: *Ach komm, bock hier nicht rum, du bist bloß stinkig, weil du vorhin gegen Tomas beim Monopoly verloren hast. Morgen seid ihr bestimmt wieder die besten Freunde.*
Jan: *Morgen sind wir NICHT die besten Freunde, du kapierst das nicht, der blöde Angebertomas ist nie wieder mein bester Freund!*
Erzieher: *Jetzt hör aber auf, so zu reden! Und schrei hier nicht so rum!*
Jan: *Ich SCHREI gar nicht rum! Und du hast eh keine Ahnung von nix! (geht beleidigt weg)*

Beispiel 2:
Jan: *Tomas will nicht mit mir spielen. Nie will der, was ich will.*
Erzieher: *Meine Güte, du bist ja ganz schön wütend auf Tomas.*
Jan: *Ja. Ich will nie NIE mehr mit ihm spielen.*
Erzieher: *So böse bist du auf ihn, dass du glaubst, du kannst dich nie mehr mit ihm vertragen?*
Jan: *Ja. Nie mehr. (nach einer Pause traurig) Aber wenn ich mich nie mehr mit ihm vertrage, hab ich gar keinen besten Freund mehr hier.*
Erzieher: *Hmm, klar, ohne besten Freund würdest du dich bestimmt nicht wohlfühlen hier.*
Jan: *Nee, das ist doof, das will ich nicht. (nach einer Pause leise:) Dann muss ich halt doch mit dem Blödi spielen.*
Erzieher: *Du möchtest dich vielleicht doch wieder mit Tomas vertragen, was? Aber es fällt dir noch schwer, nicht sauer auf ihn zu sein, weil er gemein zu dir war.*
Jan: *Ja. Heute red' ich bestimmt kein Wort mehr mit ihm – vielleicht morgen wieder.*

16 Erläutern Sie Unterschiede in der Gesprächsführung zwischen den beiden obigen Beispieldialogen.

17 Üben Sie im Rollenspiel aktives Zuhören anhand der Beispielsituationen 1 und 2.

18 Diskutieren Sie: Welche Möglichkeiten und Grenzen des aktiven Zuhörens gibt es? In welchen Gesprächssituationen ist aktives Zuhören sinnvoll, wo ist es unangebracht?

4.7 Konfliktgespräch

Konstruktive Kritik

Lernsituation

Heilpädagoge Karl ärgert sich über seine Teamkollegin Alina, die bei der letzten Dienstbesprechung, bei der er verhindert war, ihre Urlaubswünsche auf seine Kosten durchgesetzt hat und einige unliebsame Aufgaben wieder einmal auf ihn abgeschoben hat.

In der Mittagspause spricht er Alina an: „Ich würde gern mit dir über die Urlaubsplanung und die Aufgabenverteilung in unserem Team reden. Es gibt da einige Dinge, mit denen ich nicht zufrieden bin und die ich gern mit dir klären möchte. Hast du morgen mal zehn Minuten Zeit?"

Karl möchte, dass Alina künftig die Aufgabenverteilung und Urlaubsplanung besser mit ihm abspricht. Dies will er ihr in einem Konfliktgespräch unter vier Augen verdeutlichen. Es geht Karl dabei um eine langfristig verbesserte Teamkommunikation zwischen ihm und Alina. Dies erreicht er, wenn seine Kritik von Alina akzeptiert wird bzw. wenn das von Karl erwünschte Verhalten bei Alina mit einem Erfolgserlebnis verbunden und dadurch positiv verstärkt[1] wird.

[1] *Verstärkung: Begriff aus der Verhaltensbiologie (Behaviorismus). Positive Verstärker (z. B. Erfolg, Lob, Anerkennung, materielle Verstärker) erhöhen die Wahrscheinlichkeit, dass das erwünschte Verhalten gezeigt wird.*

Checkliste

So führen Sie ein erfolgreiches Kritikgespräch mit Kollegen

- ✓ **Zeit und Ort:** Üben Sie Kritik immer unter vier Augen.
  Terminieren Sie das Gespräch zeitnah und teilen Sie Ihrem Kollegen/Ihrer Kollegin den Grund Ihres Gesprächs im Voraus mit.
  Begrenzen Sie das Gespräch auf maximal zehn Minuten.
- ✓ **Vorbereitung:** Welches konkret beobachtete Verhalten bietet Anlass zur Kritik? Welche Widerstände des Kollegen/der Kollegin sind zu erwarten und wie wollen Sie damit umgehen? Was wünschen Sie sich künftig von ihm/ihr?
- ✓ **Einstieg:** Kommen Sie ohne Umschweife zum Thema. Bleiben Sie sachlich-objektiv und beschreiben Sie Ihren Standpunkt ohne Emotionen. Kritik an der Sache/der Leistung/dem konkretem Verhalten ist wirksamer als Kritik an der Person. Werten Sie nicht den Menschen als Ganzes ab (das erzeugt Widerspruch, Aggression oder Resignation).
- ✓ **Gegenseite:** Fordern Sie Ihre(n) Kollegen/Kollegin auf, eine Erklärung für sein/ihr Verhalten zu liefern und dabei seine/ihre Sicht der Dinge zu schildern.
- ✓ **Gesprächshaltung:** Akzeptieren Sie bei Konflikten, dass Sie und Ihr Gesprächspartner unterschiedliche Bedürfnisse haben. Nehmen Sie Ihre Bedürfnisse und die Ihres Partners ernst, und versuchen Sie zunächst nur zu verstehen, was jede(r) von Ihnen beiden will.
- ✓ **Ziele und Folgen:** Schildern Sie klar, aber respektvoll, was Sie in Zukunft von Ihrem Kollegen/Ihrer Kollegin erwarten. Verdeutlichen Sie ggf. negative Folgen des Verhaltens für ihn bzw. sie selbst, andere Kollegen, Bewohner, Angehörige usw.
- ✓ **Lösungsfindung:** Suchen Sie gemeinsam nach einer Lösung, die beide Konfliktpartner zufriedenstellt. Sobald ein Konfliktpartner gewinnt und der andere verliert, wird die Konfliktlösung gar nicht oder nur kurzzeitig befolgt werden.
- ✓ **Schlussvereinbarungen:** Treffen Sie Absprachen für das weitere Vorgehen und eventuell einen weiteren Termin zur Ergebnisüberprüfung.

19 ***Gestalten Sie eine Mindmap dazu, wie Karl seine Wünsche durchsetzen kann. Welche positiven Verstärker hat er zur Verfügung?***

20 ***Führen Sie in Partnerarbeit das Kritikgespräch zwischen Karl und Alina durch. Orientieren Sie sich dabei an obigen Regeln zum Führen von Kritikgesprächen. Tauschen Sie sich anschließend darüber aus, wie Sie die Situation empfunden haben.***

21 ***Vergegenwärtigen Sie sich eine Praxissituation, bei der Sie sich über einen Kollegen/eine Kollegin geärgert haben. Führen Sie im Rollenspiel ein konstruktives Kritikgespräch dazu durch und tauschen Sie sich anschließend im Plenum über Ihre Erfahrungen aus.***

5 Gesprächsarten

5.1 Teamgespräch und Diskussion

Lernsituation

Sie arbeiten als Praktikant/-in einer heilpädagogischen Tagesstätte zusammen mit Sozialpädagogen, einer Ergotherapeutin, Erzieher/-innen und Heilerziehungspfleger/-innen. Ihre Klasse soll ein Programm für die Abschlussfeier des Abschlussjahrgangs gestalten. In Kleingruppen erhalten Sie unterschiedliche Arbeitsaufträge.

1 Tauschen Sie sich über positive und negative Erfahrungen bei Team- und Gruppenarbeiten aus.

Teamgespräch

förderliche Faktoren	hemmende Faktoren
Rahmenbedingungen	
– ansprechender Raum (gute Atmosphäre, wenig Nebengeräusche, passende Lichtverhältnisse, ausreichende Lüftung usw.) – ausreichend Zeit – fester zeitlicher Rahmen	– ungünstige räumliche Bedingungen – Störungen und Unterbrechungen – Zeitdruck, Unpünktlichkeit – Unklarheit über die Aufgabenstellung – schlechte Absprachen
Gesprächsbeginn	
– kommunikative Sitzposition: Kreis – Vorbereitung der Gesprächspartner	– hierarchische/unkommunikative Sitzstruktur – unvorbereitete Gesprächspartner
Gesprächsinhalte/Thema	
– Gespräch verläuft strukturiert, entspricht Teilnehmererwartungen – gleiche oder ähnliche Prioritäten – gleicher Informationsstand der Teilnehmer – Moderation und Lenkung des Gesprächs $\Rightarrow$ Gesprächsziel, Ergebnisorientierung, Zeit und Kommunikationsverhalten im Blick	– geplante Inhalte $\neq$ Gesprächsverlauf – unterschiedliche Gewichtung der Themen – unterschiedlicher Informationsstand (wird nicht angeglichen) – keine klare Gesprächsführung $\Rightarrow$ Abschweifungen, – Nebensächlichkeiten, nicht auf den Punkt kommen usw.
Gesprächsklima	
– konstruktive, vertrauensvolle Beziehung – Teilnehmer fühlen sich nicht bedroht durch Gesprächsanlässe, Gesprächsverlauf oder Personen – Einfühlungsvermögen (Empathie), nachfragen, aktives Zuhören, andere einbeziehen (vgl. Kapitel 4.6) – Flexibilität, Kompromissbereitschaft – Kommunikationsfähigkeit	– Angst vor Konflikten/persönlichen Angriffen – Emotionen, Spannungen – schlechte Vorerfahrungen, Abneigungen, Vorurteile – Missverständnisse, falsche Interpretationen – Beharren auf eigenem Standpunkt, geringe Dialogbereitschaft, fehlende Akzeptanz – Selbstdarstellung einzelner Teilnehmer – unterschiedliche Sprach- und Kommunikationsstile

Wie Sie obiger Tabelle entnehmen können, ist es bei einer Gruppengröße ab fünf Personen sinnvoll, eine **Gesprächsleitung** zu bestimmen, die das Gespräch möglichst neutral moderiert. Sie achtet auf die Einhaltung der Gesprächsregeln, sorgt dafür, dass alle beim Thema bleiben und die wichtigsten, dringlichen Themen im gesetzten Zeitrahmen angesprochen werden können. Am Anfang begrüßt sie die Teilnehmer und stellt die Ziele des Gesprächs dar, am Schluss fasst sie alle Ergebnisse zusammen und gibt einen Ausblick auf das weitere Vorgehen. Hilfreich bei der Moderation sind auch die in Kapitel 4.2 dargestellten Gesprächsgrundhaltungen und die Regeln der Themenzentrierten Interaktion (Kapitel 4.3).

Bei Teamsitzungen und Besprechungen ist es außerdem sinnvoll, einen **Gruppenschreiber** zu bestimmen, der alle wichtigen Beiträge und Ergebnisse protokolliert, auf Unklarheiten aufmerksam macht und das Protokoll allen Teammitgliedern zugänglich macht. (Orientieren Sie sich beim Anfertigen eines Protokolls an Kapitel 2 im Abschnitt „Schreiben im beruflichen Alltag".)

Das Teamgespräch ist ein wichtiges Instrument der Personalführung, weil dabei die Sichtweisen und Kompetenzen aller Teammitglieder genutzt werden. Zum Teamgespräch wird von der Führungsebene eingeladen. Um die vereinbarten Ziele zu erreichen, sollte es eine Moderation/Gesprächsleitung geben. Je nach Ziel wählt diese eine passende **Gesprächsart** aus, z. B.

- den Erfahrungsaustausch,
- das Fallgespräch,
- das Konfliktgespräch (vgl. Kapitel 4.7),
- die Diskussion (vgl. Kapitel 5.1) oder
- das Informationsgespräch (vgl. Kapitel 5.2).

Techniken der Gesprächsführung – Vier Fragearten im Überblick

Frageart	Merkmale	Wirkung	*Beispiele*
offene Fragen	– keine Ja-/Nein-Antworten – viel Formulierungsfreiraum	– große Informationsausbeute – werden als partnerschaftlich erlebt – geringe Lenkung	▶ *Welche Erfahrungen haben Sie mit ... gemacht?* ▶ *Was meinen Sie dazu?* ▶ *Was denken Sie darüber?* ▶ *Was ist geschehen?* ▶ *Wie beurteilen Sie ...?*
geschlossene Fragen	– beginnen mit einem Verb – wenig Antwortmöglichkeiten, meist nur Ja oder Nein	– geringe Informationsausbeute – erzwingen eindeutige Stellungnahme – starke Lenkung – beim Zusammentragen von Fakten oder wenn auf etwas aufmerksam gemacht werden soll	▶ *Haben Sie schon mit ... gesprochen?* ▶ *Passt es Ihnen am Freitagabend?* ▶ *Wären Sie mit dieser Lösung einverstanden?* ▶ *Ist das so?* ▶ *Können Sie das bestätigen?*
Rangierfragen	– legen Prioritäten fest	– helfen, das Gespräch auf den Gesprächsgegenstand/auf das Wesentliche zu konzentrieren	▶ *Sollten wir uns nicht wieder dem vereinbarten Thema widmen?* ▶ *Wollen wir nicht erst Punkt X besprechen?*
Spiegelungsfragen	– geben Inhalte vorangegangener Aussagen des Gesprächspartners wieder	– signalisieren Anteilnahme – sichern gegenseitiges Verständnis – verhindern, dass aneinander vorbeigeredet wird – wirken klimaverbessernd – vermindern Mehrdeutigkeit	▶ *Sie sind also der Auffassung, ...?* ▶ *Wenn ich Sie recht verstehe ...?* ▶ *Sie glauben also dass ...?* ▶ *Wollen Sie damit sagen, dass ...?*

2 Erläutern Sie stichpunktartig, welche Fragearten bei obigen Gesprächsarten sinnvoll sind.

Tipps

- Würdigen Sie die positiven Aspekte anderer Ideen. Ersetzen Sie unbrauchbare Anteile durch Verbesserungsvorschläge.
- Seien Sie bereit, eigene Ideen zugunsten einer Gruppenlösung wieder aufzugeben. Wenn alle auf ihrem Standpunkt bestehen, stagnieren die Verhandlungen.
- Hören Sie gut zu. Nehmen Sie dabei wahr, wie es Ihnen geht.
- Konzentrieren Sie sich bei den Aussagen anderer Teilnehmer auf die Aspekte, die Ihnen völlig neu erscheinen.
- Leiten Sie Ihren Gesprächsbeitrag mit einer positiv formulierten (kurzen!) Wiederholung des vorherigen Beitrags ein.
- Akzeptieren Sie die Ansichten der anderen.
- Halten Sie sich an die Regeln der Themenzentrierten Interaktion (vgl. Kapitel 4.3).

Diskussion

Definition

Eine Diskussion ist ein Gespräch zwischen zwei oder mehreren Diskutanten, in dem ein bestimmtes Thema untersucht wird, wobei jeder Teilnehmer seine Argumente vortragen kann. Innerhalb eines Teamgesprächs können Diskussionen verschiedene Funktionen erfüllen bzw. unterschiedliche Zielsetzungen haben:

- die verschiedenen Standpunkte der Teammitglieder kennenzulernen und Dinge aus bislang unbekannter Perspektive zu betrachten,
- ein Problem zu lösen oder
- einen für alle Beteiligten annehmbaren Kompromiss zu finden.

Tipps

Für Diskussionsteilnehmer:

- Ihre Argumentation darf nicht widersprüchlich sein. Sie sollte keine unbewiesenen Behauptungen enthalten, sondern gut begründet und mit Beispielen untermauert sein.
- Reden Sie zur Sache und schweifen Sie nicht ab.
- Reden Sie präzise und vermeiden Sie mehrdeutige Formulierungen.
- Fallen Sie anderen nicht ins Wort.
- Vollziehen Sie Gedankengänge Ihrer „Gegner“ nach und gehen Sie auf deren Argumente ein.

Tipps

Für die Diskussionsleitung/Moderation:

- Eröffnen Sie die Diskussion durch eine Begrüßung. Stellen Sie evtl. die Diskussionsteilnehmer vor. Formulieren Sie das Diskussionsziel und stellen Sie eine Startfrage.
- Durch offene, wertfreie und verständliche Fragen wird die Diskussion angestoßen und vorangeführt (vgl. Tabelle zu den Fragearten, Seite 65).
- Achten Sie auf die Redezeit, greifen Sie bei Abschweifungen lenkend ein und sorgen Sie dafür, dass alle nacheinander sprechen und niemand zu kurz kommt. Sie erteilen das Wort – und entziehen es, z. B. wenn jemand ausfallend oder unsachlich wird.
- Bringen Sie neue Aspekte ein, die bisher von den Diskutanten noch nicht bedacht wurden.
- Fassen Sie Zwischenergebnisse zusammen und schließen Sie mit einem Resümee.

3 *Diskutieren Sie über ein in Ihrem Klassenverband oder in Ihrer Praxiseinrichtung aktuelles Thema.*

4 *Übertragen Sie nachfolgende Tabelle in Ihr Heft und ergänzen Sie in der dritten Spalte in Partnerarbeit, wie Sie als Gesprächsleitung mit problematischen Diskussionstypen umgehen können.*

Diskussionstyp	Beschreibung	empfohlenes Verhalten
der Streitsüchtige	destruktives Kritisieren	?
die Allwissende	weiß alles besser	?
der Redselige	redet um des Redens willen	?
die Ablehnende	will sich nicht integrieren	?
der Schüchterne	schweigt	?
die Schlaue	überheblich dominierend	?

5.2 Informationsgespräch

Das Informationsgespräch dient dazu, Informationen an Kollegen, Fachdienste und Angehörige weiterzugeben, z. B. bei der Heimaufnahme, der Durchführung von Pflegemaßnahmen oder der Übergabe. Gute Informationen erleichtern das Arbeiten miteinander und mit den Bewohnern und sorgen für Kontinuität und Struktur in den Arbeitsabläufen.

Selbstreflexion

- Fragen an den Sender:
  - Was will ich erreichen?
  - Bin ich ausreichend kompetent?
  - Sind meine Informationen subjektiv (spiegeln sie meine Meinung wider) oder objektiv (basieren sie auf gesichertem Wissen)?

- Ist meine Information verständlich formuliert (siehe unten) und vollständig?
- Habe ich Zeit, um auf Fragen und Verständnisprobleme einzugehen?
- Sind Zeit und Ort der Informationsvermittlung sinnvoll gewählt?

Verständlichkeit einer Information

▶ durch Einfachheit:
- evtl. unbekannte Fachbegriffe erklären
- konkret und anschaulich schildern

▶ durch Gliederung:
- zeitliche und logische Folgerichtigkeit
- Wichtiges von Unwichtigem unterscheiden

5 Tauschen Sie sich in Kleingruppen darüber aus, wie die vier Verständlichkeitsfaktoren in folgende Gesprächssituationen einfließen können. Visualisieren Sie Ihre Gesprächsergebnisse auf einer Overheadfolie und stellen Sie sie im Plenum vor.
a Hilfeplangespräch
b Aufnahmegespräch
c Teamübergabe
d Gespräche mit Betreuten

5.3 Geplantes Angehörigengespräch

Gesprächsvorbereitung

▶ Gesprächsanlass und -ziel vorab definieren
▶ Informationssammlung (Abgleichen mit Kollegen), Vorbereitung auf Gesprächsinhalt
▶ positive Gesprächsatmosphäre schaffen (durch Raumvorbereitung, Sitzordnung, Gesprächseinstieg und Gesprächshaltung)

Gesprächsaufbau

▶ Gesprächseröffnung/Einleitung:
- freundliche Begrüßung
- kurzer Smalltalk
- Gesprächsanlass und Gesprächsziel erklären

▶ Gesprächskern/Hauptteil
- Klarheit in der Gesprächsführung
- positive Gesprächsgrundhaltung (s. u.)
- Anwendung von Gesprächstechniken

▶ Gesprächsabschluss
- Zusammenfassen der bisherigen Ergebnisse
- evtl. weiteres Vorgehen/Aufgabenverteilung mit Zeitvorgaben festlegen (Wer macht was bis wann?)
- ggf. konstruktiver Gesprächsabbruch
- positiver Gesprächsabschluss, Verabschiedung

5.4 Beratungsgespräch

Grundsätze einer beziehungsfördernden Grundhaltung

▶ Wertschätzung zeigen – auch bei inhaltlichen Differenzen (Ich nehme den anderen an, wie er ist. Ich beurteile ihn nicht nach meinen Maßstäben. Ich versuche, ihn aus seiner Entwicklung heraus zu verstehen und zu akzeptieren.)
▶ aktives Zuhören und Spiegeln (Ich orientiere mich an dem, was der andere braucht; vgl. Kapitel 4.6)
▶ gemeinsame Informationssuche (*„Was meinen Sie, woran könnte das liegen?“*); Mitteilung eigener Gefühle und Beobachtungen

Hinderliche Verhaltensweisen:

- anordnen, befehlen
- warnen, ermahnen
- zureden, predigen
- moralisieren, beschämen
- Rat erteilen, Lösungen vorgeben
- herabsetzen, kritisieren

Die sechs Problemlösungsschritte nach Thomas Gordon

1. Das Problem erkennen und definieren
2. Alternative Lösungen entwickeln
3. Die alternativen Lösungen bewerten
4. Entscheidungen treffen
5. Entscheidungen ausführen
6. Lösungen bewerten

6 Führen Sie in Kleingruppenarbeit ein geplantes Angehörigengespräch, bei dem Sie eines der beiden „Probleme" nach den sechs Etappen von Thomas Gordon bearbeiten. Bestimmen Sie einen Beobachter, der Ihnen im Anschluss Feedback über Gesprächsatmosphäre, Gesprächsgrundhaltungen und Gesprächsaufbau gibt.

a Sie haben bei einem 14-jährigen HPT-Bewohner seit ca. zwei Monaten einen bedenklichen Alkoholkonsum festgestellt.

b Die Mitarbeiter eines Wohnheims sind überzeugt, dass der Bewohner Franz ins betreute Wohnen wechseln und eine eigene Wohnung beziehen kann. Die Eltern haben in einem Tür-und-Angel-Gespräch Bedenken gegenüber dieser Einschätzung geäußert.

5.5 Mediation

Lernsituation

Die Bewohner einer heilpädagogischen Wohngruppe haben sich bei der Planung der gemeinsamen Ferienfreizeit zerstritten. Während drei Bewohner gern wieder an die Nordsee fahren würden, möchten die restlichen drei am Mittelmeer Urlaub machen. Die Wohnheimleitung will, dass alle sich auf ein gemeinsames Ziel einigen. Die beiden Gruppen sind inzwischen jedoch so entzweit, dass sie gar nicht mehr gemeinsam wegfahren möchten und lieber ganz auf den Urlaub verzichten wollen.

Die Heimleitung schlägt vor, den Konflikt durch eine Mediation zu klären. Heilpädagoge Karsten Michel aus der heilpädagogischen Tagesstätte hat sich schon öfter als Mediator betätigt und erklärt sich bereit, in dem Streit zu vermitteln.

Definition

Mediation ist ein Konfliktlösungs-/Streitschlichtungsverfahren, das in den 1960er-Jahren in den USA entwickelt wurde. Mediatoren sind unparteiische Dritte, die von den Streitparteien akzeptiert werden und bei Streitfällen vermitteln. Sie helfen den Konfliktparteien, eine akzeptable Problemlösung zu finden. Dabei erarbeiten die Konfliktparteien selbst die Lösung. Ziel ist, dass alle im Sinne einer konstruktiven Konfliktlösung durch die Übereinkunft gewinnen.

Gesprächsregeln

Mediatoren hören sich die Anliegen aller Beteiligten an, lassen sie ihre Gefühle ausdrücken und helfen bei der Klärung der eigentlichen Interessen der Konfliktparteien. Dabei bedienen sie sich des aktiven Zuhörens und Spiegelns (vgl. Kapitel 4.6). Im geschützten Raum eines solchen Gesprächs können die Konfliktparteien Verständnis füreinander entwickeln, gemeinsam an der Problemlösung arbeiten.

Ablauf einer Mediation	
1. Phase: Einleitung	
	Mediator/-in erklärt Ausgangssituation: – Vertraulichkeit zusichern – Gesprächsregeln (ausreden lassen, den anderen ernst nehmen, keine Beleidigungen) und Ziel der Mediation erläutern – Verfahren erläutern, Rolle der Mediatoren erklären – nachfragen, ob alle damit einverstanden sind
2. Phase: Sichtweise der einzelnen Konfliktparteien	
	Kommunikation wird über Mediator/-in gesichert: – Konfliktparteien tragen Standpunkte vor – Moderationstechniken: spiegeln, zusammenfassen, evtl. umformulieren – Punkte aufschreiben, Reihenfolge besprechen, anschließend zusammenfassen
3. Phase: Konflikterhellung	
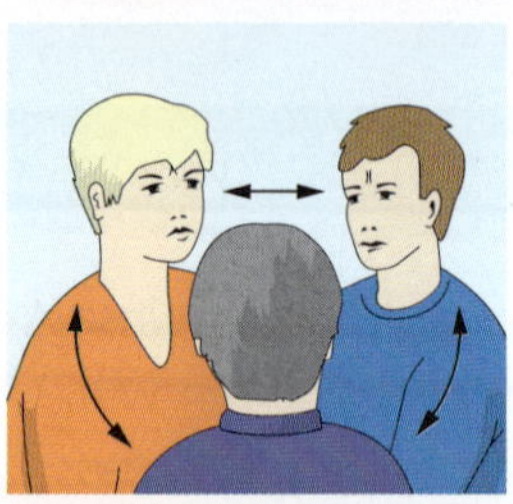	Mediator/-in stellt schrittweise direkte Kommunikation her: – nachfragen, Vorgeschichte klären – Plätze tauschen und sich in die Lage des anderen versetzen (Wie geht es dir in der Lage des anderen?) – Motive und Gefühle herausfinden – abschließend: Wie geht es dir jetzt? Welche Wünsche hast du?
4. Phase: Problemlösung	
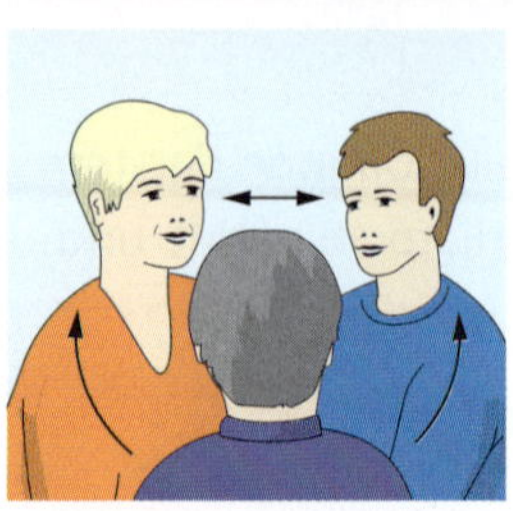	Seite an Seite suchen beide Parteien nach Lösungen: – im Brainstorming Lösungsvorschläge sammeln (mitschreiben) – Lösungen diskutieren – nach Konsens suchen
5. Phase: Vereinbarung	
	Ziel: ohne fremde Hilfe wieder miteinander auskommen: – Vereinbarung sorgfältig und genau formulieren – Vereinbarung vorlesen – alle unterschreiben die Vereinbarung

Menschen mit Behinderung sprachlich fördern

Die Meinung bilden und sagen

Jeder Mensch ist als soziales Wesen auf Kommunikation und Interaktion angewiesen. Bei einer körperlichen oder geistigen Behinderung ist der Informationsaustausch jedoch häufig erschwert. Dies kann bei den Betroffenen Unbehagen, Trauer, Resignation oder auch (Auto-)Aggression auslösen. Eine der wichtigsten Aufgaben von Ihnen als Betreuungsperson ist es, mit dem Menschen mit Behinderung in einen intensiven Austausch zu treten und dessen Erfahrungswelt und Ausdrucksmöglichkeiten zu erkunden. Dadurch schaffen Sie die Basis für ein weiteres Miteinander und können Bildungs- und Erziehungsprozesse anstoßen.

Das folgende Kapitel informiert Sie über Sprachentwicklung und Sprachentwicklungsstörungen, gibt Ihnen Anregungen zur Sprachförderung und thematisiert herausfordernde Kommunikationssituationen im Umgang mit Menschen mit Behinderung.

Kompetenzen

Dieses Kapitel soll Ihnen helfen,

- Sprachauffälligkeiten, Sprachentwicklungs- und Artikulationsstörungen zu erkennen,
- verschiedene Sprachbeobachtungs- und Sprachstandserhebungsmethoden zu beurteilen,
- sich über die Bedeutung, die pädagogischen Prinzipien und Formen der Sprachförderung klar zu werden,
- Kreativangebote zur Sprachförderung durchzuführen und
- wertschätzendes Sprechen und gewaltfreie Kommunikation mit Betreuten einzuüben

1 Sprachentwicklung und Spracherwerb

1.1 Begriffsdefinition „Sprache“

Definition

„Sprache ist ein Vorrat von sinnlich wahrnehmbaren Zeichen, die allein oder nach bestimmten (in der Grammatik festgelegten) Kombinationsregeln untereinander verbunden der Kommunikation dienen. Von der Sprache im eigentlichen Sinne, der menschlichen Lautsprache, leiten sich stellvertretende Zeichensysteme ab: Schreib- und Druckschrift, Morse- und Blindenschrift, Flaggen- und Verkehrszeichen, [...] mathematische und chemische Formelsprache [sic], u. a.

Die Sprache des Menschen ist Lautsprache, ein Gefüge gegliederter Lautgebilde, die als hörbare Zeichen sinnvoll zum Ausdruck und zur Darstellung von Gedanken, Gefühlen, Willensregungen dienen.“

dtv-Lexikon in 20 Bänden. Band 17: Sie–Suc. F. A. Brockhaus GmbH, Mannheim und Deutscher Taschenbuch Verlag GmbH & Co. KG, München 1997, S. 177

Der Begriff „Sprache“ bezeichnet somit je nach Zusammenhang
- die Verständigung zwischen Menschen,
- unterschiedliche Sprachgemeinschaften,
- die Sprechleistung/den Sprechakt,
- die persönliche Ausdrucksweise eines Menschen,
- ein Hilfsmittel zur Kommunikation,
- den Ausdruck von Gedanken, Gefühlen und Willensregungen oder
- eine Form des sozialen Handelns.

*1 **Erläutern Sie verschiedene oben angegebene Bedeutungen des Begriffs „Sprache“ anhand von drei Beispielen.***

Wichtiger Hinweis

Die Sprachwissenschaft unterscheidet folgende **Sprachebenen**:
- Bei der **Phonologie** (Lautlehre) geht es um Sprachlaute, ihre akustische Beschaffenheit, ihre Artikulation und ihre Wahrnehmung.
- **Morphologie** (Wortgrammatik) und **Syntax** (Satzlehre) beinhalten Satzmuster, Grammatik und Inhaltsstrukturen.
- Die **Semantik** (Bedeutungslehre) bezieht sich auf Wortschatz, Wortbedeutung und die Beziehungsstruktur von Wörtern.
- Die **Pragmatik** befasst sich mit Anwendung und Wirkung von Sprache in der zwischenmenschlichen Interaktion.

Auf jeder dieser vier Ebenen kann es zu Sprachstörungen kommen.

*2 **Ordnen Sie nachfolgende Sprachstörungen der jeweiligen Sprachebene zu:***
*a **Eine Autistin hat kein Gespür für Kommunikationsregeln: Sie äußert sich häufig unbeabsichtigt unhöflich, kann z. B. nicht zwischen persönlicher und höflicher Anredeform differenzieren.***
*b **Aufgrund einer Broca-Aphasie hat Herr G. Schwierigkeiten beim Benennen von Gegenständen.***

c Der 5-jährige Klaus sagt: „Du sitze hier", „Ich Ball möchte" (Dysgrammatismus).
d Die 9-jährige Chiara spricht sehr schnell, wobei sie einzelne Laute, Silben oder ganze Wörter weglässt: „Da waich da bein Atz fü nsuchung" (Battarismus/Poltern).

1.2 Spracherwerbstheorien

Es gibt verschiedene **Spracherwerbstheorien**:

- Dem **Behaviorismus** zufolge lernen Kinder sprechen durch konditioniertes Lernverhalten: Das Kind lernt, welche Sprachelemente wichtig und richtig sind, indem es sprachliche Äußerungen hört (= Stimulus), diese imitiert (= response) und dann solche Äußerungen verstärkt produziert, die es als korrekt wahrnimmt (= reinforcement).
- Der **Nativismus** hingegen behauptet, dass jeder Mensch von Geburt an über einen angeborenen Lernmechanismus für Sprache verfügt: Die Strukturen der Muttersprache können damit als Regeln erkannt werden.
- Der **Konstruktivismus** setzt eine fruchtbare Wechselwirkung zwischen angeborener und erworbener Sprach- und Sprechfähigkeit voraus: Äußerungen der Umwelt werden aufgrund bereits vorhandener, zum Teil angeborener Fähigkeiten interpretiert, sodass sich die sprachlichen Kompetenzen in einem kognitiven Reifeprozess immer weiter ausdifferenzieren.
- Der **Interaktionismus** schließlich betont die Rolle der Bezugspersonen beim Sprachlernprozess, die dem Kind in der Interaktion eine vereinfachte Sprache anbieten und abfordern.

3 Überprüfen Sie die oben dargestellten Thesen: Ordnen Sie folgende Beispiele den passenden spracherwerbstheoretischen Fachtermini zu.
a Stefan (3,5 Jahre): „Oma is weggegeht." – Vater: „Ja, die Oma ist weggegangen." – Stefan: „Opa is auch weggangen."
b In Experimenten reagierten vier Tage alte Babys auf ihre Muttersprache mit einer höheren Schnuller-Saug-Intensität als auf eine fremde Sprache (ein Zeichen für Interesse).
c Die vierjährige Anna bezeichnet ein Tuch, das über ihren Füßen hängt, als „Fußgespenst".
d Eine Mutter beugt sich nah zu ihrem zweijährigen Sohn und redet mit höherer Stimme und deutlicher als sonst, wobei sie ihm lächelnd in die Augen sieht: „Wo ist der Ball? Wo hast du den Ball? Ja, da ist er!"

1.3 Phasen des kindlichen Spracherwerbs

Die sensorischen, motorischen, emotionalen und kognitiven Voraussetzungen bestimmen die Qualität und Geschwindigkeit des Spracherwerbs, indem sie sich gegenseitig beeinflussen:

Bei der Sprachentwicklung kann man beobachten:

- Das **Verstehen (passiver Wortschatz) geht** stets der **eigenen Sprachproduktion (aktiver Wortschatz) voraus**. Lange bevor das Kind selbst sprechen kann, versteht es schon Sätze und kurze Texte.
- Sobald der **aktive Wortschatz** ca. 50 Wörter umfasst (etwa mit 18 Monaten), beginnt verstärkt der Grammatikerwerb. Die Speicherkapazitäten für Einzelelemente sind ausgelastet, sodass das Sprachwissen nun anders organisiert wird.
- **Schwellenwerte** (ca. 50 Wörter mit 18 Monaten; ca. 200 Wörter mit 24 Monaten) sind **bedeutsam für** das **Erkennen von Spracherwerbsstörungen**.

- **Aussprache:** Nach den Lallmonologen im ersten Lebensjahr, bei denen Labiallaute (b, p, m) mit Vokalen zu Silbenketten verbunden werden (*mamamamama*) beginnt die produktive Lautbildung mit den ersten Wörtern. Dabei vereinfacht das Kind, indem es z. B.
  - bei mehrsilbigen Wörtern die unbetonten Elemente auslässt (*nane* statt *Banane*),
  - Konsonantenkombinationen reduziert (*nee* statt *Schnee*) oder
  - einen Laut durch einen anderen ersetzt (*tate* statt *Tasse*).

2 Sprachentwicklungs- und Artikulationsstörungen

2.1 Beeinträchtigte vorsprachliche Kommunikationsentwicklung

Kommunikationsentwicklung bei Kindern mit Beeinträchtigungen | Bentele, Peter

In dieser ersten Phase der Kommunikationsentwicklung muss das Verhalten von der Kommunikationspartnerin meist interpretiert werden. Bei Kindern mit Beeinträchtigungen kann es zu extremen Interpretationsproblemen kommen. So ist eine Rückmeldung über die Körperhaltung beziehungsweise Körperspannung bei verändertem Muskeltonus (hypo-/hypertone Muskulatur) nur schwer möglich. Eine nicht wesentlich steuerbare Mimik verstärkt dieses Problem noch. Diese zerebralen Bewegungsstörungen beeinflussen meistens auch das Schreien des Kindes. Aufgrund einer veränderten Muskelspannung werden die Begegnungsangebote, zum Beispiel auf den Arm-Nehmen [sic], Streicheln usw., nicht adäquat wahrgenommen und deshalb nicht in erwarteter Art und Weise beantwortet. Bei Sinnesbeeinträchtigungen beziehungsweise Ausfällen im akustischen und visuellen Bereich entstehen massive Kommunikationseinschränkungen. Wenn kein Blickkontakt möglich ist, fehlt ein wesentlicher Kommunikationskanal [...]. Neben den auftretenden Beeinträchtigungen erleben diese Säuglinge auch schwierige Lebenssituationen, zum Beispiel lange Klinikaufenthalte, intensive medizinische Behandlungen; sie sind außerdem infektionsanfällig und haben Probleme bei der Nahrungsaufnahme, Verdauung und Ausscheidung. Für die Bezugspersonen ist das häufig sehr belastend: Die Reaktionen vom Säugling sind nicht wie erwartet, Kommunikationsangebote werden nicht oder nur unzureichend beantwortet. Ein unregelmäßiger Rhythmus zehrt an den Kräften aller Beteiligten. [...]

Stufe des gezielten Verhaltens (ab dem 5. Monat)

[...] Ein Kind mit Beeinträchtigungen kann seine Umgebung nur eingeschränkt beeinflussen. Blickausrichtung und Kopfkontrolle sind häufig erschwert, was den Dialog mit den Bezugspersonen beeinflusst. Typisch ist auch die verzögerte Greifentwicklung bei blinden Kindern. Aber auch das Auftreten zum Beispiel von spastischen Lähmungen erschwert eine gezielte Auseinandersetzung mit der Umwelt. Da die Umwelt nicht attraktiv erscheint, verhalten sich die Säuglinge eher ruhig und inaktiv und geben damit auch wenig Ansatzpunkte zur Interaktion an die Umgebung weiter. Die Umgebung reagiert entweder mit einer Verringerung des Interaktionsangebotes bis hin zu dessen Einstellung oder mit einer erheblichen Steigerung der Aktivitäten, um das Interesse des Säuglings zu wecken. [...]

Stufe der konventionellen Äußerungen (ca. ab dem 10./11. Monat)

[...] Das Erreichen dieser Kommunikationsstufe bei Menschen mit einer Beeinträchtigung stellt für das Umfeld eine große Erleichterung dar, da jetzt die Kommunikation für Außenstehende verständlicher ist beziehungsweise schneller gelernt werden kann. Kane (1992) weist besonders auf die Fähigkeit von Menschen mit dem Down-Syndrom hin, die in diesem Bereich oft ein vielseitiges Repertoire an konventionellen Gesten haben. Im Gegensatz zur normalen Entwicklung verharren viele Menschen mit einer Entwicklungsbeeinträchtigung lange auf dieser Entwicklungsstufe. Die Hoffnungen des Umfeldes, dass die Entwicklung weitergeht, hin zum eigentlichen Sprechen, erfüllen sich häufig nicht. [...].

Stufe der symbolischen Kommunikation (ab ca. dem 13. bis 15. Monat)

[...] Das Erlernen der Sprache ist ein höchst komplizierter Prozess, der eine gewisse kognitive Entwicklung, zum Beispiel Objektpermanenz, Ursache-Wirkung-Zusammenhang, Symbolverständnis usw. erfordert. Ebenso ist die Ausbildung des Sprechapparates Voraussetzung zum Erlernen von Sprache. Grundsätzlich kann gesagt werden, dass der Übergang zum sinnvollen Gebrauch von Worten und damit die Entwicklung des Symbolverständnisses Menschen mit einer Behinderung besonders schwer fällt [sic].

Quelle: Bentele, Peter/Metzger, Thomas: Didaktik und Praxis der Heilerziehungspflege. Ein Lehrbuch, 4. Aufl., Lambertus, Wien 2008, S. 237–242

1 Fassen Sie wesentliche Schlagworte zum Text „Kommunikationsentwicklung bei Kindern mit Beeinträchtigungen" in einem Strukturbild oder einer Mindmap zusammen.

2.2 Sprach-, Sprech- und Kommunikationsstörungen

Definition

Sprach-, Sprech- und Kommunikationsstörungen treten sowohl als Einzelphänomene auf als auch im Zusammenhang mit komplexen Behinderungen. Bei einer **Sprachbehinderung** ist die Verbalsprache nicht erwartungsgemäß möglich, z. B. aufgrund von Schwierigkeiten beim Sprechen, Verstehen, Schreiben oder Lesen von Sprache. Man unterscheidet des Weiteren:

- **Sprachstörungen:** Sie betreffen das Sprachregelsystem (also Morphologie, Syntax und Semantik[1]), aber nicht das Sprechvermögen bzw. den Sprechablauf.
- **Sprechstörungen:** Hier gelingt die zur Lautbildung notwendige Sprechbewegung nicht erwartungsgemäß, es handelt sich also um eine phonologische Störung[1].
- **Kommunikationsstörungen:** Diese ergeben sich aus Sprach- und Sprechstörungen aufgrund der Abweichung von der Alters- bzw. Erwartungsnorm. Das heißt, die Sprecher/-innen werden inhaltlich oder akustisch nicht verstanden, sodass es zu Missverständnissen, Irritationen oder Kommunikationsabbrüchen kommt.

2 Bestimmen Sie bei folgenden Sprachbehinderungen die Art der Störung (Sprach-, Sprech- oder Kommunikationsstörung):

a Dysgrammatismus
b kognitive Störung aufgrund einer geistigen Behinderung
c Lippen-Kiefer-Gaumenspalte
d Lispeln, Stottern, Poltern
e Cerebralparese

Wichtiger Hinweis

Für die meisten **geistig behinderten Menschen** gilt, dass

- ihre Sprachentwicklung verzögert einsetzt,
- ihr Spracherwerb langsamer verläuft,
- ihre eingeschränkten Sprachlernfähigkeiten keinen vollständigen Regelerwerb zulassen und
- es ab einem bestimmten Zeitpunkt zu einem Entwicklungsstillstand („Plateaubildung") kommt.

[1] *Zur Unterscheidung der Sprachebenen vgl. S. 78.*

Sprach-, Sprech- und Kommunikationsstörungen bei geistigen Behinderungen | Iven, Claudia

[...] Beim **Down-Syndrom** erreichen die Kinder oft ein Sprachniveau, das einem drei bis vier Jahre alten nicht behinderten Kind entspricht, auch wenn sie dafür deutlich länger brauchen. Den meisten Kindern mit Down-Syndrom ist also der Spracherwerb möglich, wenn früh genug mit spezifischen Förder- und Therapiemaßnahmen begonnen wird. Bei guter Förderung können Kinder mit Down-Syndrom bis zu ihrem zwölften Lebensjahr die grundlegenden Regeln der Grammatik, einen angemessenen Wortschatz und die nötigen Sprechbewegungsmuster erlernen [...]. Menschen mit Down-Syndrom sprechen meist in kurzen, einfachen Sätzen und es kann aufgrund der Kiefer-Form zu Artikulationsstörungen kommen, aber meist können sie sich verständlich ausdrücken. Viele Kinder mit Down-Syndrom können darüber hinaus das Lesen und Schreiben lernen und sie zeigen aufgrund ihrer oft guten sozialen Fähigkeiten auch ein gutes Kommunikationsverhalten [...]. Es gibt jedoch auch Menschen mit einer schweren Form des Down-Syndroms, die in ihrer kognitiven Entwicklung wesentlich stärker beeinträchtigt sind [...].

Das **Fragile-X-Syndrom** ist nach dem Down-Syndrom die zweithäufigste genetische Ursache für geistige Behinderungen. Es handelt sich eine Schädigung des X-Chromosoms, die wie das Down-Syndrom zu sehr unterschiedlichen Intelligenzminderungen führen kann. Etwa 10 % aller Kinder mit Fragile-X-Syndrom sind gar nicht geistig behindert [...]. Bei einer großen Gruppe Betroffener, bei ungefähr 40 %, ist die geistige Entwicklung zu Anfang kaum merklich verlangsamt und die Intelligenzminderung gering. Kinder mit Fragile-X-Syndrom zeigen jedoch meist einen verspäteten Sprechbeginn und eine verzögerte weitere Sprachentwicklung. Dies ist oft der erste auffällige Entwicklungsbereich und der Anlass für die Eltern, eine kinderärztliche Diagnostik aufzusuchen, bei der die geistige Behinderung festgestellt werden kann [...]. Im weiteren Verlauf der Sprachentwicklung erwerben die meisten Kinder mit Fragile-X-Syndrom ein fast vollständiges Sprachsystem, das jedoch von sehr hohem Sprechtempo, vielen Wiederholungen und stotterähnlichen Symptomen geprägt sein kann.

Neben diesen beiden genetischen Syndromen gibt es eine Reihe weiterer Syndrome, die mit **Hirnanlagestörungen**, Intelligenzminderungen und Sprachentwicklungsstörungen einhergehen können, z. B. Dandy-Walker-Syndrom, Rett-Syndrom oder Angelmann-Syndrom. Diese Störungen gehen, wie auch die seltenen gravierenden **Stoffwechselstörungen** [...] oft mit einem Entwicklungsstillstand einher, der zuerst im Bereich der Sprache auffällt [...].

Eine Sonderstellung unter den geistigen Behinderungen nimmt der so genannte [sic] **frühkindliche Autismus** ein. Auch hierbei kann es zu sehr unterschiedlichen Ausprägungen kommen, deren hervorstechendes Merkmal eine schwerwiegende Kommunikationsstörung ist. Menschen mit Autismus ist es nicht oder nur sehr eingeschränkt möglich, soziale Interaktionsformen wie Blickkontakt, Gesichtsausdruck, Gestik und Mimik, Imitation etc. zu erkennen, zu erlernen und zu gebrauchen. Diese Unfähigkeit führt dazu, dass die Kinder kaum Kontakt- oder Beziehungsstrukturen aufbauen können. Viele autistische Kinder lassen Berührungen und Körperkontakt nicht zu, sodass bereits die frühen Pflege-Routinen zu extrem belastenden Situationen werden können. [...] Autismus geht darüber hinaus oft mit einer verzögerten oder ganz ausbleibenden Sprachentwicklung einher. [...] Manche autistische Menschen beherrschen das Regelsystem der Sprache sehr gut und sprechen in grammatikalisch vollständigen und korrekten Sätzen, ohne jedoch die kommunikative Funktion der Sprache zu nutzen: Sie sprechen zwar, aber nicht zum Zweck der Kommunikation mit einem anderen Menschen. Es besteht also bei manchen autistischen Menschen keine Sprachstörung, aber eine Kommunikationsbehinderung.

Quelle: Iven, Claudia: Sprachförderung. Methoden in Heilpädagogik und Heilerziehungspflege, Bildungsverlag Eins, Troisdorf 2005, S. 58 f.

3 Übertragen Sie die folgenden Sätze zu obigem Fachartikel „Sprach-, Sprech- und Kommunikationsstörungen bei geistigen Behinderungen" in Ihr Heft und berichtigen bzw. ergänzen Sie sie.

a Autistische Kinder beherrschen grammatikalische Regeln sehr gut, haben jedoch Schwierigkeiten mit der Kommunikation.

b Kinder mit Down-Syndrom sind in ihrer Ausdrucksfähigkeit nicht eingeschränkt.

c Viele Kinder mit Down-Syndrom weisen Defizite im sozialen Bereich auf.

d Typisch für das Rett-Syndrom ist ein Entwicklungsstillstand.

4 Bilden Sie Kleingruppen. Recherchieren Sie in Lehr-/Fachbüchern und (Internet-)Lexika, welche Sprach-, Sprech- und Kommunikationsstörungen bei folgenden Behinderungen entstehen können:
a Cerebralparese
b hypertone und hypotone Dysarthrie
c Muskeldystrophie
d hochgradige Schwerhörigkeit

5 Visualisieren Sie Ihre Ergebnisse (Plakat, Powerpoint, Overheadfolie). Erläutern Sie diese im Plenum.

6 Erläutern Sie nachfolgenden Regelkreislauf anhand eines Praxisbeispiels und diskutieren Sie Möglichkeiten, wie Sie als heilpädagogische/heilerziehungspflegerische Fachkraft diesem Kommunikationsstörungs-Kreislauf entgegenwirken können.

Quelle: Bentele, Peter/Metzger, Thomas: Didaktik und Praxis der Heilerziehungspflege. Ein Lehrbuch, 4. Aufl., Lambertus, Wien 2008, S. 250

3 Sprachbeobachtung und Sprachtests

Wenn Sie Angehörige, Kollegen und Fachdienste über die sprachliche Entwicklung von betreuten Kindern oder Jugendlichen informieren möchten, diese gezielt sprachlich fördern wollen oder Empfehlungen zu ihrem schulischen oder beruflichen Werdegang ausstellen möchten, dann müssen Sie in der Lage sein, die Sprachkompetenz des/der Betreuten verlässlich einzuschätzen bzw. festzustellen und Ihre Beobachtungsergebnisse in Form einer geeigneten Dokumentationsmethode für andere nachvollziehbar zu machen.

Mit **Sprachbeobachtungsbögen** werden sprachliches Interesse und Sprachkompetenz (Sprechweise, Wortschatz, Grammatik, Satzbau) von Kindern in sprachrelevanten Alltagssituationen (z. B. im Stuhlkreis, beim Spiel oder gemeinsamen Essen) über einen längeren Zeitraum hinweg von den pädagogischen Fachkräften dokumentiert.

Wie Sie anhand folgender drei Auszüge aus dem SELDAK-Sprachbeobachtungsbogen (von Michaela Ulich und Tony Mayr 2006 konzipiert, befasst sich mit der Sprachentwicklung deutschsprachig aufwachsenden Kinder) erkennen können, sind für die systematische Auswertung der Beobachtungsdokumentation Raster vorgegeben, wobei die Auswertung zugleich Ansatzpunkte für eine gezielte Sprachförderung liefert.

Beispiel: Auszug aus SELDAK-Sprachbeobachtungsbogen

E Gesprächsrunden/Stuhlkreis

	nie	sehr selten	manchmal	oft	sehr oft	Anmerkungen
1 Kind ist still und zurückgezogen	6	5	4	2	1	
2 spricht sehr leise	6	5	4	2	1	
3 hört aufmerksam zu	1	2	3	5	6	
4 gibt eine angemessene Antwort, wenn es direkt gefragt wird	1	2	3	5	6	
5 bringt von sich aus eigene Beiträge ein	1	2	3	5	6	

L Verstehen von Handlungsaufträgen/Aufforderungen

Kind kann einfache Handlungsanweisungen umsetzen, die es nur sprachlich verstehen kann (nicht aus dem Zusammenhang/aus der Situation heraus).

Beispiel: *Erzieherin sitzt und bastelt mit Mario am Tisch und sagt zu ihm, er soll sich eine Jacke holen – ohne dass sie dabei zur Garderobe blickt.*

1 gar nicht 2 mit großer Mühe 3 mit etwas Mühe 4 mühelos

N Satzbau, Grammatik

Wie geht das Kind mit dem Verb um, wird das Verb gebeugt, wenn es z. B. sagen will *ich spiele* ... oder *du spielst* ... oder *die spielen* ...?

1 Das Kind verwendet meist nur eine feststehende Form wie *spiel* oder *spiele* oder *spielen.*

2 Das Kind verwendet manchmal korrekte Formen.

3 Das Kind verwendet meistens korrekte Formen.

Anstelle von Sprachbeobachtungsbögen werden in einigen Bundesländern **Sprachtests** durchgeführt. Bei „Delfin 4“ (2007 von Lilian Fried entwickelt) bewerten Grundschullehrerinnen und -lehrer die sprachlichen Fähigkeiten vierjähriger Kinder in einer ca. 25-minütigen Prüfung, indem sie die Kinder entsprechend ihrer sprachlichen Fähigkeiten einordnen. Das Ziel ist auch hier die objektive Beurteilung der Sprachkompetenz, um rechtzeitig vor der Einschulung sprachlichen Förderbedarf festzustellen.

Beispiel: Auszüge aus dem DELFIN 4-Sprachtext

„Nimm mal deine Spielfigur in die Hand. Höre gut zu und mache es dann genau so, wie ich es gesagt habe.“

1. *Stelle deine Figur auf einen Tiger.*
2. *Stelle deine Figur auf das Dach vom Tigerkäfig.*
3. *Stelle deine Figur neben das Kind mit dem Teddy.*
4. *Stelle deine Figur zu dem Tiger, der auf dem Baum liegt.*
5. *Zeige mit dem Finger auf einen Papagei und stelle deine Figur zurück auf dein Feld bei den Delfin-Karten. [...]*

„Schau mal das Bild vor dir genau an und erzähle mir, was hier (auf das Giraffengehege zeigen, den Bereich kurz umfahren) alles los ist!“

1. *Stufe – spontanes Erzählen zulassen*
2. *Stufe – zum Erzählen ermutigen: „Was siehst du da? – Was noch?“*
3. *Stufe – gezielt nachfragen: „Was ist da los?“ (auf Höhepunkt deuten) „Was passiert da?“*
4. *Stufe – an Erlebnisse anknüpfen: „Hast du Lieblingstiere? – Welche? – Erzähl doch mal davon! – Was findest du an ihnen denn toll?“*

1 Recherchieren Sie, welche standardisierten Verfahren zur Sprachstandserhebung in Ihrem Bundesland angewandt werden.

4 Sprachförderung

1 Tauschen Sie sich zu folgenden Fragen aus:
a Was verstand man in Ihren bisherigen Praxiseinrichtungen unter Sprachförderung?
b Welchen Stellenwert hatte dieser Bereich?
c Wurden in der Einrichtungskonzeption Aussagen dazu gemacht?

Die Sprachentwicklung hängt eng mit der Entwicklung körperlicher und geistiger Fähigkeiten zusammen. Daher haben Kinder mit Sinnesbeeinträchtigungen, Beeinträchtigungen der Atem- oder Artikulationsorgane sowie viele geistig behinderte Kinder auch Sprachstörungen. Diese reichen von geringfügigen Sprechbeeinträchtigungen (z. B. bei vielen Kindern mit Down-Syndrom) bis hin zur Unfähigkeit, Sprache und Sprechen zu erlernen. In diesem Falle sind die Methoden der basalen Stimulation[1] eine Möglichkeit, in Kontakt mit dem behinderten Menschen zu treten.

[1] *Basale Stimulation: pädagogisch motiviertes Auslösen von Klang-, Berührungs- und visuellen Reizen, um die Wahrnehmungs-, Kommunikations- und Beziehungsfähigkeit schwerstkranker/-behinderter Menschen anzuregen.*

4.1 Pädagogische Richtlinien bei der Sprachförderung

- Sprachförderung muss einen **Bezug zur Lebenswelt** und den persönlichen Bedürfnissen und Interessen des Einzelnen haben, damit die Lernmotivation möglichst hoch ist. Interessiert sich z.B. ein Jugendlicher für Musik, sollte man die Sprachanbahnung in diesem Bereich ansetzen.
- Passen Sie das **Lernniveau** der zu fördernden Person an: Verwenden Sie kurze Sätze, einen einfachen Wortschatz und viele Wiederholungen. Betonen Sie wichtige Elemente.
- Bieten Sie Menschen mit Behinderung im Alltag **Handlungsalternativen** an und beziehen Sie diese in die Planung ihres Alltags mit ein, damit sie die Wirksamkeit ihrer Kommunikation erkennen und so selbstbestimmt wie möglich handeln können.
- Geben Sie den zu Betreuenden **Zeit** für Erklärungen, zum Nachdenken und für Reaktionen.
- Sprache wird in der **Interaktion mit anderen** gelernt, wobei das Sprachverständnis der eigenen Sprachproduktion vorausgeht. Begleiten Sie beim Spiel und bei gemeinsamen alltäglichen Beschäftigungen Ihre Handlungen mit Sprache. So lernen die Betreuten die Namen und Beschaffenheit von Objekten kennen und sprachliche Regeln zu verstehen. Sie treten in einen handelnden Dialog mit anderen (geben – nehmen usw.) und beginnen schließlich selbst, ihr Handeln durch Sprache zu begleiten (**Sprachhandeln**).
- Der ausschließliche Bezug zu einigen wenigen Betreuungspersonen sollte vermieden werden. Geben Sie den zu Betreuenden Gelegenheit, ihre **sprachlichen Kompetenzen im Umgang mit anderen** zu **schulen**.
- **Begleitende logopädische Therapien** (Atem-, Stimm- und Artikulationsübungen) sind zumeist grundlegend.

Was sinnvoll ist	Was nicht sinnvoll ist
Förderung der Kommunikationsfähigkeit	
aussprechen lassen	ermahnen, „schön" zu sprechen
gutes Sprachvorbild sein	kritisieren von Sprechversuchen
zuhören, positives Feedback	das Kind mit Fragen überhäufen
Förderung des Wortschatzes	
gleiche Worte für gleiche Dinge verwenden	Bezeichnungen mischen, z.B. „Becher" und „Tasse"
Zusammenhang Wort – Objekt/Wort – Tätigkeit im Spiel erfahren	Bildersammlungen benennen lassen
wenige Begriffe wiederholt anbieten	viele neue Begriffe gleichzeitig anbieten
Förderung der Aussprache und Grammatik	
in alltagsnahen Spielhandlungen einfache Sätze verwenden	Satzmusterübungen oder Nachsprechaufgaben
korrektives Feedback (Kind: „Da Auto fahr", Antwort: „Ja, da fährt das Auto.")	zum korrekten Sprechen auffordern
Unterschiede und richtige Formen deutlich betonen	unstrukturierter Wortschwall
den Sprechwerkzeugen vielfältige Bewegungserfahrungen ermöglichen, z.B. durch Saug- und Pusteübungen	Behinderung der Sprechwerkzeuge durch Schnuller/Lutschobjekte
Sprechbewegungsspiele anbieten	isoliertes Sprechtraining „fehlerhafter" Laute
langsam und deutlich sprechen	schnell, leise, vernuschelt sprechen

Quelle: nach Iven, Claudia: Sprachförderung. Methoden in Heilpädagogik und Heilerziehungspflege, Bildungsverlag Eins, Troisdorf 2005, S. 70–85

2 Beurteilen Sie bei folgenden Spielideen, welche Förderbereiche hier betroffen sind:
a Ein Tier-Memospiel so umfunktionieren, dass man beim Aufdecken einer Karte statt des Tiernamens das passende Tiergeräusch produzieren soll.
b Bilder zu einem Thema aus Katalogen ausschneiden und diese dann nach Kategorien geordnet als Collage gestalten (z. B. bei Kleidung: für Sommer/Winter).

c Papiertaschentuch-Gespenster mit einem Trinkhalm ansaugen und so weit es geht wegpusten.
d Ein Suchspiel durchführen: „Sucht etwas, das schwimmen kann! Findet einen weichen Gegenstand!" oder einfacher: „Findet die Glocke! Such die rote Mütze!"
e Benennungsspiele wie „Ich sehe was, was du nicht siehst" oder „Kofferpacken" spielen
f „Reise durch die Galaxie": In Kleingruppen sitzen die Spielteilnehmer in „Raumschiffen" (Tische, Gymnastikmatten usw.) und steuern verschiedene „Galaxien" an. Nach der Landung (evtl. Musikbegleitung – Landung bei Musikstopp) steigen die Raumfahrer aus und lernen die „Außerirdischen" kennen. Um sich mit diesen verständigen zu können, müssen die Raumfahrer deren Sprache lernen. Der Spielleiter erklärt die Sprache des Planeten, auf dem sie gelandet sind: Auf dem Planeten Zambira fangen alle Worte mit „Z" an, auf dem Planeten Kumbawusch enden alle Wörter mit „-sch", der Planet RSF kennt keine Vokale …

4.2 Formen der unterstützten Kommunikation

Kolja

[…] Kolja war gerade drei Jahre geworden. […] Kolja hatte durch eine schwere Athetose große Schwierigkeiten bei seiner motorischen Entwicklung, auch hatte er das Sprechen noch nicht gelernt. Eine Ursache für seine schwere Körperbehinderung war von den Ärzten nicht gefunden worden. Zwar konnte Kolja mit ungelenken Schritten gehen, aber nur, wenn man ihn unter seinen Armen festhielt. Das Spielzeug, das man Kolja in die Hände legte, konnte er nicht festhalten und meist flog es im weiten Bogen davon, so unkontrolliert überschießend waren seine Armbewegungen.
[…] Kolja möchte spielen, doch das Spielzeug fliegt ihm aus der Hand, Kolja möchte sich mitteilen, doch sprechen kann er nicht, nicht einmal den Kopf schütteln für ein Nein oder Ja. Er möchte die Welt entdecken, doch was immer er machen möchte, seine Arme und Beine verlieren sich in zappelnden Bewegungen. Selbst den Blick zu halten, fällt ihm schwer, denn oft dreht sich sein Kopf weg.
Nach einigen Monaten meine ich zu erkennen, dass Kolja seinen linken Fuß ein wenig besser zu kontrollieren gelernt hat. Nach einigen Gesprächen mit den Eltern und Physiotherapeuten des Kindergartens soll die Förderung von Kolja verstärkt auf seinen linken Fuß abgestimmt werden …
Als Kolja eingeschult wurde, hatte er gelernt, sich mit mehr als 200 Begriffen mit einem Alpha-Talker mitzuteilen, am PC konnte er kleine Wörter schreiben – mit seinem linken Fuß.

Quelle: Bentele, Peter/Metzger, Thomas: Didaktik und Praxis der Heilerziehungspflege, Lambertus, Wien 2008, S. 292

Definition

Als **unterstützte Kommunikation** bezeichnet man alle pädagogischen oder therapeutischen Maßnahmen zur Erweiterung der kommunikativen Möglichkeiten von Menschen, die schwer oder gar nicht verständlich sind, z. B. mithilfe von

- körpereigenen nicht sprachlichen Kommunikationsmitteln wie Gesten, Gebärden, Augenbewegungen, Zeigebewegungen, Lauten und Mimik, die in der unterstützten Kommunikation oft als erstes Kommunikationsmittel eingesetzt werden.

- Bildsymbolkarten
- Kommunikationstafeln
- Sprachausgabegeräten

3 Erläutern Sie, welche Kommunikationsmittel Kolja bei obigem Fallbeispiel eingesetzt hat.

Eine Möglichkeit nichtelektronischer Kommunikationshilfen ist das **Bliss-System**, eine von Charles K. Bliss entwickelte Sammlung piktografischer Zeichen, die zu Wörtern und Sätzen kombiniert werden, sodass damit auch abstrakte oder komplizierte Inhalte vermittelt werden können.

Bliss-Symbole des Satzes „Ich möchte ins Kino gehen"

Zu den elektronischen Hilfen zählen **Computer mit Schrift- oder Sprachausgabe**. Diese ermöglichen ebenfalls das Produzieren ganzer Sätze durch die Kombination von Symboltasten.

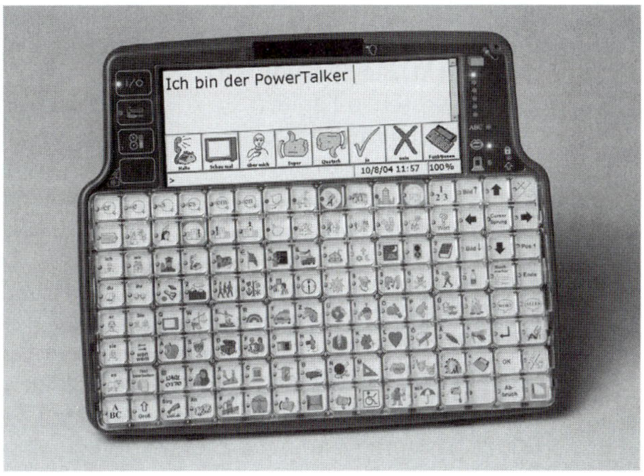

4 Erläutern Sie jeweils zwei Vor- und Nachteile von körpereigenen, nichtelektronischen und elektronischen Kommunikationsmitteln.

5 Formulieren Sie Ihre eigene Meinung zu Einsatzmöglichkeiten der oben genannten Kommunikationsmittel.

4.3 Kreativangebote zur Sprachförderung

Gezielte sprachfördernde Kreativangebote, bei denen die Betreuten Spaß am Geschichtenhören und Lesen, am Fabulieren und an Sprachspielereien entwickeln, erreichen die Betroffenen umso besser, je mehr sie deren Lebenssituation widerspiegeln und auf ihre Interessen abgestimmt sind.

Besonders wichtig hierbei ist es, die Freude am Lesen bzw. Vorlesenlassen zu fördern.

Durch Lesen bzw. Vorlesen werden folgende Bereiche der Sprachkompetenz gefördert:

- **Kennenlernen einer nicht situationsgebundenen (dekontextualisierten) Ausdrucksweise:** Dies ist die Voraussetzung dafür, etwas so erzählen zu können, dass auch nicht an der Situation beteiligte Personen das Geschehen verstehen können, und zeugt damit von Abstraktionsfähigkeit.
- **Kennenlernen eines anderen Sprachniveaus:** Im Vergleich zum mündlichen Sprachgebrauch ist in literarischen Texten
  die Ausdrucksweise oft anschaulicher (viele Adjektive, treffende Wortwahl, umfangreicher Wortschatz),
  der Satzbau meist komplexer (mehr Nebensätze und Einschübe) und
  die Grammatik zum Teil differenzierter (Verwendung von Präteritum, Konjunktiv).
- **Kennenlernen unterschiedlicher Erzählstrategien:** Durch Lesen lernen wir indirekt, wie man Personen, Handlungen und Konflikte beschreiben kann und wie man inhaltlich und sprachlich Spannung auf- und abbaut.

Die folgende Tabelle stellt Ihnen einige Leseförderangebote für Kinder und Jugendliche vor.

6 Übertragen Sie die folgende Tabelle in Ihr Heft und ergänzen Sie sie mit eigenen Ideen zu Methodik, Sprache und Inhalt.

Leseförderung			
	im Kindergarten	**bei Leseanfängern**	**bei Jugendlichen**
methodische Ansätze	– ruhige, gemütliche Leseecke mit übersichtlichem, wechselndem Buchangebot – auf aktuelle Bedürfnisse, Erfahrungen eingehen – lebendig vorlesen und nacherzählen – Fragen sofort beantworten – …	– für Ruhe, Konzentration, gutes Licht sorgen – positiv verstärken, motivieren statt entmutigen – große Schrift, Illustrationen, viele Absätze – bis zu einer spannenden Stelle vorlesen, dann freies Lesen nach Interesse – …	– über Meinungen, Gefühle Erfahrungen reden – Geschichten/Gedichte/Tagebuch schreiben – andere Medien einbeziehen (Internet, Film, Zeitung usw.) – (Impro-)Theater-AG, Rollenspiele (filmen), Kurzfilm-AG – Texte um-/weiterschreiben – …
Sprache	– wenig Text, Buch mit kurzen abgeschlossenen Kapiteln – anschaulich (Wortsymbolik, Bilder zum „Selbst-Lesen") – einfacher Wortschatz und Satzbau, kurze Sätze, verständlicher Inhalt – kurze Erzähleinheiten – …	– einfache Syntax, kurze verständliche Sätze – neue Rechtschreibung – wenig Fremdwörter – dünne Bücher mit großer Schrift, kurze Kapitel – einfaches Tempus (Präteritum oder Präsens, kein Passiv) – …	– Fremdwörter erklären – inhaltlich und thematisch anspruchsvoller – kleinere Schrift – verschiedene Zeitebenen – wenig bis keine Bilder – …
Inhalt	– fantasievoll, anregend – dem Erlebnishorizont des Kindes entsprechend – Sprachspiele, Reime, Verse – einprägsame Wiederholungen (z. B. bei Märchen) – Themen: …	– viele Bilder, bunte Aufmachung (Comics) – Inhalt: emotionale und soziale Betroffenheit ermöglichen, nah an Erfahrungsbereich – Spannungsbogen – …	– Genres: Comics, (Jugend-) Zeitschriften, Fantasy, Science Fiction – Themen: …

4.3.1 Bilderbuchbetrachtung

Die Bilderbuchbetrachtung ist eine sehr wirkungsvolle Form der Sprachförderung für Kinder, vor allem wenn diese gesprächs- und beziehungsorientiert gestaltet wird. Besonders förderlich für die kindliche Lernmotivation ist es, wenn Sie der Zuhörerin bzw. dem Zuhörer viel emotionale Zuwendung und Nähe zuteilwerden lassen. Passen Sie Ihr Tempo stets dem Interesse des Kindes an, wenn Sie eine Geschichte oder ein Märchen vorlesen. Ein wesentliches Ziel Ihrer Bilderbuchbetrachtung sollte sein, das Kind zum (Mit-)Erzählen der Geschichte zu animieren, sodass es eigene Ideen und Erfahrungen einfließen lässt. Sie können das Kind dabei unterstützen, indem Sie

- abgebildete Dinge, Figuren usw. **benennen** lassen („*Wie heißt dieses Tier? Wer ist das denn?*"),
- Dinge **definieren** bzw. **umschreiben** lassen („*Was ist denn ein Küken?*" „*Wofür braucht der Vogel denn so ein Nest?*"),
- **Beziehungen** und **Abfolgen** zwischen Bildern und Einzelepisoden herstellen lassen („*Was sieht man hier? Was macht das Mädchen denn? Und hier, wo ist sie jetzt gelandet?*"),
- die Geschichte **deuten**, sprich über Motive, Gedanken, Wünsche, (Konflikt-)Lösungsmöglichkeiten nachdenken lassen („*Glaubst du, er freut sich darüber? Warum macht sie das wohl? Was würdet ihr an ihrer Stelle tun? Ich glaube, er ist wütend, aber warum, was meinst du?*"),
- **Bezüge** herstellen zum Leben der Zuhörerinnen und Zuhörer, **zur Realität** („*Ist dir das auch schon mal passiert? Letzte Woche, da haben wir doch auch …*")

- **vorausdeuten** („*Was könnte denn jetzt passieren? Ob er seinen Freund wohl wiederfindet? Wie geht die Geschichte zu Ende, was glaubt ihr?*").

7 Suchen Sie in einer Buchhandlung oder Bibliothek ein Bilderbuch zum Thema „Anderssein" oder „Außenseiter": Stellen Sie Ihr Buch der Klasse vor, indem Sie nach einer kurzen Inhaltsangabe erläutern, ob die in der Tabelle aufgeführten Qualitätsmerkmale auf das Bilderbuch zutreffen.

Qualitätskriterien von Bilderbüchern	
1. Auswahl	– je nach emotionalen, sozialen und kognitiven Bedürfnissen und Interessen der Zuhörer – Bezug zur Erfahrungswelt der Zuhörer (Identifikationsmöglichkeiten) – Buch stellt weder eine Unter- noch eine Überforderung dar
2. Aufmachung/ Gestaltung	– ansprechendes Cover – angemessene Schriftgröße – je nach Alter angemessenes Text-Bild-Verhältnis (je älter, desto mehr Text) – evtl. Unterstreichung durch verschiedene Schriftgrößen, Fettdruck
3. Illustrationen	– vermitteln die Hauptaussagen des Textes – keine verniedlichenden Kindchenschema-Darstellungen – haben erzählenden Charakter: wecken Neugier, lösen beim Betrachten Fragen aus, wirken anregend und fordern zum genauen Hinsehen auf – sind offen für verschiedene Deutungen – harmonieren vom Malstil her mit dem Inhalt der Geschichte – treffen den Charakter der Erzählung
4. Inhalt	– bietet Unterhaltung und Spaß – Spannungsaufbau durch Text und Bild: Interesse am Fortgang wird geweckt – regt zum Nachdenken über die Welt und sich selbst an – knüpft an Interessen/Bedürfnissen/Erfahrungen/Problemen der Kinder an – bietet Möglichkeiten zur „Lebenshilfe" (durch Lösung von Problemen/Alltagssorgen, Überwindung von Vorurteilen) und Identifikationsmöglichkeit
5. Sprache	– steht im Einklang mit Thematik und Bildern (z. B. jugendlich-lebendige Sprache und cartoonhafte Zeichnungen oder karge Sprache und traurige Stimmung) – ist zeitgemäß und verständlich – dient der Wortschatzerweiterung (differenziert in Wortwahl und Satzbau) – wirkt anschaulich und lebendig durch Metaphern, Vergleiche, Lautmalereien, wörtliche Rede, umgangssprachliche Elemente

4.3.2 Vorlesen und Erzählen

8 Lesen Sie sich zu zweit aus Ihren Lieblingsbüchern Schlüsselstellen vor. Üben Sie den mitreißenden Vortrag (siehe nachfolgende Vorlesetipps).

9 Tauschen Sie sich über die Texte aus: Was hat Sie daran interessiert/berührt/geärgert/verwundert/nachdenklich gemacht und warum?

10 Geben Sie ein Feedback zur Vortragstechnik: Wie lebendig war der Vortrag? Was war gut, was könnte man besser machen?

11 Suchen Sie ein zur Jahreszeit passendes Gedicht. Üben Sie den mitreißenden Vortrag (siehe Tipps) und gestalten Sie eine kleine Dichterlesung.

Tipps

- Lassen Sie Ihre Zuhörer den Lesestoff (bei gemeinsamen Büchereibesuchen, in Buchhandlungen oder auf Buchflohmärkten) frei wählen. Gehen Sie stets auf (tagesabhängige) **Lektürewünsche** ein.

- Legen Sie feste Geschichtenerzähl- bzw. **Vorlesezeiten** fest: Dafür bieten sich vor allem der Nachmittag oder Abend an.
- Schaffen Sie eine **ruhige, gemütliche Atmosphäre**, damit sich Ihre Zuhörerinnen und Zuhörer ganz auf ihre inneren Bilder konzentrieren können.
- Lesen Sie möglichst **lebendig und mitreißend** vor: Nutzen Sie die gesamte schauspielerische Bandbreite, indem Sie z. B.
  - die Stimme verstellen,
  - mit unterschiedlicher Lautstärke und Sprechgeschwindigkeit Akzente setzen und
  - mit bewusst eingesetzten Pausen Spannung erzeugen.
- Wenn Sie Schwierigkeiten mit der richtigen Betonung haben, weil Sie über wenig (Vor-) Leseerfahrung verfügen, hilft es, sich den Text vorher durchzulesen und das **laute Lesen** gezielt zu **üben**. Vermerken Sie dabei Betonungen ⬭, Sprechpausen /, Stimmhebung bzw. -senkung ↗, ↘ und Lautstärke ___ , ... im Text.
- Gehen Sie bereitwillig auf **Zwischenfragen/-bemerkungen** ein: Im Austausch über das Gelesene erfahren Sie viel über die Gedanken- und Gefühlswelt Ihrer Zuhörerinnen und Zuhörer.

4.3.3 Gedichte, Reime und Singspiele

Sprachspiele, bei denen Reime und (Abzähl-)Verse gesprochen bzw. Lieder gesungen werden, erleichtern durch wiederkehrende Elemente und einprägsame Rhythmik die Wahrnehmung und das Einüben sprachlicher Regeln. So bekommen die Betreuten ein Gefühl für Sprechmelodie, Pausen und Betonung und erlangen Kommunikations- und Sprechsicherheit. Außerdem kann jeder selbst über das Ausmaß der Beteiligung entscheiden (also ob man den kompletten Text, Teile des Textes oder nur das Reimwort mitsprechen will).

12 Setzen Sie in Kleingruppen nachfolgende Gedichte in bewegte Texte um, indem eine Person sie ausdrucksstark vorträgt und die anderen passende Bewegungen dazu vorführen.

Gruselett | Morgenstern, Christian

Der Flügelflagel gaustert
durchs Wiruwaruwolz,
die rote Fingur plaustert
und grausig gutzt der Golz.

Quelle: Morgenstern, Christian: Gesammelte Werke in vier Bänden, Seehamer, Weyarn 1998, S. 45

Kleine Turnübung | Halbey, Hans

Aufgezwackt und hingemotzt
angezickt und abgestotzt
jetzt die Kipfe auf die Bliesen
langsam butzen, tapfen, schniesen
dreimal schwupf dich
knitz dich
lüpf
siehstewoll – da flatzt der Büpf.

Quelle: Halbey, Hans A.: Kleine Turnübung, in: Manfred Mai (Hg.): Es hüpft in meinem Kopf herum. Gedichte für Kinder, dtv, München 2007, S. 50

13 Lesen Sie nachfolgendes „Streichelwörtergedicht". Bilden Sie anschließend einen großen Kreis, bei dem Sie jeweils den Rücken des Vordermannes bzw. der Vorderfrau ansehen. Die jüngste Teilnehmerin teilt der Person vor ihr ein „Streichelwort" mit „A" (Adjektiv und Substantiv) mit und „malt" dieses auf den Rücken der vor ihr stehenden Person. Diese fährt mit „B" fort usw.

Streichelwörtergedicht

du allerliebstes Anemönchen
du beseeltes Butterblümchen
du charmanter Cherubim
du dusseliges Daunenfederchen
du erhabenes Engelchen
du funkelnder Freudenschein
du glitzerndes Grashälmchen
du heißgeliebtes Honigweibchen
du immergrünes I-Tüpfelchen
du jadefarbenes Juwel
du kunterbuntes Kinkerlitzchen
du lüsternes Liebchen
du mütterliches Mandelauge
du naseweises Nudelchen
du opalfarbenes Osterglöckchen
du pummeliges Pünktchen
du quicklebendiges Quellchen
du rühriges Rumpelstilzchen
du säuselnder Sonnenstrahl
du tanzendes Tautröpfchen
du ulkiges Ührchen
du verspieltes Vögelchen
du wonniges Wuschelköpfchen
du xanthippisches Xylophönchen
du yoldische Yuccablume
du zerbrechliches Zittergräschen

Quelle: Handerer, Hermann/Schönherr, Christine: Körpersprache und Stimme, Oldenbourg, München 1994, S. 28

4.3.4 Geschichten von Betreuten aufschreiben

Menschen, die (noch) nicht oder nicht mehr schreiben können, finden oft Gefallen daran, einer vertrauten Person eine selbst erfundene Geschichte zu diktieren.

Tipps

- Bieten Sie schreibunkundigen oder schreibungeübten Betreuten an, Episoden aus ihrem Leben, Briefe oder Tagebucheinträge für sie aufzuschreiben. Basis dafür ist natürlich ein gutes Vertrauensverhältnis und Diskretion.
- Initiieren Sie eine Schreib- und/oder eine Erzählwerkstatt, bei der regelmäßig zu wechselnden Themen Geschichten oder Gedichte entstehen. Ideen zu Methoden und Themen finden Sie in Büchern zum kreativen Schreiben.
- Manche arbeiten beim Geschichtenerfinden gern zu zweit oder in einer Kleingruppe. Eine Gruppengröße von maximal vier Personen hat sich hier als günstig erwiesen.
- Experimentieren Sie mit unterschiedlichen Textsorten (siehe auch Kapitel 4.3.5) und Methoden. Bieten Sie spannende Geschichten- und interessante Gedichtanfänge zum Weiterdichten an.
- Helfen Sie den Betreuten beim Fantasieren durch offene Fragen („Was könnte als nächstes passieren? Woher kennen die beiden sich denn? Mich würde interessieren, wie der alte Mann genau aussieht. Wie könnte die Geschichte enden?" usw.).
- Am Ende dieses kreativen Prozesses sollten das Vorlesen und die (kritische) Würdigung der entstandenen Texte stehen. Vielleicht entsteht auch der Wunsch, ausgewählte Texte einer breiteren Öffentlichkeit zugänglich zu machen. Dies ist z. B. möglich durch
  - eine Lesung,
  - das Veröffentlichen auf der Einrichtungshomepage („Neues aus unserer Schreibwerkstatt"),
  - die Herausgabe einer Hauszeitung,
  - eine ansprechende Stellwand- oder Pinnwandpräsentation oder
  - die Verwendung in Einladungen (bei Kurztexten oder Gedichten).

- Finden Sie gemeinsam mit der Bewohnerin bzw. dem Bewohner oder dem Kind eine geeignete Form der Aufbewahrung: Dies kann eine Computerdatei sein, ein Computerausdruck oder auch ein (evtl. handschriftlich) selbst gestaltetes Buch/Leporello.

4.3.5 Kreative Schreibanregungen für die Praxis

Die folgenden Schreibanregungen können – mehr oder weniger modifiziert – mit betreuten Kindern, Jugendlichen oder Erwachsenen durchgeführt werden.

14 ***Schreiben Sie ein Märchen (zu den typischen Märchenmerkmalen vgl. Seite 166), in welchem der Held oder die Heldin drei unmöglich erscheinende Aufgaben erledigen muss, um sein/ihr Ziel zu erreichen. Bauen Sie in Ihr Märchen mindestens drei Begriffe aus jeder Reihe ein:***
Substantive: Löffel – Kartoffeln – Sehnsucht – Magd – Tod – Hornisse
Verben: schleichen – kämmen – hüten – graben – tanzen – kratzen
Adjektive: heiß – rostig – wüst – hundeelend – bequem – krachend

15 ***Schneiden Sie aus Zeitungen fünf Schlagzeilen aus. Setzen Sie Teile davon zu einer neuen (un-)sinnigen Schlagzeile zusammen und schreiben Sie dazu die passende Zeitungsmeldung oder Geschichte.***

16 ***Schreiben Sie die Geschichte (oder das Gedicht) zu einem der folgenden Titel:***
a Das erste und das letzte Wort
b Das Gänseblümchengemetzel
c Wie Karl zu seinem dritten Auge kam
d Anne und das Sockenmonster

17 ***Beschreiben Sie eine (in der Klasse bzw. Wohngruppe bekannte) Person auf kreative Weise: Schildern Sie***
a eine Alltagsszene, an der die Person beteiligt ist, sowie
b Aussehen, Körpersprache, typische Haltung, Mimik, Gestik oder Redewendungen der Person.
Benutzen Sie jedoch keinen Namen – der soll von den anderen erraten werden. Es geht hier nicht darum, jemanden lächerlich zu machen, sondern die Eigenarten, Stärken und Schwächen einer Person auf wertschätzende Art und Weise darzustellen.

18 ***Verfassen Sie eine Zeitungsannonce, bei der jedes Wort mit dem gleichen Buchstaben beginnt.***

Beispiel
Kleine Kostprobe? Kiloweise Kleingebäck, knusprige Kekse: keiner kann klagen – köstlich!
Mandeläugige Muse mit mustergültigen Manieren möchte mit melancholischem Mann musizieren. Merkwort: Mandolinenzauber.

19 ***„Malen" Sie mit Buchstaben oder Wörtern Bilder oder gestalten Sie diese am Computer. Die nachfolgenden Beispiele zum Thema Weihnachten eignen sich auch als Postkartenmotive.***

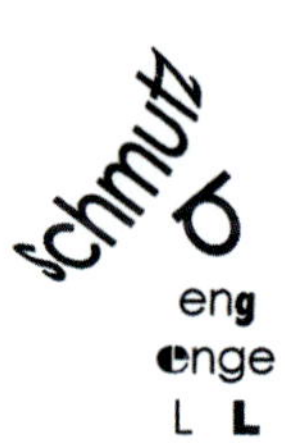

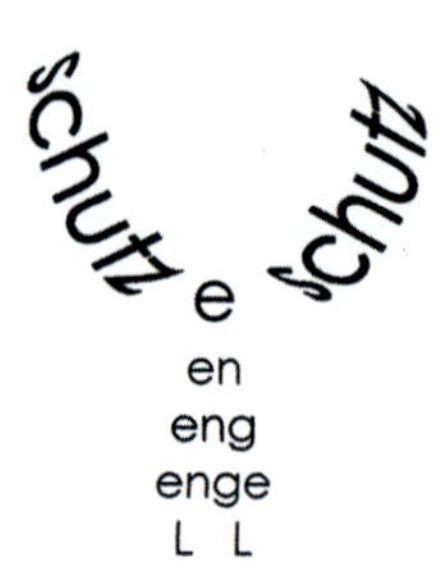

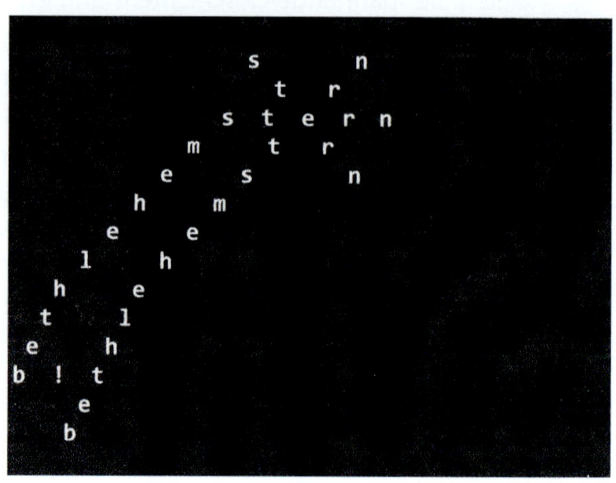

5 Wertschätzendes Sprechen fördern

„Derjenige, der zum ersten Mal an Stelle eines Speeres ein Schimpfwort benutzte, war der Begründer der Zivilisation."

Siegmund Freud (1856–1939, österr. Arzt und Tiefenpsychologe)

Der heilpädagogische Gruppenalltag, egal in welcher Altersstufe oder Einrichtungsart, ist zuweilen auch von sprachlicher Gewalt geprägt. Diese steht, wie auch andere aggressive Verhaltensweisen, eng in Zusammenhang mit Angriff, Flucht und Verteidigung.

5.1 Formen verbaler Aggression

Sprachliche Gewalt | Barthelmes, Jürgen

Gewalt ist in aller Munde, nicht nur als Wort, als Thema, sondern in Form von Wörtern und Aussagen, die andere kränken, beleidigen, niedermachen, demütigen, entwerten, anschwärzen, mundtot machen.

Sprachliche Gewalt zeigt sich in abfälligen Äußerungen über den Anderen.

Sprachliche Gewalt wird durch die Körpersprache verstärkt: Die Blicke unserer Augen und die Mienen (= Minen) unserer Gesichter können andere ebenfalls missachten.

Sprachliche Aussagen in Form von Anordnungen und Verordnungen können andere entwürdigen. „Worte vergehen, der Schmerz bleibt" [...].

Sprachliche Gewalt hat den Charakter von Kriegserklärungen bzw. von „Rosenkriegen". Sprachliche Gewalt ist Ausdruck eines zwischenmenschlichen Krieges. Dabei werden oft Fakten entstellt sowie Zusammenhänge verfälscht.

Hinter sprachlicher Gewalt steckt das Motiv, den Willen des Anderen zu brechen sowie die eigenen Interessen durchzusetzen.

In Paarbeziehungen zeigt sich sprachliche Gewalt vor allem darin, den anderen zu manipulieren oder den anderen zu etwas zu zwingen (Partner können den anderen auch sprachlich zur Liebe zwingen).

Quelle: Barthelmes, Jürgen: Sprachliche Gewalt, Deutsches Jugendinstitut, abgerufen unter: http://www.dji.de/cgi-bin/projekte/inklude.php?inklude=stellungnahmen/gewaltundmedien/artendergewalt.htm [12.12.2011]

1 Legen Sie eine Mindmap zu möglichen Ursachen und Ausdrucksformen für sprachliche Gewalt an.

5.2 Gewaltfreie Kommunikation (Marshall B. Rosenberg)

Marshall B. Rosenberg (geb. 1934), Psychologe

Marshall B. Rosenberg promovierte als klinischer Psychologe an der Universität in Winsconsin-Madison (USA) und entwickelte Mediationsprogramme und Trainings zur Verbesserung der Kommunikationsfähigkeit. Er lebt heute in der Schweiz und ist international als Mediator u.a. für Eltern, Pädagogen, Polizisten, Gefangene und politische Führer tätig.

Rosenberg entwickelte das Konzept der Gewaltfreien Kommunikation. Dazu unterscheidet er erlebensentfremdende „Wolfssprache" von gewaltfreier Kommunikation („Giraffensprache").

„Wolfssprache"

▶ Typisch für die **lebensentfremdende Kommunikation** (die **„Wolfssprache"**) sind moralische Urteile und Eigenschaftszuschreibungen (gut/böse, gesund/krank), indirekte Urteile („Ich fühle mich angegriffen") und das Stellen von Forderungen bzw. (impliziten) Drohungen. Die „Wolfssprache" blockiert die Kommunikation und führt zu psychischer und/oder physischer Gewalt. Bei Vorwürfen und Kritik, gibt es für „Wölfe" folgende Reaktionsmöglichkeiten:

1. Die Opferposition: Ich fühle mich schlecht und schuldig, gebe dem anderen recht und mache mir Vorwürfe.

2. Die Verteidigungsposition: Ich verteidige mich mit wütend-aggressiven Gegenvorwürfen.

– Bei beiden Positionen werden die Aussagen des anderen als persönlicher Angriff interpretiert.

„Giraffensprache"

▶ Im Unterschied dazu ermöglicht es die **gewaltfreie Kommunikation** (die er **„Giraffensprache"** nennt), Hintergründe von Verhaltensweisen zu erfassen. Sie erfordert vier Schritte:

Die vier Komponenten der GFK | Rosenberg, Marshall B.

1. **Beobachtungen:** Zuerst beobachten wir, was in einer Situation tatsächlich geschieht: Was hören wir andere sagen, was sehen wir, was andere tun, wodurch unser Leben entweder reicher wird oder auch nicht? Die Kunst besteht darin, unsere Beobachtungen dem anderen ohne Beurteilung oder Bewertung mitzuteilen – einfach zu beschreiben, was jemand macht, und dass wir es entweder mögen oder nicht.
2. **Gefühle:** Als nächstes sprechen wir aus, wie wir uns fühlen, wenn wir diese Handlung beobachten. Fühlen wir uns verletzt, erschrocken, froh, amüsiert, irritiert usw.?
3. **Bedürfnisse:** Im dritten Schritt sagen wir, welche unserer Bedürfnisse hinter diesen Gefühlen stehen. Das Bewusstsein dieser drei Komponenten ist uns gegenwärtig, wenn wir die GFK einsetzen, um klar und ehrlich auszudrücken, wie es uns gerade geht. Eine Mutter kann z. B. diese drei Bestandteile ihrem Sohn gegenüber ausdrücken, indem sie sagt: „Felix, ich ärgere mich, wenn ich zwei zusammengerollte schmutzige Socken unter dem Kaffeetisch sehe und noch drei neben dem Fernseher, weil ich in den Räumen, die wir gemeinsam benutzen, mehr Ordnung brauche."
4. **Bitten:** Sie macht dann sofort weiter mit der vierten Komponente – einer sehr spezifischen Bitte: „Würdest du bitte deine Socken in dein Zimmer oder in die Waschmaschine tun?" Dieses vierte Element bezieht sich darauf, was wir von anderen wollen, sodass unser beider Leben schöner wird. Was kann er oder sie konkret tun, um unsere Lebensqualität zu verbessern?

   So besteht die eine Seite der GFK darin, diese vier Informationsteile ganz klar auszudrücken, mit Worten oder auf andere Weise. Auf der anderen Seite nehmen wir die gleichen vier Informationsteile von unseren Mitmenschen auf. Wir treten mit ihnen in Kontakt, indem wir uns darauf einstimmen, was sie beobachten, fühlen und brauchen, und wenn wir dann den vierten Teil hören, ihre Bitte, entdecken wir, was ihre Lebensqualität verbessern würde.

Quelle: Rosenberg, Marshall B.: Gewaltfreie Kommunikation, 9. Aufl., Junfermann, Paderborn 2010, S. 25

Hieraus resultieren also folgende beiden „Giraffen"-Reaktionsmöglichkeiten auf Äußerungen des Gegenübers:

3. Die Ich-bin-mit-mir-in-Kontakt-Position

In dieser Position spüren Sie nach, was die Aussage des anderen bei Ihnen auslöst, welche Gefühle dadurch in Ihnen hervorgerufen werden und wie es Ihnen damit geht.

4. Die Ich-bin-mit-dir-in-Kontakt-Position

Hier überlegen Sie: Welche Gefühle und Bedürfnisse stehen wohl hinter der Aussage des anderen?

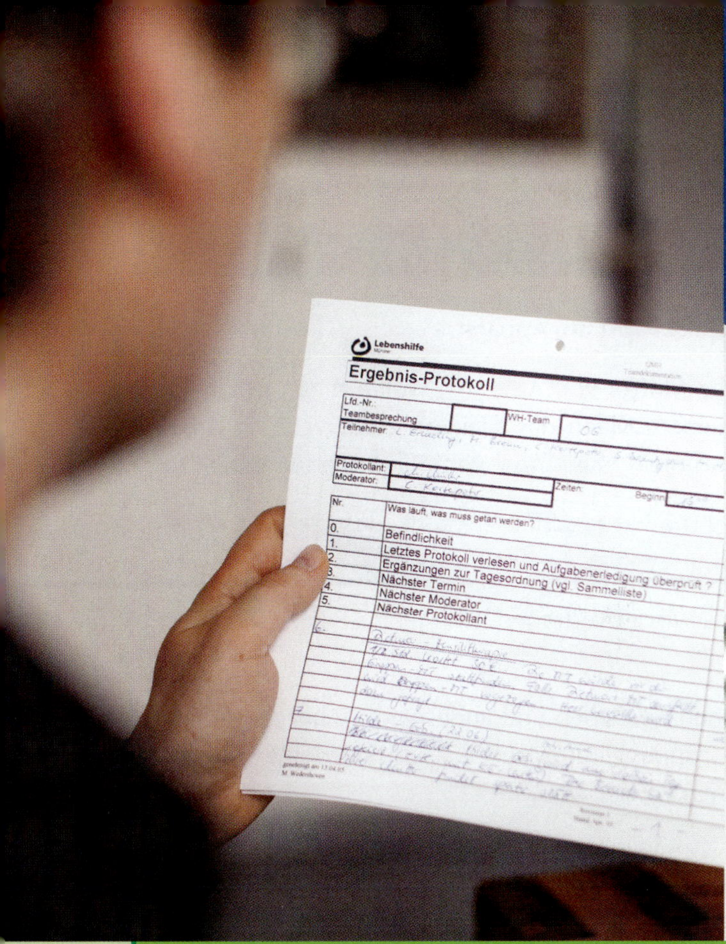

Schreiben im beruflichen Alltag

Ihr Aufgabenspektrum innerhalb einer heilpädagogischen Einrichtung beinhaltet auch das Verfassen berufsbezogener Texte. Ob Einladung oder Geschäftsbrief, Beobachtungsbericht oder Bewerbungsanschreiben – Ihre Texte sollten verständlich und leserfreundlich gestaltet sein. Dazu müssen Sie auf formale, inhaltliche und sprachliche Angemessenheit und Korrektheit achten.

Anhand von unterschiedlichen geschäftlichen Schreiben werden Sie jeweils mit Kriterien für inhaltliche und sprachliche Verständlichkeit vertraut gemacht und Ihnen werden die gängigen formalen Anforderungen für den beruflichen Schriftverkehrs erläutert.

Kompetenzen

Dieses Kapitel soll Ihnen helfen,

- nachvollziehbare Gesprächsnotizen zu verfassen,
- sachlich objektive und verständliche Protokolle und Berichte zu schreiben,
- Ihre Geschäftskorrespondenz formal, inhaltlich und sprachlich zu optimieren,
- Pressemitteilungen anzufertigen,
- sich auf eine passende Stelle zu bewerben sowie
- Arbeitszeugnisse auszustellen und zu interpretieren.

1 Gesprächsnotiz

Lernsituation

„Integrativer Kindergarten Bergmannsheim, Angelika Papst am Apparat."

„Hallo Frau Papst, hier spricht Frau Werniger, die Mutter von Arne. Ich wollte Ihnen Bescheid sagen, dass ich jetzt nach der Trennung von meinem Mann das alleinige Sorgerecht für Arne habe. Also mir ist es im Moment nicht recht, wenn mein Mann Arne vom Kindergarten abholt."

„Gut, Frau Werniger, ich werde das notieren. – Arne hat ja schon erwähnt, dass Sie sich diese Woche scheiden lassen."

„Ja, der Arme hat bis zuletzt gehofft, dass wir uns wieder vertragen. Und jetzt ist er wütend auf mich. – Wie verhält er sich denn im Kindergarten?"

„In letzter Zeit wirkte er auf mich schon etwas unausgeglichen und angespannt. Aber da sollten Sie sich vielleicht besser mit Frau Montana, der Gruppenleitung, austauschen; sie wollte ja demnächst sowieso ein Entwicklungsgespräch mit Ihnen vereinbaren."

„Ja, das wäre gut. Ist Frau Montana gerade zu sprechen?"

„Sie kommt heute erst um 9.30 Uhr. Ich werde ihr ausrichten, dass sie Sie anrufen soll."

„Prima, ich bin heute bis 10.30 Uhr zu Hause erreichbar."

Der Kontakt mit Angehörigen, Fachdiensten, Kollegen und Vorgesetzten bringt es mit sich, dass viele persönliche und telefonische Gespräche geführt werden. Wichtige Informationen und Gesprächsergebnisse können in einer Akten- oder Gesprächsnotiz festgehalten werden. Diese dient als Gedächtnisstütze und als Grundlage für die weitere Fallbearbeitung. Manchmal ist eine Gesprächsnotiz auch ein wichtiger Nachweis, um belegen zu können, dass eine Information weitergegeben wurde und die Kollegen mit dem Fall vertraut sein sollten. Sie sollten daher alle relevanten Gesprächsinhalte dokumentieren.

1.1 Aktennotiz

„Mit wenigen Worten viel sagen heißt [...] die Sache erst überdenken, und aus dem Überdachten das Beste so sagen, dass der vernünftige Leser wohl merkt, was man weggelassen hat. Eigentlich heißt es, mit den wenigsten Worten zu erkennen geben, dass man viel gedacht habe."

Georg Christoph Lichtenberg (1742–1799, Physiker und Schriftsteller)

Die Aktennotiz ist eine besondere Art des Kurzprotokolls und dient der Gedächtnisstütze. Hier dokumentieren Sie kurz Gesprächsereignisse, die für das weitere Vorgehen sehr wichtig sein können. Die Aktennotiz kann entweder nur für den Inhalt einer bestimmten Personal- oder Klientenmappe gedacht oder zur Information an verschiedene Personen gerichtet sein.

Werden der Aktennotiz Meinungen und Eindrücke hinzugefügt, bezeichnet man das auch als **Aktenvermerk.**

Wichtiger Hinweis

Ihre Gesprächsnotiz sollte folgende **W-Fragen** eindeutig, aber dennoch so knapp wie möglich beantworten:

- Welchen Vorgang/welches Thema betreffend?
- Wer war beteiligt? Name (Unternehmen/Einrichtung, Abteilung)
- Wann war das? Datum, Uhrzeit
- Was war? Thema/Gesprächsinhalt/Grund der Aktennotiz
- Was wurde getan? Bereits getroffene Maßnahmen
- Was wird getan? Noch zu veranlassende Maßnahmen

1.2 Telefonnotiz

Die Telefonnotiz erleichtert die Weitergabe von Informationen an Kolleginnen und Kollegen, Fachdienste usw. Hilfreich können Ihnen hierbei genormte Vordrucke sein, die neben dem Telefon bereitliegen sollten.

Beispiel für eine Gesprächsnotiz

zum Thema ______________________ Datum ____________

aufgenommen von __________________ Uhrzeit ____________

______________________ ☐ persönlich ☐ telefonisch

Gesprächspartner ______________________ ☐ erbittet Rückruf

Fa./Einrichtung ______________________ ☐ ruft später wieder an

Anschrift ______________________ ☐ Termin vereinbaren

______________________ ☐ zur Kenntnisnahme

______________________ ☐ zur Stellungnahme

Telefon ______________________ ☐ zur Bearbeitung

Fax/E-Mail ______________________ ☐ Weiterleitung an ________

Gesprächsinhalte:

____

____

____

____

____

☐ vorgeschlagene / ☐ ergriffene Maßnahmen:

____

____

____

____

Datum, Unterschrift ______________________

1 *Verfassen Sie eine Telefon- und eine Aktennotiz zu obigem Telefongespräch zwischen Frau Papst und Frau Werniger.*

1.3 Hausbrief

Betreff: Fahrräder

Liebe Kolleginnen und Kollegen,
Fahrräder nicht vor dem Haus parken, sondern in den Fahrradständern vor der Bewegungshalle!!!! Sonst gibt's Ärger! Hanne

Hey Chris, bitte denk dran,
einen Termin mit Fr. Müller
auszumachen. Die hat neulich
wieder angerufen und will
dich dringend sprechen.

Alle MA der Gruppe 4
treffen sich am
Donnerstag ab
16 Uhr zu einer
außerplanmäßigen
Besprechung!!!

Im Hausbrief, auch interne Mitteilung genannt, werden keine Ereignisse oder Ergebnisse notiert, sondern bestimmte Wünsche mitgeteilt. Für das Betriebsklima ist die Form des Hausbriefes sehr wichtig. Innerbetriebliche Korrespondenzen mit Einzelpersonen sollten höflich und sachlich zugleich formuliert sein. Auch hier ist keine äußere Form vorgeschrieben, gewisse Eckdaten (Orientierung an den W-Fragen, vgl. Seite 103) sind jedoch unbedingt erforderlich. Kennzeichnen Sie zudem, an wen sich Ihre Mitteilung richtet. **Adressaten** können alle Angestellten, eine bestimmte Abteilung oder Einzelpersonen sein.

2 Verbessern Sie in Ihrem Heft obige Beispiele von Hausbriefen/internen Mitteilungen hinsichtlich des Sprachstils und oben genannten inhaltlichen Kriterien (relevante W-Fragen siehe Kapitel 1.1, Adressaten siehe oben).

2 Protokoll

Beispiel für das Protokoll einer Teamsitzung

Datum:	15.02.20..
Beginn:	13.30 Uhr **Ende:** 14.30 Uhr
Ort:	SVE Neustadt, Besprechungszimmer
Anwesend:	Frau Marvach (Leitung), Herr Sammer (Gruppenleitung Füchse), Frau Ortlepp (Praktikantin Füchse), Herr Aue (Gruppenleitung Biber)
Abwesend:	Frau Kernich (Gruppenleitung Igel) wg. Fortbildung
Moderation:	Frau Marvach
Protokollantin:	Frau Ortlepp

TOP 1: Festlegung eines Mottos
Als übergeordnetes Motto stehen folgende Themen zur Auswahl:

- Zirkus: Dieses Thema fand letztes Jahr großen Anklang. Teilweise können Angebote übernommen werden.
- Multikulti: Da die Anzahl der ausländischen Kinder in der SVE relativ groß ist, könnte man mit dem Motto „Multikulti" gezielt ausländische Kinder – und hoffentlich auch deren Väter und Mütter – in die Festgestaltung mit einbeziehen. Hier müssen alle Angebote neu erarbeitet werden, was angesichts des engen Zeitrahmens etwas schwierig sein dürfte.

Das Team einigt sich darauf, beide Themen in dem Motto „Zirkus International" zu verbinden.

TOP 2: Aufgabenverteilung
Jede der vier SVE-Gruppen(leitungen) ist für ein Angebot zuständig, wobei folgende Aufgabenverteilung festgelegt wird:

- Die Fuchsgruppe führt einen türkischen Schleiertanz vor und bereitet ein internationales Musikquiz vor. Herr Murhat, der Vater von Adem, soll gefragt werden, ob er einige orientalische Instrumente aus seiner Sammlung zur Verfügung stellt.
- Die Igelgruppe stellt (in Zusammenarbeit mit engagierten Eltern) ein „Büffet International" zusammen und sorgt für die Raum- und Tischdekoration. Es wurde überlegt, ein „Multikulti-Rezeptbuch" zu gestalten und beim Sommerfest zu verkaufen.
- Die Bibergruppe steuert eine Hip-Hop-Tanzshow bei und sammelt internationale Spielideen (durch Elternbefragung, gemeinsamen Stadtbibliotheks-Besuch), die am Sommerfest unter deren Anleitung ausprobiert werden können.

Frau Kernich soll den Elternbeirat bei dessen nächster Sitzung am 05.05. fragen, ob er wieder den Getränkeausschank und die Beschaffung der Biertischgarnituren organisieren würde.

TOP 3: Eltern
Das diesjährige Sommerfest 20.. wird am Samstag, den 23. Juni von 14.30 Uhr bis 18.30 Uhr stattfinden. Ein von Frau Ortlepp bis zum 02.05. vorbereiteter Elternbrief soll darüber informieren und zur Festvorbereitung animieren.

Für das „Büffet International" bereitet Herr Aue einen Aushang für die Elterninfotafel vor. Ob die internationalen Gerichte von den Eltern von zu Hause mitgebracht werden oder einzelne Gerichte zusammen mit den Kindern in der SVE-Küche zubereitet werden, muss noch geklärt werden.

Zur **nächsten Teamsitzung am 02.05. um 14.30 Uhr** soll jede Gruppenleitung ein ausgearbeitetes Sommerfest-Angebot mitbringen!

Datum, Ort	Leitung	Protokollantin

Definition

Ziele

Ein Protokoll ist eine Sonderform des Berichts. Sinn und Zweck eines Protokolls ist die Dokumentation von Besprechungen. Es dient somit als

- betriebsinternes Beweismittel zur *Ergebnissicherung* (Was wurde beschlossen und wer hat zugestimmt? Wer erledigt was bis wann?),
- nachträgliches *Informationsmittel* für abwesende Teammitglieder bzw. ‚externe' Interessierte und
- *Spiegel* bei der Gedanken-/Ideenentwicklung und zur Klarstellung von Differenzen.

Protokollarten

Das **Verlaufsprotokoll** zeigt den Verlauf der Diskussion bzw. Meinungsbildung und gibt markante Inhalte sinngemäß wieder, d. h., aus ihm muss hervorgehen, wie es zu den protokollierten Beschlüssen gekommen ist. Es wird entweder durchgängig im Präsens oder im Präteritum wiedergegeben, wobei Sie indirekte Rede und Konjunktiv (vgl. Kapitel 3.1 im Abschnitt „Normen der Standardsprache") benutzen sollten, um Meinungen, Gefühle, Äußerungen und Behauptungen wiederzugeben. Verwenden Sie für diese Ausführungen sachlich neutrale Einführungswörter wie *einräumen, erbitten, glauben, zu bedenken geben* usw.

Im **Beschluss- bzw. Ergebnisprotokoll** fehlt der Verlauf, es werden nur Ergebnisse und Beschlüsse niedergeschrieben.

Im **Kurzprotokoll** werden Beschlüsse meist wörtlich, Diskussionsbeiträge und Meinungsbildungsprozesse in knapper Form wiedergegeben. Eine Sonderform davon sind Aktennotizen (vgl. Kapitel 1.1).

1 Erläutern Sie, in welchen Fällen ein Verlaufs-, Ergebnis- oder Kurzprotokoll sinnvoll ist.

Aufbau und Gestaltung

Im **Protokollkopf** vermerkt die Protokollantin bzw. der Protokollant Einrichtung, Ort, Tag und Uhrzeit der Besprechung, die Namen von Gesprächsleitung, An- und Abwesenden sowie die Tagesordnungspunkte. Der **Protokolltext** ist von der Protokollart abhängig und sollte für Außenstehende verständlich sein. Die Reihenfolge wird durch die Tagesordnungspunkte festgelegt. Benutzen Sie treffende (Fach-)Ausdrücke und meiden Sie umgangssprachliche Wendungen und (implizite) Wertungen (z. B. *Karl verbreitet sich über … Es wird schnell noch abgestimmt … Eine lebhafte Diskussion entsteht um …*). Im **Protokollfuß** verbürgen sich Leitung und Protokollant/-in durch ihre Unterschrift für die Richtigkeit und Gültigkeit des Protokolls.

2 Verbessern Sie beim Abschreiben folgende Sätze aus einem Anleiterprotokoll inhaltlich und stilistisch. Lassen Sie unnötige/unsachliche Informationen weg bzw. ergänzen Sie Fehlendes.

a Die neuen Hygieneregeln und die Urlaubsplanung werden vorgestellt und besprochen. Änderungen dabei werden auch besprochen.

b Wir haben den Fall S. besprochen, da er mich in den ersten Wochen oft gehauen hat. Meine Anleitung hat mich gefragt, ob es immer noch so ist, dass er mich haut. Ich hab ihr dann erzählt, dass ich mit S. darüber gesprochen habe und er mich seitdem nicht mehr haut.

c Im heutigen Anleitergespräch wurden meine Vor- und Nachteile der von mir gehaltenen Vorschule besprochen.

d Es stellt sich heraus, die Bewohnerin Iris ist eine sehr angenehme und liebe Person.

3 Erstellen Sie aus folgender Ideensammlung eine inhaltlich und von der Reihenfolge her sinnvolle Protokollgliederung in Form von Tagesordnungspunkten (Nominalstil).

„Bei der nächsten Teamsitzung sollten wir uns noch Gedanken machen über den Tag der offenen Tür." „Stimmt, wir brauchen dazu Ideen, was wir machen wollen – und vor allem: Was tun wir bei schlechtem Wetter?" „Ich möchte auch über den neuen Essenslieferanten für die Wohngruppen reden, der ist ja recht teuer und auch nicht besser als der alte." „Ja, und die neuen Dienstpläne sollten wir ansprechen, mit denen bin ich überhaupt nicht zufrieden." „Ach, und Fr. Spengel wollte uns von ihrer Fortbildung berichten."

4 Formulieren Sie zu folgenden Teamsitzungs-Gesprächsbeiträgen sachlich neutrale Zusammenfassungen für ein Ergebnisprotokoll. Verwenden Sie dabei indirekte Rede, Konjunktiv und passende Redeeinleitungen.

a „Das ist doch Blödsinn, wenn sämtliche Gruppen die Aufführung besuchen. Wie sollen wir denn da alle hinkommen, wir haben doch nur die zwei Busse? Und die Älteren haben eh keine Lust darauf!" – „Da hast du recht." – „Man könnte ja nur die Gruppen 2 und 3 mitnehmen, mit den Älteren aus Gruppe 1 machen wir was anderes." – „Stimmt jemand gegen Irinas Vorschlag? Niemand? Gut."

b „Herr Lessing, könnten Sie bis zur nächsten Sitzung rausbekommen, wie viel so ein Zelt für 100 Personen kostet, wenn man es mietet? Und haben die da bei Mange nicht auch Tischgarnituren?" – „Gut, ich kümmere mich darum."

c „Wir können uns ja später noch mal unterhalten, Susanne, wie wir das planen wollen mit der Ferienfreizeit. Du hast dir ja schon Gedanken gemacht und ich hab in meiner Gruppe auch schon ein paar Ideen gesammelt, da könnten wir heute nach Dienstschluss alles zusammentragen und die Aufgaben verteilen." – „Nach Dienstschluss? Ja, das geht, den Arzttermin hab ich ja morgen."

5 Gestalten Sie zu einer Unterrichtsstunde oder einer Klassenstunde nach den in folgender Tabelle angegebenen Arbeitsschritten ein Ergebnisprotokoll.

Arbeitsschritte beim Protokollieren
1. stichwortartig **mitschreiben** – je nach Protokollart ausführlich oder ergebnisorientiert
2. Angaben für **Protokollkopf** zusammenstellen
3. **Tagesordnungspunkte** (evtl. in Ober- und Unterpunkten zusammengefasst) auflisten
4. **TOPs** als Verlaufs- oder Ergebnisprotokoll verständlich **ausformulieren** und mit Überschriften versehen
5. Protokoll mit **Ort**, **Datum** und **Unterschriften** versehen
6. Protokoll **zugänglich machen** (aushändigen, als Mailanhang versenden, im Protokollordner abheften oder am Schwarzen Brett aushängen)
7. Protokoll **verabschieden** (nachdem alle Sitzungsteilnehmer es gelesen und keine Einwände dagegen erhoben haben)

3 Dokumentation und Bericht

3.1 Dokumentation

„Was praxisrelevant, vergütungsrelevant [...] oder juristisch erforderlich ist, wird vollständig, wahr und klar dokumentiert."

Quelle: Lay, Reinhard: Ethik in der Pflege. Ein Lehrbuch für die Aus-, Fort- und Weiterbildung, Schlütersche Verlagsgesellschaft, Hannover 2004, S. 157

Es gibt verschiedene Arten von Dokumentationssystemen, die zum Ziel haben, die erbrachten Leistungen gegenüber Kostenträgern zu dokumentieren und daraus individuelle Betreuungs- und Versorgungsangebote zu planen oder die Informationsweitergabe, z. B. bei Schichtwechsel, zu gewährleisten.

In Einrichtungen der Behindertenhilfe legen die Fachkräfte für jede betreute Person eine Akte mit persönlichen Daten an und sind für deren Aktualisierung zuständig. Diese persönliche Akte ist für Dritte unzugänglich aufzubewahren und enthält u. a. folgende Informationen:

- Name, Geburtstag und Geburtsort
- Name und Wohnort der Eltern
- vorherige Aufenthalte
- biografische Angaben (familiäre Vorgeschichte, Freizeiten/Reisen, Krankenhausaufenthalte, Schul- und Berufsstationen, Bildungsmaßnahmen)
- Pflegedokumentation
- pädagogische Dokumentation

Als Heilerziehungspflegerinnen und Heilpädagogen müssen Sie fähig sein, medizinische Dokumentationen und Pflegepläne umzusetzen bzw. in Zusammenarbeit mit Pflegefachkräften selbst zu erstellen.

Definition

Die **Pflegedokumentation** z. B. ist ein wichtiges Arbeitsmittel der Pflege und dient der Qualitätssicherung durch **Sicherstellung der nächsten Arbeitsschritte** und der **Erleichterung der Kooperation** bei der Versorgung der Betreuten. Zu diesem Zweck werden alle relevanten Informationen einer Person (Leistungsnachweise, Pläne und systematische oder gelegentliche Berichte über den Pflegeverlauf) in einer individuellen Akte zusammengeführt. Rechtlich ist die Gesamtheit der Dokumentationsunterlagen ein zusammengehörendes Dokument, das nicht verfälscht werden darf.

Tipps

- Orientieren Sie sich beim Verfassen an der KKK-Regel („kurz, knackig und konkret").
- Viele Einrichtungen haben ein intern gebräuchliches, zeitsparendes Abkürzungssystem.

3.2 Gutachten und Entwicklungsbericht

Von Kostenträgern der Behindertenhilfe werden zunehmend Entwicklungsberichte angefordert, um individuelle Informationen und aktuelle Veränderungen der persönlichen Lebenssituation der Betreuten zu dokumentieren. Diese Berichte werden von pädagogischen Fachkräften verfasst und von den Leitungen verantwortet.

Wichtiger Hinweis

Entwicklungsberichte sollen grundsätzlich achtsam, wertschätzend und kompetenzorientiert geschrieben sein.

1 Erläutern Sie, welche Komplikationen sich aus der Befolgung des obigen Merksatzes beim Schreiben eines Entwicklungsberichts an einen (an Einsparungsmöglichkeiten interessierten) Kostenträger ergeben, der unter Umständen über wenig heilpädagogische/heilerziehungspflegerische Fachkompetenz verfügt.

2 Erläutern Sie Möglichkeiten und Grenzen bei der „objektiven“ Beschreibung einer Person.

Tipps

Erläutern Sie beim Verfassen eines Entwicklungsberichts an einen Kostenträger genau,
- in welchen Bereichen der/die Betreute Hilfe und Assistenz benötigt,
- in welchem zeitlichen Ausmaß Unterstützung nötig ist und
- wie realistisch Sie bestimmte Entwicklungsprozesse einschätzen (erhöhter Förderbedarf, Bildungsprozesse usw.).

Gliederung eines Entwicklungsberichts

1. **persönliche Daten**
   - Name, Alter, Geburtsort etc.
2. **äußeres Erscheinungsbild**
   - Auffälligkeiten bei Körperbau (schlank, athletisch ...), Wesensart und Habitus (Bewegungs-/Ausdrucksmuster, Kleidung)
3. **Lebensgeschichte**
   - markante oder problematische Episoden
   - Wo, wie und mit wem ist die Person aufgewachsen?
   - biografische Stationen/Institutionen (Familie, Schule, Arbeit ...)
4. nach Fähigkeiten aufgeschlüsselter **Entwicklungsstand mit Darstellung des Hilfe-/Assistenzbedarfs**
   - **Motorik:** (persönliche/technische Hilfen zur) Bewegungsfähigkeit/Mobilität, Grob-/Feinmotorik, Koordination, Krafteinsatz
   - **emotionale Fähigkeiten:** Bewältigung von Angst/Unruhe/Spannungen, psychiatrische Krankheitssymptome, selbst- und fremdgefährdende Ausdrucksformen, Bewältigung psychosozialer Probleme

- **soziale Fähigkeiten:** soziale Ausdrucksformen, Beziehungswünsche und -bedürfnisse, Kommunikations- und Gestaltungsmöglichkeiten innerhalb einer (vertrauten) Gruppe, Verhalten gegenüber fremden Personen, Konfliktfähigkeit/Toleranzvermögen
- **kognitive Fähigkeiten:** Wahrnehmungsfähigkeit, Verstehen von Handlungszusammenhängen, sprachliches Grundverständnis (z. B. für Lesen, Schreiben, Zeichen, Symbole), mathematisches Grundverständnis (z. B. für Mengen, Zahlen, Geld), zeitliche Orientierung (z. B. für Tagesablauf), räumliche Orientierung in fremder oder vertrauter Umgebung, Umgang mit Medien
- **Selbstständigkeit/Selbstbestimmung:** innerhalb des Lebens-/Gruppenalltags und außerhalb der Gruppe (z. B. bei Ausflügen, im Straßenverkehr)

Tipp

Stellen Sie Leistungsgrenzen des Betreuten stets positiv und anhand von Beispielsituationen dar, z. B. statt ~~*Er hat Probleme mit der Konzentration.*~~ besser: *Er kann sich ca. 10 Minuten lang auf ein Buch konzentrieren.*

5. **aktuelle Lebenssituation mit Darstellung des Hilfe-/Assistenzbedarfs**
   - **Wohnsituation:** Wohnform, Mitbewohner, Zimmer, Orientierung innerhalb der Wohnung
   - **Arbeitssituation:** Arbeitsplatz, -aufgaben, Konzentration, Ausdauer, Leistungsfähigkeit
   - **aktuelle Tagesstruktur:** an Werktagen und Wochenenden, Mitbestimmung bei Tagesablauf
   - **Freizeit:** Hobbys, offene und geplante/organisierte Freizeitaktivitäten, Ferien/Reisen, Bildungsmöglichkeiten
   - **Lebensgruppe:** primäre Bezugspersonen, Familie, Verwandte, Freunde, Nachbarn
6. **Zusammenfassung/Zukunftsprognose**
   - kurze Zusammenfassung der bedeutendsten dargestellten Aspekte
   - Aussagen zum voraussichtlichen weiteren Entwicklungsverlauf/Entwicklungsperspektiven
   - längerfristiger Hilfebedarf

Tipps

- ▶ Gleichen Sie Ihre Beobachtungen mit Kolleginnen und Kollegen ab, um Voreingenommenheit und einseitige Zuschreibungen zu umgehen.
- ▶ Vermeiden Sie in Ihren Berichten Selbstdarstellung und Spitzen gegen Kollegen oder Institutionen.
- ▶ Bemühen Sie sich um Verständnis: Beurteilen Sie, verurteilen Sie jedoch nicht.
- ▶ Reflektieren Sie selbstkritisch Ihr eigenes Handeln.
- ▶ Belegen Sie alle positiv formulierten Wertungen mittels Beispielsituationen.

Wichtiger Hinweis

Ein guter Bericht wahrt die Würde des Betreuten.

*3 **Verbessern Sie beim Abschreiben in Ihr Heft nachfolgende Teilnehmerbeschreibung anhand der oben angegebenen Kriterien.***

Teilnehmerbeschreibung G.

Herr G. B. ist ein Mann, der am 16.04.1958 geboren wurde.

Er hat ein eigenes Verhaltensschema im Umgang mit seinen „Schätzen" (Holz, Plastiksteine, Plastikbälle) entwickelt, die für ihn an einem bestimmten Platz liegen müssen. Wenn eine andere

Person diese Ordnung durcheinanderbringt, zeigt er seinen Frust und Unmut mit Autoaggressionen. G. nimmt selten an Gruppenbeteiligungen teil, weil er sich überwiegend selbstständig im Haus mit seinen „Schätzen" beschäftigt. Herr B. nutzt überwiegend den Pfötchengriff beim Greifen seiner Spielsachen, er bewegt sich ohne fremde Hilfe sowohl im Haus als auch außerhalb; das heißt, man kann längere Strecken mit ihm gehen.

Im täglichen Umgang mit G. habe ich festgestellt, dass er im akustischen Bereich keine Defizite aufweist, da er, wenn man ihn ruft, reagiert und seine Umgebung intensiv beobachtet. Herr B. reagiert auf Berührung seiner Mitmenschen mit Blickkontakt.

Er hat in Zusammenhang mit einem Logopäden die Sprache mit Bildern gelernt. Nach einer Weile hat er sich eine eigene Lautsprache angeeignet, die er auch benutzt, zum Beispiel sagt er für Montag „Moha", für Armschiene „A hie" und für Coca-Cola „Oha Hola". Die Dinge, die er nicht benennen kann, zeigt er durch Deuten. Die verschiedenen Gefühle drückt er durch Mimik und Gestik aus. Zustimmung signalisiert er durch ein gesprochenes „Ja, ja", während er Freude mit einem Lachen kundtut. Unmut und Missfallen zeigt er durch Stampfen, selbstverletzendes Verhalten und Jammern.

G. kommt mit den meisten seiner Mitbewohner gut zurecht. Tagsüber beobachtet er das Geschehen in der Gruppe und beschäftigt sich größtenteils eigenständig. Nach der Abendpflege setzt sich G. gerne zu einem Mitbewohner ins Zimmer, um dessen Anwesenheit zu genießen. Er zeigt seine Abneigung gegenüber bestimmten Personen durch Verlassen des Gruppenraumes bzw. durch Gruppenwechsel.

3.3 Beobachtungsbericht

„Die Menschen können nicht sagen, wie sich eine Sache zugetragen, sondern nur wie sie meinen, dass sie sich zugetragen hätte."

Quelle: Lichtenberg, Georg Christoph: Sudelbücher, Insel, Frankfurt a. M. 1984, S. 121

Definition

Der Beobachtungsbericht bezieht sich auf verschiedene beobachtbare Verhaltensbereiche (siehe nachfolgendes Schaubild). Dabei sollen Beispiele für konkretes Verhalten/Leistungsgrenzen eines/einer Betreuten gemacht werden. Achten Sie auch hier auf positive, wertschätzende Formulierungen. Ein guter Beobachtungsbericht erfüllt also

1. formale Kriterien:
   - Sind Einleitung, Hauptteil, Schluss vorhanden und angemessen ausgestaltet?
   - Werden alle wichtigen W-Fragen am Anfang behandelt?
   - Ist der Text formal ansprechend und übersichtlich (sachlich-informative Überschrift, Absätze nach Sinneinheiten)?
   - Schließt der Bericht mit dem Anfertigungsdatum, dem Ausstellungsort und der Unterschrift des Verantwortlichen?
2. inhaltliche Kriterien:
   - Werden die Informationen (Darstellung des Befindens, Pflegeverlauf usw.) korrekt, ausgewogen und wertschätzend (ressourcenorientiert, positiv formuliert) wiedergegeben?
   - Ist das Thema inhaltlich getroffen, d. h. für die Zieldefinition/Zielgruppe brauchbar?
   - Enthält der Bericht nur für das Ziel wesentliche Aspekte? (Zur Verdeutlichung sind jeweils kurze Beispiele hilfreich.)
   - Ist das Thema ausführlich und für andere nachvollziehbar ausgearbeitet? (Notieren Sie Ihre Beobachtungen möglichst **zeitnah**, um Fehler, z. B. durch Gedächtnislücken, zu vermeiden.)

3. sprachliche Kriterien:
   - Ist Ihr Stil sicher und gewandt? Enthält Ihr Bericht keine umgangssprachlichen oder jugendsprachlichen Ausdrücke? Werden nur notwendige Fachausdrücke verwendet?
   - Sind Zitate als solche gekennzeichnet und mit einer Quellenangabe versehen?
   - Sind eigene Bewertungen und Interpretationen als solche sprachlich gekennzeichnet?
   - Ist der Satzbau übersichtlich und abwechslungsreich gestaltet?
   - Sind Rechtschreibung, Grammatik und Zeichensetzung korrekt?

3 Übertragen Sie folgendes Beobachtungsraster in Ihr Heft und ergänzen Sie zu jedem Oberbegriff Unterpunkte (z. B. zu Lernverhalten: Motivation, Ausdauer, Arbeitstempo, Selbsteinschätzung etc.)

Beobachtungsraster für Personen

Folgende Kriterien erfüllt ein guter Beobachtungsbericht:

- **Er bezieht den Kontext ein:** Das situative und personelle Umfeld ist der Bezugsrahmen, von dem aus Sie das beobachtete Verhalten interpretieren. Da Ihnen nie alle Hintergründe über eine Person bekannt sind, sollten Sie vorsichtig mit Schlussfolgerungen und Verallgemeinerungen sein.

  Beispiel ▶ *Beim Zooausflug beteiligt sich Eva kaum an Gesprächen und antwortet nur einsilbig auf Fragen des Hep-Praktikanten Peter. Er vermutet, das liege daran, dass sie sich in der ungewohnten Umgebung unsicher fühlt. Im Gespräch mit Evas Zimmernachbarin Helga erfährt er, dass Eva am Tag zuvor kaum schlafen konnte, weil sie eine Auseinandersetzung mit dem Betreuer Ernst hatte.*

- **Er trennt zwischen Wahrnehmung und Interpretation:** Durch sorgfältige, wertungsneutrale Wortwahl vermeiden Sie Voreingenommenheit, und Ihre Interpretation wird für andere nachvollziehbar.

  Beispiel ▶ *„Klara schaut zu Arne hinüber, der über ein Puzzle gebeugt am Tisch sitzt. Sie bläst die Backen auf und schlenkert mit den Armen. Sie nähert sich langsam seinem Tisch, wobei sie Arne die ganze Zeit über mit gesenktem Kopf anschaut. Dann dreht sie sich einen Meter vor dem Tisch um, holt ein Puzzle aus dem Regal und setzt sich damit ihm gegenüber. Während des Puzzelns wirkt sie auf mich unkonzentriert und nicht ganz bei der Sache, da sie aus den Augenwinkeln immer wieder zu Arne hinüberblickt. Ich vermute, dass sie gern mit ihm zusammen etwas spielen möchte, aber nicht recht weiß, wie sie das anstellen soll."*

- **Er konzentriert sich auf Schwerpunkte der Beobachtung:** Man findet nur das, wonach man sucht: Ihre Beobachtungsergebnisse sind abhängig von Ihren Beobachtungszielen, Ihrer „Beobachtungsbrille".

  Beispiel ▶ *Klären Sie die Ziele Ihrer Beobachtung. Wollen Sie die sprachliche Ausdrucksfähigkeit der Betreuten, die Interessen und Vorlieben der Bewohner, das Lern- oder das Sozialverhalten eines Kindes beobachten?*

- **Er reflektiert Ihre eigenen Gefühle:** Das Beobachtete löst auch bei Ihnen als Beobachterin oder Beobachter Gefühle aus, die nicht zwangsläufig mit denen der beobachteten Person übereinstimmen. Überlegen Sie, welche weiteren Gedanken und Gefühle bei dieser ausgelöst werden können.

  Beispiel ▶ *Die Erzieherin Karen beobachtet mit Unbehagen, dass die 4-jährige Luisa die gleichaltrige Elena „untersucht", indem sie ihre Faust immer tiefer in Elenas Bauch bohrt und fragt: „Tut das jetzt weh? Und jetzt?" Elena kneift die Lippen zusammen, sie stöhnt ein bisschen. Sie blickt zur Erzieherin, schüttelt den Kopf und sagt: „Nein, gar nicht." Karen überlegt, warum Elena das Spiel nicht abbricht und ob sie eingreifen soll.*

- **Er ist wertschätzend:** Ein positiver, ressourcenorientierter Blick spiegelt sich in einer wertschätzenden Sprache und dem verbalen und nonverbalen Ausdruck von Respekt bei Ihrer Beobachtung und der Wahl Ihrer Dokumentationsform wider.

  Beispiel ▶ *Auszug aus einem Portfolio[1]: „Lieber Amir, heute habe ich dich beobachtet, wie du mit Wasser verschiedene Versuche gemacht hast. Du hast vorsichtig mit dem Pinsel etwas blaue Farbe in eine große Schüssel mit Wasser gerührt und begeistert ausgerufen: ‚Jetzt ist alles blau – oben und unten!' Dann hattest du eine neue Idee: ‚Ein Sturm kommt jetzt – Achtung Wellen!' und hast zunächst auf das Wasser gepustet und dann die Schüssel hin und her geschaukelt, sodass ein bisschen Wasser übergeschwappt ist. …"*

- **Er ist auf Partizipation ausgerichtet:** Beobachtung und Dokumentation dürfen nicht über die Köpfe der beobachteten Personen hinweg geschehen. Erklären Sie den Betroffenen stets, dass und weshalb Sie diese beobachten. Die zu Betreuenden haben das Recht, eine Beobachtung abzulehnen oder zu kommentieren bzw. Stellung dazu zu nehmen. Tauschen Sie sich, wenn möglich, mit den beobachteten Personen über das von Ihnen Wahrgenommene und Interpretierte aus; dies hilft Ihnen bei einer realistischeren Interpretation und hilft den Betroffenen, lernmethodische Kompetenzen zu entwickeln und ein Bewusstsein für die eigenen Stärken und Schwächen zu bekommen.
- **Daraus ergeben sich heilpädagogische/heilerziehungspflegerische Konsequenzen:** Beobachtungen und Dokumentationen haben keinen Selbstzweck, sondern zielen darauf ab, die Beziehungsqualität zu den Menschen mit Behinderung zu verbessern, sie bei ihrem Bildungsprozess zu unterstützen und Ansatzpunkte für eine individuelle Förderung, für Projektplanung und die Alltagsgestaltung zu liefern. Tauschen Sie sich regelmäßig im Team über mögliche Konsequenzen Ihrer Beobachtungen aus.
- **Er sollte mit Kolleginnen und Kollegen abgeglichen werden:** Unterschiedliche Sichtweisen der Teammitglieder auf die betreuten Personen werden meist als bereichernd empfunden.

5 Übertragen Sie die folgenden Sätze aus Beobachtungsberichten in Ihr Heft und verbessern bzw. ergänzen Sie sie nach den genannten Kriterien einer guten Berichtsprache. Orientieren Sie sich an folgendem Beispiel.

Beispiel ▶ *Susanne B. weigerte sich, bei meinem Backangebot mitzumachen, und verhielt sich trotzig.*
→ **Verbesserung:** *Als ich Susanne B. fragte: „Kommst du auch mit in die Küche?", antwortete sie leise: „Weiß nich", und presste die Lippen zusammen. Ich ging mit Amira und Pavel in die Küche und erklärte ihnen, wie man einen Apfel-Crumble backt, da schaute nach ca. fünf Minuten Susanne zu uns herein und murmelte: „Da bin ich." „Toll, willst du uns doch helfen?", fragte ich und lächelte sie an. Susanne blieb im Türrahmen stehen, verschränkte die Arme und sah zu Boden, während Amira und Pavel Mehl, Butter, Zucker und eine Schüssel holten. Dann …*

a Dann warf sie sich auf den Boden und war lange nicht mehr ansprechbar.

c Stefan R. war an diesem Tag besonders gut gelaunt und recht übermütig.

---

[1] *Ein Portfolio ist eine besondere Art des Entwicklungsberichts, der auf kreative Weise (durch Texte, Bilder usw.) Lernwege, Lernprodukte zu ausgewählten Themen und gemeinsam gesetzte Lernziele veranschaulicht und dokumentiert.*

d Marvin reagierte an diesem Tag immer wieder genervt auf mich.

e Ich konnte beobachten, dass Kristins Geschrei Alvin schwer verstörte.

Aufbau eines schulischen Berichts

In der **Einleitung** eines Berichts beantworten Sie alle wichtigen W-Fragen. Sie berichten darüber, wo und wann (Datum, Uhrzeit) das Ereignis stattgefunden hat und wer daran beteiligt war. Außerdem sollte geklärt werden, aus welchem Anlass Sie berichten (wieso) und welche (heilpädagogischen/heilerziehungspflegerischen) Absichten oder Lernziele Ihr Handeln bestimmen.

Im **Hauptteil** beschreiben Sie den genaueren Verlauf der Ereignisse, d. h., Sie schildern die wichtigsten Inhalte gemeinsam mit der gewählten Methode in einem sachlich-informativen Sprachstil.

In Ihrer **Schlussreflexion** können Sie erläutern, ob die in der Einleitung angegebenen Intentionen erreicht wurden und woran das Ihrer Meinung nach lag, welche Konsequenzen bzw. Lernerfahrungen Sie daraus für Ihr weiteres (heilpädagogisches/heilerziehungspflegerisches) Verhalten ziehen und wie ein eventueller Ausblick für die Zukunft aussieht.

Tipps

- Da Sie wahrscheinlich in Ihren Praktika nicht von allen Betreuten genügend Beobachtungen sammeln können, sollten Sie auch Ihre (Gruppen-)**Leitung befragen**, welches Verhalten charakteristisch für die betreffende Person ist.
- Ihre Beschreibungen sollten **nicht wertend** sein. Achten Sie streng darauf, dass Sie Verhaltensbeschreibung und Verhaltensinterpretation sprachlich voneinander trennen (*Dieses Verhalten deutet meiner Meinung nach auf … Ich erkläre mir das damit, dass … Ich vermute …*).
- Geben Sie im **Dokumentenkopf** Ihren Namen, Klasse, Fach und Fachlehrer/-in, Name, Art und Ort der Institution sowie den Beobachtungszeitraum an.
- Geben Sie bei Berichten für die Schule aus Gründen des **Datenschutzes** nur Vornamen (bzw. Abkürzungen), Geschlecht und Alter der beobachteten Person(en) an.
- Orientieren Sie sich an den von der Schule vorgegebenen **formalen Standards** (Zeilenabstand, Korrekturrand usw.). Berichte für die Schule müssen in der Regel von Ihnen unterschrieben und von Ihrer Praxisanleitung abgezeichnet werden.

6 ***Notieren Sie bei nachfolgendem Ausschnitt eines Beobachtungsberichts über Ali jede Wertung und alle Begriffe und Beschreibungen, die verschiedene Deutungen zulassen.***

7 ***Formulieren Sie den Bericht über Ali wertneutral um, indem Sie***
- ***zunächst die Situation wertneutral schildern und dabei das beobachtbare Verhalten von Ali und Ihnen beschreiben,***
- ***dann eine für Sie plausible Interpretation für Alis Verhalten liefern*** *(Ich vermute …)*
- ***und abschließend Ihr eigenes Verhalten in der Situation reflektieren*** *(Ich habe mich in dieser Situation … verhalten, da … Ich fühlte mich in dieser Situation …, da … Künftig möchte ich …).*

Beispiel für einen Ausschnitt aus einem Beobachtungsbericht

Ali (4,5 Jahre) ist ein türkischer Junge, der für sein Alter noch sehr förderungsbedürftig ist. Er hat Probleme im motorischen Bereich. Er lässt sich immer von den anderen Kindern beeinflussen und mitreißen. Bei Streitigkeiten mit Spielkameraden wird er sehr aggressiv.

In der folgenden Situation geht es darum, dass der Junge sich gezielt danebenbenimmt, um die anderen, größeren Jungs auf sich aufmerksam zu machen. In der Garderobe beim Anziehen bemerkte ich, dass einige Jungs sehr laut waren, unter ihnen auch Ali. Als wir uns zum Umziehen an der Tür anstellten, stand Ali gleich hinter mir, zupfte mit seinen Fingern an meiner Hose und machte alberne Geräusche, um mich zu provozieren. Wie immer brauchte Ali aufgrund seiner motorischen Defizite sehr lange beim Anziehen. Er machte Quatsch, nahm z. B. seine Jacke vom Haken und schleuderte sie herum. Dabei schleuderte er Melanie, die neben ihm saß, den Jackenärmel ins Auge, sodass ihr Auge rot wurde und zu tränen begann. Sofort rief ich laut „Ali!". Um sich aus der Affäre zu ziehen, verzog er sich in die Bauecke. Meine Kollegin kümmerte sich um Melanie und ich ging zu Ali in die Bauecke. Da stand er und lachte mich auch noch frech an. „Das findest du wohl lustig, andere zu ärgern?", fragte ich. Er lachte weiter: „Ja, find ich." – „So, jetzt gehst du zu Melanie und entschuldigst dich, dass du ihr wehgetan hast." „Mir doch egal", sagte Ali trotzig. Er zeigte immer noch kein Schuldbewusstsein.

4 Geschäftskorrespondenz

4.1 Professionelle Briefgestaltung nach DIN 5008

Wenn Sie in Ihrer Praxisstelle eine Anfrage, eine Kündigung, ein Dankschreiben, eine Reklamation oder eine Einladung verfassen, handelt es sich dabei um Geschäftskorrespondenz. Passen Sie alle Ihre Geschäftsbriefe an die aktuellen DIN-5008-Normen an. Das wirkt professionell und erleichtert dem Leser den Überblick.

Beispiel für einen Geschäftsbrief

¶
¶
¶
¶

> Der **Name des Absenders** beginnt in fünfter Zeile von oben oder 16,9 mm vom **oberen Blattrand** entfernt.

Andrea Müller
Hohes Kreuz 5
80333 München
Tel.: 089 567896
E-Mail: andrea.mueller@internet.de

Heilpädagogisches Wohnheim Lindenhof
München, 4. Mai 2012

> Geben Sie die Vorwahl ohne Klammern, dann nach einem Leerzeichen die **Telefonnummer** an.

> Schreiben Sie (Ort und) **Datum** rechtsbündig in die erste Schriftzeile; weitere Möglichkeiten der Datumsangabe: 04.05.2012 oder 2010-05-04.

¶
¶
¶
¶
¶
¶

> Ohne E-Mail-Adresse folgen sieben **Leerzeilen** bis zur Empfängeranschrift.

> Der **Blattrand** links beträgt mindestens 24,1 mm.

Firma Vitalis
Reklamationsstelle
Hortensienweg 20
35465 Dorsten

> Soll der Brief den Empfänger ungeöffnet erreichen, muss dessen Name über dem Firmennamen an erster Stelle stehen.

> Achten Sie bei Auswahl von Schrift und Schriftgröße auf gute Leserlichkeit.

¶
¶
¶
¶

> Fügen Sie zwischen Ort und Betreffzeile vier **Leerzeilen** ein.

> Verwenden Sie in der fett gedruckten **Betreffzeile** nicht das Wort „Betreff". Informieren Sie darin den Empfänger kurz über Ihr Anliegen, geben Sie also – falls nötig – Aktenzeichen, Referenz- oder Rechnungsnummer an.

Reklamation Ihrer Lieferung vom 25. April (Liefernr. 324212)

¶
¶

Sehr geehrte Damen und Herren,

> Die übliche **Anrede** ist *Sehr geehrter Herr (Dr.) X/Sehr geehrte Frau (Prof.) Y.* Bei größerer Vertrautheit können Sie auch eine persönlichere Anrede (*Liebe Frau Z*) wählen.

¶

am 25. April habe ich bei Ihnen vier Pakete Windeln der Marke Wena Slip in der Größe Plus Large für jeweils 15 € pro Paket (inkl. MwSt und zzgl. Versand) bestellt.

> Fügen Sie eine **Leerzeile** nach dem Komma in der Anrede ein, schreiben Sie dann klein weiter.

¶

Gestern musste ich bei Erhalt der Ware leider feststellen, dass die Windeln in der falschen Größe, nämlich in Medium anstatt Plus Large, geliefert wurden.

¶

Daher schicke ich Ihnen das Paket auf eigene Kosten zurück mit der Bitte um schnellstmögliche Lieferung der richtigen Größen.

¶

Herzlichen Dank und mit freundlichen Grüßen

> Die höfliche **Grußformel** kann je nach Bekanntheitsgrad evtl. persönlicher *(Herzliche/Viele Grüße)* formuliert sein.

¶
¶
¶*Andrea Müller*
¶

> Brief endet mit persönlicher **Unterschrift**, fügen Sie darunter computergeschrieben Ihren Namen und evtl. in Klammern Ihre Funktion innerhalb der Einrichtung an.

Anlage

> Schicken Sie als **Anlage(n)** (fettgedruckt – können in nächster Zeile aufgelistet werden) nur Kopien mit.

> Gliedern Sie den **Brieftext** durch Absätze und Leerzeilen in:
> 1. **Einleitung**: ein bis drei erklärende Zeilen
> 2. **Hauptteil**: klare Beschreibung des eigentlichen Anliegens
> 3. **Schluss**: Hinweis auf Vorgehen, Erwartungen und Forderungen

Sprachliche Gestaltung

Vermeiden Sie in Ihrer Geschäftskorrespondenz Rückfragen, Missverständnisse und Streitigkeiten, indem Sie sich möglichst einfach, höflich und eindeutig ausdrücken (vgl. dazu auch Kapitel 7 im Abschnitt „Normen der Standardsprache").

Checkliste

Geschäftskorrespondenz

- Sind die Formulierungen exakt? Kennt der Empfänger die genannten Fachausdrücke und Abkürzungen? ☐
- Ist der Empfänger in die Problematik eingeweiht, bringt er Vorkenntnisse mit oder muss ich die Situation genauer erklären? ☐
- Ist der Briefinhalt klar gegliedert? ☐
- Sind die Sätze nicht zu lang, enthalten also nicht mehr als zwei Nebensätze? ☐
- Ist der Satzbau abwechslungsreich? (Schlecht wäre z. B., wenn drei Sätze hintereinander mit *Ich* beginnen.) Werden durch Bindewörter (*weil, nachdem, obwohl, daher, z. B.* ...) inhaltlich-logische Verbindungen geschaffen? ☐
- Sind Hauptsätze durch Punkte voneinander abgetrennt? Gibt es Satzgefüge mit Haupt- und Nebensätzen, sodass Nebensätze nicht allein stehen? (wie z. B. bei *Weil das bei der letzten Sitzung beschlossen wurde.* – Zur Bestimmung von Satzgliedern vgl. Kapitel 4 im Abschnitt „Normen der Standardsprache") ☐

Regel Auch nach der Rechtschreibreform muss die höfliche **Anrede** *Sie* in sämtlicher Geschäftskorrespondenz großgeschrieben werden, ebenso wie alle Deklinationen der Anrede (*Ihr, Ihre, Ihrer, Ihren, Ihnen).*

1 Entscheiden Sie bei folgenden Sätzen aus Bewerbungsanschreiben, ob es sich um Anreden handelt und sie demzufolge großgeschrieben werden oder nicht. Übertragen Sie die Sätze vollständig und korrekt in Ihr Heft.

a Wie telefonisch besprochen, sende ich ■hnen meine Bewerbungsunterlagen zu. Wenn ■ie für Mai keine Praktikumsstelle mehr haben, können ■ie ■ie gern bis August behalten, da ich das Praktikum auch in den Sommerferien machen könnte.

b Wie ■ie meiner Praktikumsbescheinigung entnehmen können, habe ich bereits erste Erfahrungen mit gestützter Kommunikation gesammelt, die ich in ■hrer Einrichtung sicher einbringen kann.

c Letztes Jahr habe ich bereits ein Praktikum bei Senivita gemacht. Ich denke, dass ■hre Wohngruppenstruktur mit ■hrer vergleichbar ist.

4.2 E-Mail-Korrespondenz

Ein Großteil der Geschäftskorrespondenz wird heutzutage per E-Mail über das Internet abgewickelt. Geschäftliche E-Mails unterscheiden sich prinzipiell nicht von Geschäftsbriefen in Papierform, sollten sich also ebenso an die Rechtschreibregeln halten. Die Anrede kann jedoch weniger formal gestaltet werden (z. B. können Sie statt *Sehr geehrter Herr Meier* auch *Guten Tag Herr Meier* oder *Hallo Herr Meier* schreiben). Der Mailkopf enthält Zeilen für

- die E-Mail-Adresse des Empfängers (An-Zeile),
- den Verteiler (cc-Zeile),
- Personen, die ohne Wissen des Empfängers eine Kopie erhalten (bcc-Zeile) sowie
- den Betreff (Betreff-Zeile).

Bei der Gestaltung der Betreffzeile und des Inhalts können Sie sich an den in Kapitel 4.1 dargestellten Kriterien für eine professionelle Briefgestaltung nach DIN 5008 orientieren.

Tipp

Erstellen Sie eine geschäftliche E-Mail-Signatur mit folgenden Absenderangaben:

▶ Ihre Vor- und Nachnamen ▶ Ihre Funktion innerhalb der Einrichtung ▶ Name der Einrichtung ▶ Straße und Hausnummer ▶ PLZ und Ort ▶ Telefonnummer mit Ihrer Durchwahl (evtl. Faxnummer) ▶ Ihre geschäftliche E-Mail-Adresse ▶ Internetadresse Ihrer Einrichtung (falls vorhanden)

4.3 Argumentativer Geschäftsbrief

Lernsituation

Horst Beck ist Gruppenleiter in einem Wohnheim und will für seine Gruppe ein Haustier anschaffen. Da er bei der nächsten Teamsitzung aufgrund einer Fortbildung nicht anwesend sein kann, möchte er seiner Wohnheimleitung in einem argumentativen Geschäftsbrief Gründe für diesen Wunsch der Bewohner darlegen und Ideen und Vorschläge bzgl. Anschaffung(skosten), Pflege usw. erläutern.

Beim **Aufbau** eines argumentativen Geschäftsbriefes ist eine Gliederung in drei Absätze sinnvoll:

1. **Einleitung: Ist-Analyse** (Welche Situation liegt vor?)
   - Führen Sie in ein bis zwei Sätzen zum Thema hin und erläutern Sie den aktuellen Anlass.
   - Der Einleitungsgedanke sollte grundsätzlich ein positiver oder neutraler Einstieg in das Thema sein.
2. **Hauptteil: Soll-Analyse** (Was soll erreicht werden?)
   - Arbeiten Sie Ihre Argumente aus, indem Sie Thesen/Behauptungen aufstellen, diese begründen und durch (Preis-)Beispiele/Belege veranschaulichen.
   - Verwenden Sie Bindewörter (*da, weil, obwohl* usw.), benutzen Sie (für den Empfänger verständliche) Fachbegriffe und achten Sie auf eine präzise Wortwahl.
3. **Schluss: Handlungsaufforderung** (Was soll der Empfänger tun?)
   - Der Schluss Ihres argumentativen Geschäftsbriefes beinhaltet einen Wunsch, einen Appell an den Briefempfänger oder eine konkrete Handlungsaufforderung.
   - Ein positiv formulierter Schlussgedanke (z. B. *Wir freuen uns auf …*) rundet Ihren Brief ab.

2 Schreiben Sie einen argumentativen Geschäftsbrief aus der Perspektive von Horst Beck.

3 Sie möchten in Ihrer Wohngruppe ein Trimmrad anschaffen. Schreiben Sie einen argumentativen Geschäftsbrief an die Wohnheimleitung, mit drei schlagkräftigen Argumenten.

4 Verbessern Sie beim Abschreiben nachfolgenden Geschäftsbrief nach formalen, sprachlichen (siehe Kapitel 4.1) und inhaltlichen Kriterien (Einleitung – Hauptteil – Schluss: siehe oben).

Beispiel eines fehlerhaften Geschäftsbriefs

¶
¶
¶
SVE am Sand 18. März 11
Wartenweg 2
14545 Lohrheim
¶
¶
¶
Gemeinde Mehringen
Personalbüro
Kastanienallee 3
Frau Thierse
14532 Mehringen
¶
¶
¶
Betr.: Kostenübernahme für einen Kletterturm.
¶
Sehr geehrte Frau Thierse,
wir treten heute mit der Bitte für die Kostenübernahme der Anschaffung eines Kletterturms für unser Außengelände an Sie heran.
¶
Bewegungserziehung ist ein grundlegender Aspekt unserer pädagogischen Arbeit und daher halten wir die Anschaffung eines Kletterturms für sehr sinnvoll. Der Kletterturm ermöglicht es den Kindern, ihre motorischen Fähigkeiten auszubauen und zu stärken. Die Kinder können sich an der frischen Luft körperlich betätigen. Gerade das Klettern, Hochziehen und Herunterspringen bietet ihnen einen dringend notwendigen Ausgleich zum strukturierten Tagesablauf in der Gruppe. In den Innenräumen ist prinzipiell weniger Raum zur Selbstentfaltung und Bewegung, da viele gelenkte Angebote durchgeführt werden und die Kinder in ihrer Bewegung eher eingeschränkt sind.
¶
Als Anlage finden Sie einen Kostenvoranschlag der Firma Sternschnuppe sowie den Entwurf einer möglichen Umgestaltung des Außengeländes. Wir hoffen, dass unser Vorhaben bei Ihnen auf Zustimmung stößt und würden uns freuen, baldmöglichst mit der Umsetzung beginnen zu können. Zur Kostenersparnis haben wir bereits engagierte Eltern angesprochen, die sich bereit erklären würden, bei der Aufstellung des Kletterturms behilflich zu sein.
¶
Bei weiteren Fragen stehen wir Ihnen gerne persönlich zur Verfügung.
¶
Mit freundlichen Grüßen
¶
Marietta Stern
¶
Marietta Stern (Leitung)
¶
Anlagen
Kostenvoranschlag der Firma Sternschnuppe
Entwurf einer möglichen Umgestaltung des Außengeländes

4.4 Produkt-/Dienstleistungsanfrage und -kündigung

Wenn Sie sich für die Einrichtung über Produkte oder Dienstleistungen informieren möchten, sollte Ihre mündliche oder schriftliche (E-Mail-)Produktanfrage bestimmte Punkte beinhalten.

Checkliste

Produkt-/Dienstleistungsanfrage

- Nennen Sie die genaue Produktbezeichnung oder Dienstleistung, über die Sie sich informieren wollen. ☐
- Teilen Sie, falls nötig, die geplante Verwendung oder das Ziel der Dienstleistung mit. ☐
- Listen Sie alle konkreten Fragen mit Aufzählungszeichen auf. ☐
- Nennen Sie gewünschte Liefermenge, Ort und Termin. ☐
- Geben Sie an, wie (schriftlich, telefonisch) und bis wann Sie das Angebot erwarten. ☐
- Geben Sie Ihre vollständige Adresse mit Telefonnummer und/oder E-Mail-Adresse an. ☐

Das Kündigungsschreiben einer Dienstleistung (z. B. Zeitschriftenabonnement, Vereinsmitgliedschaft o. Ä.) sollte das Datum des Vertragsabschlusses, ggf. die Mitgliedsvertragsnummer, den Vertragsgegenstand und den Kündigungstermin, alle im Vertrag genannten Parteien, eventuell den Grund der Kündigung sowie (bei Briefen) die Unterschrift des kündigenden Mitglieds enthalten.

4.5 Absage und Reklamation

Eine Absage formulieren Sie, wenn Sie einen beruflichen Termin oder ein berufliches Angebot nicht annehmen können oder verschieben müssen oder eine Stellenbewerbung ablehnen wollen. Ihre Absage enthält einen Dank für die Einladung/das Angebot/das Interesse an dem Unternehmen, eine Äußerung des Bedauerns, den Grund der Absage sowie – bei Bewerbungsabsagen – Zukunftswünsche.

Wenn Ihrer Einrichtung oder Bewohnern fehlerhafte Ware geschickt wurde oder etwas vor Garantieablauf kaputtgegangen ist, können Sie dies (auch im Namen der Betreuten) schriftlich reklamieren. Reklamationsschreiben, die per Einschreiben mit Rückschein geschickt wurden, dienen als Nachweis für die automatische Verlängerung des Garantieanspruchs.

Reklamieren können Sie bei fehlerhafter Ware, unvollständiger Lieferung und nicht eingehaltenen Konditionen (z. B. Lieferverzögerung, Preisänderungen). Mit der Reklamation fordern Sie einen Umtausch, eine Geldrückerstattung, einen Preisnachlass oder eine Nachbesserung/Reparatur.

Ihre Reklamation sollte enthalten:
- Produkt oder die Dienstleistung
- Kunden-Auftragsnummer sowie Auftragsdatum
- Rechnungsnummer
- Kaufdatum, Mengenangaben
- evtl. Liefertermin und -nummer
- Art und Umfang der Beschädigung
- Ihren Vorschlag/Ihre Forderung
- Frist für Antwort, Reparatur oder Umtausch

5 Teilen Sie die Klasse in fünf Gruppen ein. Gestalten Sie nach den DIN-5008-Regeln Geschäftsbriefe oder -Mails zu einem der vier Anlässe.

a Sie erkundigen sich für Ihre Wohngruppe nach einer kostengünstigen, nahe gelegenen Sporthalle zur nachmittäglichen Nutzung zweimal die Woche. Dort möchte Ihre Wohngruppe in den Wintermonaten Hallenbasketball spielen und andere Sportarten (eventuell auch vorhandene Turngeräte) ausprobieren.

b Sie möchten für eine 15-jährige Heimbewohnerin das Fitnesstrainingsabonnement bei der Firma SlimFit kündigen.

c Sie müssen als Personalverantwortliche(r) eingegangene Bewerbungen zurückschicken.

d Sie können aufgrund einer Familienfeier (Hochzeit) doch nicht wie geplant die Standbetreuung beim Integrativen Spielefest am übernächsten Samstag übernehmen.

e Die für Ihre heilpädagogische Tagesstätte gelieferten Sonnensegel sind mangelhaft verarbeitet. Sie schicken die Ware zurück und wollen Ihr bereits abgebuchtes Geld zurückerstattet bekommen.

4.6 Einladung

Zu manchen Veranstaltungen Ihrer Einrichtung werden Kolleginnen und Kollegen, Angehörige, Gemeindevertreter, Nachbarn oder Mitglieder des Trägervereins eingeladen. Die Einladungen sollten ungefähr zwei Wochen vor dem geplanten Termin schriftlich verschickt werden – auch wenn Termine bei der letzten Zusammenkunft schon mündlich angekündigt worden sind. Die Einladung erfolgt meist durch die Einrichtungsleitung und kann persönlich verteilt oder per Post verschickt werden. Jede Einrichtung sollte auf eine ständig aktualisierte Adressdatei zurückgreifen können. Die Einladung enthält

- den **Absender** (Briefkopf) und Adressaten,
- die **Art** der Veranstaltung, evtl. den **Anlass**,
- das genaue **Datum** (Wochentag, Uhrzeit),
- eine genaue **Ort**sangabe (Gebäude, Zimmer, evtl. mit Anfahrts- und Parkplatzskizze),
- die geplante **Tagesordnung**, welche die Ziele der Veranstaltung verdeutlicht,
- evtl. eine Vorstellung des/der Referenten (mit Thema),
- die voraussichtliche **Dauer** bzw. das Ende der Veranstaltung,
- eine ansprechende kreative **Gestaltung** (durch Zeichnungen, Cartoons, farbiges/gefaltetes Papier, Sinnsprüche usw.) – abgestimmt auf die Zielgruppe und den Anlass der Veranstaltung,
- eine persönliche **Unterschrift** der Leitung/der Verantwortlichen und
- evtl. einen abtrennbaren Abschnitt mit **Rückmeldung** der Eingeladenen (zur Vorausplanung).

6 Beurteilen Sie Einladungen aus Ihren Praxiseinrichtungen nach inhaltlichen und gestalterischen Merkmalen (siehe oben).

7 Gestalten Sie in Kleingruppen ansprechende Einladungen zu einem der folgenden Anlässe:

a gemeinsame Ostern-, Erntedank- oder Weihnachtsfeier, zu der Angehörige einer erwachsenen Wohnheimgruppe eingeladen werden sollen

b SVE-Elternabend

c Eröffnung der neuen Turnhalle einer Lebenshilfe-Einrichtung; eingeladen werden sollen Träger, Mitarbeiter und Angehörige

d Zirkusvorstellung der heilpädagogischen Wohngruppe 4 (9–14 Jahre); eingeladen sind die Eltern
e Abschlussfeier der Abschlussklasse an Ihrer Schule
f Kennenlernwanderung für alle neuen und alten Familien eines integrativen Kindergartens

4.7 Glückwunsch- und Kondolenzschreiben

Anlässe für das Schreiben von Gratulationskarten und -briefen in Ihrer Berufspraxis sind (runde) Geburtstage bei Kolleginnen und Kollegen oder Betreuten, das Bestehen einer wichtigen Prüfung oder ein Einrichtungs- oder Dienstjubiläum. Mögliche Bestandteile von **Glückwunschschreiben** sind:

- Anlass, zu dem gratuliert wird
- Wünsche für die Zukunft
- Freude, Stolz über die bestandene Prüfung
- Erinnerungen an ein gemeinsames Erlebnis oder die eigene Prüfung

Für Trauernde sind liebevolle **Kondolenzbriefe** von Menschen, die den Verstorbenen bzw. die Verstorbene gekannt haben, eine wichtige Stütze und Hilfe in schweren Zeiten. Der Stil Ihres Schreibens hängt von Ihrer Beziehung zum/zur Verstorbenen ab: Je intensiver sie war, desto persönlicher sollten Sie den Brief formulieren.

Mögliche Bestandteile von **Kondolenzbriefen**:

- Erzählen Sie, dass Sie vom Tod erfahren haben.
- Berichten Sie, wie Sie die Nachricht aufgenommen haben.
- Würdigen Sie die Person und ihre Leistungen oder erinnern Sie an gemeinsame Erlebnisse.
- Bekunden Sie Ihr Mitgefühl und Ihre Anteilnahme und finden Sie tröstende Worte.
- Bieten Sie evtl. Hilfe und Unterstützung an.

5 Pressemitteilung

Lernsituation

Heilpädagoge Peter Sachs wurde von seinem Vorgesetzten beauftragt, in einer Pressemitteilung die lokalen Medien zum Tag der offenen Tür einzuladen und über das erweiterte Leistungsspektrum seiner Einrichtung zu informieren.

Unternehmen und Einrichtungen nutzen Pressemitteilungen (PMs) als Instrumente der Öffentlichkeitsarbeit, um Vertrauen, Akzeptanz und Verständnis für ihre Arbeit in der Öffentlichkeit herzustellen. Das Ziel einer Pressemitteilung ist ein redaktioneller Beitrag in einer (Online-)Zeitung, im Fernsehen oder Hörfunk.

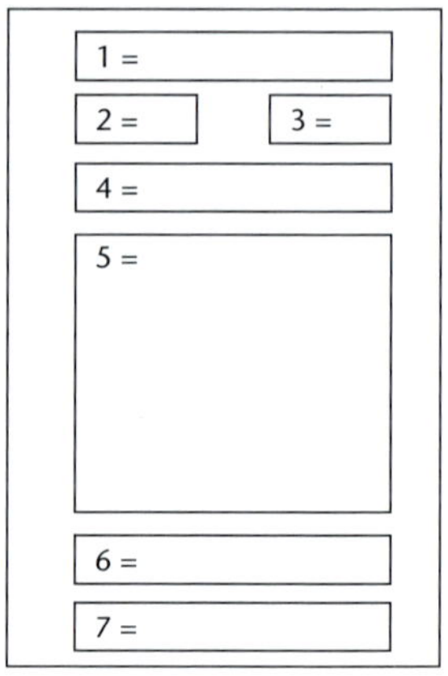

1 Erläutern Sie mittels einer beschrifteten Skizze (siehe rechts) anhand des nachfolgenden Textes den Aufbau und die inhaltlichen bzw. sprachlichen Gestaltungsmerkmale einer Pressemitteilung.

Beispiel für eine Pressemitteilung

Wirtschaftsschule Hemmersdorf
Mariannengraben 4, 12365 Hemmersdorf, Tel. 0991 701910
www.hephemmersdorf.de

Pressemitteilung

07. Juli 20..

Pflegen, erziehen, fördern, unterstützen:
Wirtschaftsschule Hemmersdorf bietet zweijährige Heilerziehungspflege-Ausbildung an

Pflegen, erziehen, fördern und unterstützen – all das sind Aufgaben von Heilerziehungspflegerinnen und -pflegern. Ihre Schützlinge haben eine geistige, körperliche oder seelische Behinderung. „Das Besondere ist, dass unsere Arbeit lebensbegleitend ist. Wir können Menschen mit Behinderung jeder Altersklasse helfen – vom ersten bis zum letzten Lebenstag", erzählt eine Schülerin der Wirtschaftsschule Hemmersdorf, Susanne Müller. Die Studierende im ersten Ausbildungsjahr hat ihre Begeisterung für den Beruf während eines Praktikums in einem integrativen Kindergarten entdeckt.

In ihrer Klasse an der Wirtschaftsschule in Hemmersdorf sind 20 weitere Studierende. Sie lernen viele Wege kennen, wie sie Menschen mit Behinderungen unterstützen können. Ein großer Teil des Unterrichtsstoffs wird praxisnah erlernt.

Wichtige Handgriffe und Arbeitsabläufe werden oft in Rollenspielen geprobt. Die praktische Umsetzung der einzelnen Pflegeschritte sorgt für die nötige Sicherheit und lässt mögliche Berührungsängste verschwinden. „Der Schwerpunkt im ersten Jahr der Ausbildung in der Fachschule für Gesundheit und Soziales liegt auf den pflegerischen und pädagogischen Aspekten", erläutert Klassenleiterin Maria Hörtler.

Einen bedeutenden Part nehmen auch Praktika ein. Die Studierenden lernen dabei Einrichtungen in jeweils unterschiedlichen Bereichen kennen. Das kann beispielsweise ein Praktikum in einer Werkstatt für Behinderte sein, um den Umgang mit Menschen mit Behinderungen während ihrer Tagesaufgaben zu erleben.

Weitere Informationen zu dieser Fachschulausbildung erhalten Sie bei der Schulleiterin Marianne Timpe, Telefon 0991/70191-7 und auf der Schulhomepage www.hephemmersdorf.de

Anlagen:
- Infoflyer „Wirtschaftsschule Hemmersdorf"
- Foto „Schüler und Schülerinnen üben im Fach Pflege das Anlegen eines Druckverbands"

2 Schreiben Sie eine Pressemitteilung zu
a einem anstehenden Tag der offenen Tür in Ihrer Praxiseinrichtung oder Schule,
b einer besonderen Veranstaltung (Theateraufführung, Weihnachtsbasar, Informationsabend o. Ä.) in Ihrer Praxiseinrichtung, zu der Sie interessierte Angehörige, Anwohner usw. einladen möchten.
Orientieren Sie sich dabei an nachfolgenden Tipps.

Tipps

- **Länge:** Der eigentliche Text Ihrer Pressemitteilung sollte insgesamt nicht länger als eine dreiviertel Seite sein.
- **Sprache:** Formulieren Sie sachlich-objektiv. Halten Sie sich an die Tatsachen und übertreiben Sie nicht. Streichen Sie Füllwörter und Wiederholungen (siehe nachfolgende Tabelle) und verwenden Sie keine unbekannten Abkürzungen oder Fachbegriffe (diese ggf. bei der ersten Verwendung erklären).

Ersetzen Sie ...	durch...
Herr Müller	Wohnheimleiter Harald Müller (Titel/Funktion sowie Vor- und Nachnamen angeben)
heute	am Donnerstag, den 09.12.
gestern	am Mittwoch, den 08.12.
km	Kilometer
%	Prozent
trotz der Tatsache, dass	obwohl
12	zwölf (Zahlen bis zwölf werden ausgeschrieben, dann 13, 14 usw.)
zu diesem Zeitpunkt	jetzt
zum Zweck von	für

- **Überschrift:** Sie entscheidet darüber, ob der Leser weiterliest. Lassen Sie auf eine neugierig machende Unterüberschrift eine inhaltlich informative Hauptüberschrift folgen.
- **Aufbau:** Bauen Sie Ihren Text nach dem Prinzip der abnehmenden Wichtigkeit auf, d. h., die wichtigsten Fragen (wer, was, wann, wo, wie, warum) sollten in den ersten beiden Absätzen beantwortet werden. Verwenden Sie kurze Sätze mit nur einem Nebensatz. Der Aufbau sollte logisch von Absatz zu Absatz erfolgen und immer mehr ins Detail gehen.
- **Form:** Erleichtern Sie der Redaktion Kontaktaufnahme und Übersicht durch einen Briefkopf mit Einrichtungslogo und der Überschrift „Pressemitteilung". Teilen Sie am Schluss Ihre Kontaktdaten (Ansprechpartner) mit.
- **Anlagen:** Fügen Sie Ihrer Pressemitteilung Zusatzmaterial (ein oder zwei Fotos in guter Auflösung und mit aussagekräftiger Bildunterschrift, Infobroschüren, Konzeption usw.) bei.
- **Versand:** Versenden Sie ihre PM an Regionalfernsehsender, an die Lokalredaktionen der Tageszeitungen vor Ort und an das Lokalradio. Auch kostenlose Anzeigenblätter erreichen in hoher Auflage viele Haushalte.

6 Bewerbung

6.1 Arbeitsplatzsuche

Stellenanzeigen finden und auswerten

Beispiele für Stellenausschreibungen

Kurzbeschreibung	
Titel:	Heilerziehungspfleger(in)
Arbeitsort:	Mürtingen
Beschreibung:	Für eines unserer Wohnheime für erwachsene Menschen mit geistiger Behinderung suchen wir zum 01. Juni eine(n) Heilerziehungspfleger(in) im Gruppendienst mit der Bereitschaft zur Schichtarbeit (evtl. Nachtdienst) und Rufbereitschaft. Erfahrungen im Umgang mit erwachsenen Menschen mit Behinderungen sowie EDV-Kenntnisse von Vorteil.
geforderte Anlagen:	Lebenslauf, Zeugnisse. Bewerbungsunterlagen werden nur zurückgeschickt, wenn ein ausreichend frankierter Rückumschlag beiliegt. Deshalb bitte nur Kopien versenden.
Anfangsdatum:	01/06/20..
Bezahlung	
Minimalgehalt:	lt: Haustarif in Anlehnung an TVöD
Vertragsart:	befristeter Arbeitsplatz (Teilzeit: 35 Std.)
Anforderungen	
Führerschein erforderlich:	Pkw (Klasse B)
Arbeitgeber	
Name:	Lebenshilfe Mürtingen e. V. Ortsverband
Information:	Christian Will
Adresse:	Josef-Beer-Str. 37, D-54645 Mürtingen, Deutschland
Telefon:	04353 906421

Träger: Diakonieverbund Minten e. V.

Ev. Jugendhilfe Grohingen

Wir sind eine differenzierte Jugendhilfeeinrichtung und suchen zur Betreuung von verhaltensauffälligen Kindern und Jugendlichen

Sozialarbeiter/-innen / Sozialpädgoginnen/Sozialpädagogen oder Heilpädagoginnen/Heilpädagogen und Erzieher/-innen

für verschiedene unserer Wohngruppen in Vollzeit:

Sozialpädagogin/Sozialpädagoge oder Heilpädagogin/Heilpädagoge:
- für unsere Intensivgruppe in Minten
- für unsere Intensivgruppe „boys in work" in Grohingen
- für unsere sozialtherapeutische Jugendwohngruppe in Minten

Erzieher/-in:
- für unsere Wohngruppe am See in Werdingen

Wir erwarten:
- Erfahrung in der Arbeit mit stark verhaltensauffälligen Kindern/Jugendlichen
- hohe Auseinandersetzungs- und Konfliktfähigkeit
- wünschenswert sind Kenntnisse in erlebnispädagogischen Verfahren und in systemischer Elternarbeit
- Bereitschaft, im Schicht- und Wechseldienst zu arbeiten
- Führerschein Kl. B

Wir bieten:
Ein vielfältiges Arbeitsumfeld, Mitwirkung in einem kompetenten Team, einen sehr guten Personalschlüssel, Supervision und Fortbildungen, Vergütung nach AVR

Bitte schicken Sie Ihre Bewerbung an unsere Personalberatung:
Personalberatung Linkhoff & Droste
Andrea Linkhoff
Teichstraße 19
12345 Minten
Tel.: 04534 / 5640377
E-Mail: linkhoff@personalberatunglinkhoff.de

1 *Lesen Sie obige Stellenanzeigen und übertragen Sie zu einer der beiden Anzeigen folgende Tabelle zur Auswertung auf ein Blatt, wobei Sie zu jedem Punkt die entsprechenden Informationen ergänzen.*

Notieren Sie außerdem, welche für Sie wichtigen Informationen aus der Anzeige nicht hervorgehen und wie Sie zu diesen Informationen gelangen.

Inhalte einer Stellenanzeige	Informationen aus Stellenanzeige
Name und Adresse der Einrichtung, Ansprechpartner/-in für Bewerbungen	?
Angaben der Einrichtung über sich selbst	?
Was bietet die Einrichtung?	?
Tätigkeiten/Aufgaben	?
Muss-Kriterien, d. h. Anforderungen, die Bewerber/-innen erfüllen müssen („Sie besitzen …“, „Wir erwarten …“, „Voraussetzung sind …“)	?
Kann-Kriterien, d. h. Anforderungen, die nicht unbedingt Voraussetzung sind, aber Pluspunkte bringen („Kenntnisse in … sind wünschenswert“, „Erfahrungen mit … sind von Vorteil“)	?
Art der Bewerbung (schriftlich, per E-Mail oder über elektronisches Bewerbungsformular auf Firmenhomepage)	?

2 *Suchen Sie eine für Sie passende Arbeitsstelle: Nutzen Sie dazu Aushänge in Ihrer Schule, lokale Medien (Anzeigenblätter, Lokalzeitung usw.) oder Jobportale im Internet. Tauschen Sie sich in der Klasse über Ihre Rechercheergebnisse aus und werten Sie anschließend eine Stellenanzeige nach oben vorgegebenem Muster aus.*

3 *Erläutern Sie, in welcher Form die Informationen aus der Stellenanzeige in Ihre Bewerbungsmappe einfließen.*

6.2 Bewerbungsmappe

Sorgfältig zusammengestellte Bewerbungsunterlagen sind Ihre „Eintrittskarte“ zu Ihrer Wunscharbeitsstelle. Daher muss die Bewerbungsmappe (vor allem das Anschreiben) individuell, seriös und formal wie sprachlich fehlerfrei gestaltet sein. Besonders wichtig ist Ihre Begründung, warum Sie sich für die jeweilige Einrichtung entschieden haben.

Vollständige Bewerbungsunterlagen enthalten folgende Dokumente:
- Bewerbungsanschreiben
- evtl. Deckblatt mit Bewerbungsfoto
- tabellarischer Lebenslauf (mit Bewerbungsfoto, bei Bewerbung ohne Deckblatt)
- Kopie des letzten Schulzeugnisses
- evtl. Kopien von Arbeitszeugnissen und Praktikumsbestätigungen
- evtl. Kopien weiterer relevanter Teilnahmebescheinigungen und Zertifikate, z. B. von Sprach- oder Computerkursen

Verwenden Sie weißes, unliniertes, einseitig beschriebenes DIN-A4-Papier. Die Druckqualität sollte sehr gut sein. Achten Sie bei Ihren Bewerbungsunterlagen auf eine übersichtliche, klare Gliederung mit sinnvoller Platzeinteilung und Rändern. In einer Bewerbungsmappe heften Sie Ihre Unterlagen ungelocht zusammen, wobei das Anschreiben lose der Mappe beigelegt wird. Verschicken Sie Ihre Unterlagen in einem DIN-C4-Umschlag mit kartoniertem Rücken und achten Sie auf korrekte Umschlagbeschriftung und Frankierung.

Das Deckblatt

Entscheiden Sie selbst, ob Sie Ihren Bewerbungsunterlagen ein Deckblatt und ein Foto hinzufügen möchten. Ihr Foto sollte möglichst aktuell sein und seriös (neutraler Hintergrund, kein Freizeitfoto) und sympathisch wirken. Bei guter Qualität kann es auch eingescannt werden, ansonsten sollten Sie es auf der Rückseite mit Bleistift namentlich kennzeichnen.

Das Deckblatt wird als erstes Blatt in Ihrer Mappe vor Ihrem Lebenslauf eingeordnet und besteht aus

- der Überschrift mit Angabe der angestrebten Position (z. B. „Bewerbung als Heilpädagoge ab April 2012"),
- Ihren Kontaktdaten (Name, Adresse, Telefonnummer, E-Mail) und
- Ihrem Bewerbungsfoto.

4 Beurteilen Sie folgende Deckblätter und begründen Sie, welche Version ansprechender wirkt.

Bewerbung Martin Korblein

Heiliggrabstr. 45 12345 Miltingen
Tel. 0123 4587 E-Mail supamartin@inet.de

Bewerbung als Heilerziehungspflegerin
In Ihrer Wohngruppe 4
der Lebenshilfe Hechingen
ab August 2012

Leonie Martinek
Am Kreuz 7
45678 Hohenberg

Tel. 04567 1234
E-Mail leonie.martinek@[redacted].de

6.2.1 Anschreiben

Ihr lose auf der Mappe liegendes Anschreiben lesen Personalentscheider in der Regel zuerst. Es dient dazu, sich einen ersten Eindruck von Ihnen und Ihren Fähigkeiten zu machen. Daher sollten Sie im Anschreiben auf einer DIN-A4-Seite überzeugend herausstellen,

- wie Sie auf diese Stelle gestoßen sind,
- welchen Beruf Sie zuletzt bei welchem Unternehmen ausgeübt haben und/oder welche Schule (Schulart, -name, Ort) Sie zuletzt besucht haben/zurzeit besuchen,
- weshalb Sie sich für diese Einrichtung entschieden haben und was Sie bisher über sie in Erfahrung bringen konnten,
- was Sie sich von der Stelle erwarten,
- welche für das Unternehmen wertvolle Arbeitserfahrungen Sie bereits mitbringen (z. B. durch Berufserfahrung, Betriebspraktika oder ehrenamtliches Engagement) und
- welche Ihrer Fähigkeiten, Stärken und Kenntnisse für die angestrebte Stelle nützlich sein könnten (z. B. Lieblingstätigkeiten und -fächer, Hobbys, Interessen oder Freizeitkurse).

Formale Gestaltung

Das Bewerbungsanschreiben unterliegt wie sämtliche Geschäftskorrespondenz strengen formalen Anforderungen. Halten Sie sich bei dessen Aufbau und Form an die aktuelle DIN-5008-Norm für Geschäftsbriefe (vgl. Kapitel 4.1). Verwenden Sie dieselbe gut leserliche Schriftart für Anschreiben und Lebenslauf. Das nachfolgende Anschreiben erfüllt alle DIN-5008-Anforderungen.

Beispiel für ein Bewerbungsanschreiben

> Name des Absenders beginnt in fünfter Zeile von oben oder 16,9 mm vom oberen Rand entfernt

> Ort und Datum rechtsbündig in die erste Schriftzeile

¶
¶
¶
¶
Stefanie Krause — Musterstadt, 05. Juni 2012
Bokelstraße 7
12345 Musterstadt
Tel.: 01234 56789
E-Mail: stefanie.krause@internet.de

> Vorwahl ohne Klammern, dann nach einem Leerzeichen die Telefonnummer; in neuer Zeile seriös klingende E-Mail-Adresse

¶
¶
¶
¶
¶
¶

> Ohne E-Mail-Adresse sieben Zeilen bis zur Empfängeranschrift

> Linker Rand 24,1 mm

Lebenshilfe Halberstadt
Herr Paul Widera
Peluzzistr. 20
12345 Musterstadt

> Soll der Brief den Empfänger ungeöffnet erreichen, muss dessen Name über dem Firmennamen an erster Stelle stehen.

¶
¶
¶
¶

> **Betreffzeile:** Art der Bewerbung, gewünschter Zeitraum, evtl. gewünschte Abteilung

Bewerbung als Heilerziehungspflegerin in Ihrer Wohngruppe 4 ab September 2012
¶
¶
Sehr geehrter Herr Widera,
¶

> Vier Leerzeilen zwischen Ort und Betreffzeile

> Einleitung, Hauptteil und Schluss durch Absätze gliedern

> Eine Leerzeile nach Komma in Anrede, dann klein weiter.

kennen- und schätzen gelernt habe ich die Lebenshilfe Halberstadt durch die „Offenen Tage", ihre jährlichen Märkte sowie durch ein im Jahr 2010 absolviertes Praktikum im Bereich Tongestaltung.
¶
Zurzeit besuche ich die Heilerziehungspflegeschule Musterstadt, die ich voraussichtlich im August 2012 abschließen werde. Während der Schulausbildung absolvierte ich ausbildungsbegleitend Praktika in der SVE Weilers und im Giebitzhof, einem Wohnheim für Erwachsene mit geistiger Behinderung. Vorher war ich von 2008 bis 2010 als Sozialassistentin im ambulanten Dienst in Südtirol tätig. Zu meinen Aufgaben bei der Betreuung von Menschen mit körperlichen und geistigen Einschränkungen gehörte die Pflege und die Hilfe im Haushalt sowie bei Arzt- und Behördengängen. Kreative Ideen habe ich bei verschiedenen Freizeitaktivitäten, z.B. im musischen, gestalterischen oder sportlichen Bereich eingebracht.
¶
Privat bin ich seit einem Jahr mit wachsender Begeisterung Trainerin einer Rollstuhl-Handballmannschaft. Zurzeit versuchen wir Kontakt zu anderen Vereinen gleicher Art aufzubauen und ein Turnier zu organisieren. Meine Zuverlässigkeit und meine ehrliche, geduldige und freundliche Art wurden von bisherigen Arbeitgebern stets gelobt. In bestehende Teams gliedere ich mich durch meine offene und unkomplizierte Art schnell und problemlos ein, wie Sie auch meinen Arbeitszeugnissen entnehmen können.
¶
Über eine Einladung zu einem persönlichen Gespräch würde ich mich sehr freuen.
¶
Mit freundlichen Grüßen
¶
¶
Stefanie Krause
¶

> Persönliche Unterschrift mit gleichem Stift wie auf Lebenslauf

Anlage
Lebenslauf mit Foto
Kopie des letzten Zwischenzeugnisses
Arbeitszeugnisse und Praktikumsbescheinigungen

> Anlagen fett gedruckt, dann in nächster Zeile evtl. auflisten

Sprachliche und stilistische Gestaltung

Tipps

Formulieren Sie Ihre Interessen und Wünsche im Anschreiben selbstbewusst, aber dennoch höflich. Dabei zeigt Ihre **Wortwahl**, wie stilsicher Sie sind. Benutzen Sie daher

- präzise Begriffe, evtl. Fachsprache,
- höfliche, aber keine persönlichen oder aufdringlichen Formulierungen,
- keine Umgangssprache,
- keine veralteten Wendungen und
- kein umständliches Bürokratendeutsch.

5 Formulieren Sie folgende Sätze nach den oben genannten Kriterien für Wortwahl und Satzbau um. (siehe auch die stilistischen Tipps in Kapitel 7 im Abschnitt „Normen der Standardsprache (Seite 195).

a Ich will Ihre Einrichtung gern kennenlernen. Besonders die Lebenshilfewerkstätten.
b Ich würde am liebsten während der Schulferien bei Ihnen beginnen. Auch Pfingsten.
c Eine von den Mitarbeitern von Ihnen kam neulich zu einem Infoabend an unsere Schule, dabei konnte jeder sich eine Broschüre mit Ihren Ausbildungsstätten nehmen.

Inhaltliche Gestaltung

Tipps

- Beziehen Sie sich in Ihrem Anschreiben auf die in der Stellenanzeige angegebenen **Muss**- und **Kann-Kriterien** (vgl. Seite 117).
- Ihre **Stärken, Fähigkeiten** und **Kenntnisse** sollten Sie mit Beispielen **belegen**. Schreiben Sie also statt *Ich bin kreativ und motiviert* besser: *Bei meinem letzten Praktikum in der SVE Mauerstadt habe ich eine Foto-AG gegründet und einen Töpferworkshop angeleitet.*
- Nehmen Sie sich für die Überarbeitung Ihres Anschreibens Zeit. Legen Sie es ein paar Stunden aus der Hand, bevor Sie es auf Fehler prüfen. Drucken Sie es dann aus und kontrollieren es anhand des **DIN-Musters** auf Seite 119 nochmals. Versetzen Sie sich in die Lage des Personalentscheiders: Worauf legt dieser wohl Wert? Welchen Eindruck bekommt man von Ihnen? Lassen Sie Ihr Anschreiben eventuell von einem Außenstehenden **Korrektur lesen**.

6 Übertragen Sie folgende Tabelle in Ihr Heft und ergänzen Sie in der rechten Spalte jeweils einen Satz, mit dem Sie die links angegebenen Fähigkeiten, Interessen oder persönlichen Stärken anhand von Beispielen aus dem beruflichen oder privaten Bereich belegen. Überlegen Sie sich drei eigene Stärken oder Interessen und belegen Sie diese ebenfalls durch Beispiele.

Fähigkeit/Interesse/Stärke	*Beispiel*
Interesse für Theater	*Ich bin seit 2010 Mitglied der Laientheatergruppe „Zickzack" und übernahm bei meinem letzten Praktikum in der SVE Lössna das Einstudieren des Krippenspiels.*
soziales Engagement	
Organisationstalent	

Fähigkeit/Interesse/Stärke	*Beispiel*
körperliche Belastbarkeit	
?	
?	
?	

7 ***Formulieren Sie folgende Stärken so um, dass sie sprachlich und stilistisch ansprechend und seriös klingen.***

a Ich kenne mich auch ganz gut mit dem Computer aus.

b Ich höre viel Musik und habe schon oft privat aufgelegt. Das ist für die Arbeit mit Jugendlichen sicher vorteilhaft.

c Als Mutter von drei Kindern mag ich Kinder sehr gern und kann gut mit ihnen umgehen.

8 ***Verfassen Sie ein Anschreiben zu einer der auf Seite 116 f. angegebenen Stellenanzeigen.***

9 ***Suchen Sie über Internet, Aushänge oder örtliche Printmedien eine passende Stellenanzeige und setzen Sie dazu ein formal, inhaltlich und sprachlich aussagekräftiges Bewerbungsanschreiben auf. Überarbeiten Sie es anhand der oben angegebenen Tipps.***

10 ***Übertragen Sie nachfolgendes Anschreiben in Ihr Heft und verbessern Sie es formal (vgl. Kapitel 4.1), inhaltlich und stilistisch.***

Negativbeispiel eines Bewerbungsanschreibens

Lisa Müller 13. April .., Kaulberg
Sonnenstr. 45
Tel. 0545 395467
54643 Kaulberg
¶
Lebenshilfe Hilpoltstein
Herr Ewald Kraus
Holzgartenstraße 3
91161 Hilpoltstein
¶
¶
Bewerbung
¶
Sehr geehrter Herr Kraus.
¶
im Internet stieß ich auf ihr interesantes Stellenangebot und bewerbe mich bei Ihnen als Heilerziehungspflegerin.
¶
Ich habe gerade meine Ausbildung zur Heilerziehungspflegerin an der Fachschule für Heilerziehungspflege in Bamberg, mit guten Erfolg abgeschlossen.
¶
Mit der Betreuung von geistig behinderten erwachsenen im Wohnheim bin ich schon von meinen Ausbildungspraktikas in der Lebenshilfe Bamberg vertraut. Hierbei war ich hauptsächlich bei der Pflege und Betreuung der behinderten behilflich, Hilfestellungen gab ich vorallem im lebenspraktischen Bereich und bei der Freizeitgestaltung (Begleitung bei Arztbesuchen, gemeinsame Einkäufe, Organisation von Freizeitaktivitäten).
¶
Über eine Einladung zu einem Vorstellungsgespräch freue ich mich.
¶
Mit freundlichen Grüssen

6.2.2 Lebenslauf und Anlagen

Zu den Anlagen Ihrer Bewerbung gehört ein einseitiger tabellarischer Lebenslauf mit einer Übersicht über wichtige bisherige Lern-, Praktikums- und Arbeitserfahrungen und Ihre privaten und beruflichen Interessen und Stärken. Er enthält:

1. **Angaben zur Person:** Dazu gehören Name, Anschrift, Telefonnummer, Geburtsdatum und Geburtsort. Angaben zu Familie und Staatsangehörigkeit sind freiwillig. Ihre Religionszugehörigkeit sollten Sie erwähnen, wenn es ausdrücklich erwünscht ist, etwa bei einem kirchlichen Träger. Wenn Sie kein Deckblatt verwenden, kleben Sie Ihr Foto rechts oben auf den Lebenslauf.
2. **Angaben zur Schul- und Berufsausbildung:** Nach EU-Norm beginnt die Übersicht über Ihre schulische und berufliche Ausbildung mit der aktuell ausgeübten Tätigkeit und geht dann zeitlich zurück bis zur Grundschule.
3. **Angaben über Kenntnisse/bisherige Praktika,** die für Ihre Wunschstelle nützlich sein könnten.
4. **Angaben zu Hobbys/sonstigen Aktivitäten,** die den Personalverantwortlichen indirekt etwas über Ihre Persönlichkeit, Ihre Vorlieben und Stärken verraten. Lassen Sie unvorteilhafte Hobbys („TV-Serien schauen, faulenzen") weg, erfinden Sie aber auch nichts dazu.
5. **Datum und Unterschrift:** Beenden Sie Ihren Lebenslauf mit dem gleichen Datum wie in Ihrem Anschreiben. Beide Dokumente müssen von Ihnen unterschrieben werden.

11 Gestalten bzw. aktualisieren Sie nach unten angegebenem Muster am Computer Ihren eigenen Lebenslauf. Vergleichen Sie im Klassenverband Ihre Entwürfe und diskutieren Sie über gelungene und weniger gelungene Passagen.

Beispiel für einen Lebenslauf

Zur Person

Name:	Christina Herrmann
Geburtsdatum, -ort:	14. Juni 1992, Trudingen
Anschrift:	Rothof 85 12345 Borkenrode Tel.: 01234 56789 E-Mail: christina.herrmann@internet.de

Schulbildung

2010-2012	Fachschule für Heilerziehungspflege Trudingen
2000-2009	Friedrich-Rückert-Schule Bornhagen
1996-2000	Grundschule Borkenrode

Praktika

2011-2012	Zweites Ausbildungsjahr:	St.-Antonius-Zentrum, Löbenheim
2010-2011	Erstes Ausbildungsjahr:	Schule für Körperbehinderte, Schirrhang

Soziales Engagement

seit Juni 2010	Familienentlastender Dienst:	Offene Hilfen Bornhagen
09/2009-08/2010	Freiwilliges Soziales Jahr:	Schule für Körperbehinderte, Schirrhang
11/2007-07/2009	Hausaufgaben- und Ferienbetreuung:	Kinder- und Jugendwohnhaus „Mittendrin", AWO Eberndorf

Kenntnisse

Englisch, Italienisch, vertiefte Kenntnisse in MS Word, Excel und Power Point

Hobbys

Lesen, Schwimmen, Singen, Schlagzeug spielen

C. Herrmann

Neustadt, 14. März 20..

Anlagen

Legen Sie Ihrer Bewerbungsmappe die für den Arbeitgeber relevanten Zeugnisse und Beurteilungen in einer guten Kopie bei, wobei Sie diese chronologisch ordnen, sodass das letzte Zeugnis (Arbeitszeugnis oder das letzte Schul-/Ausbildungszeugnis) obenauf liegt.

6.3 Vorstellungsgespräch

Aufgrund Ihrer ansprechenden und sorgfältig zusammengestellten Bewerbungsunterlagen werden Sie eventuell zu einem Vorstellungsgespräch eingeladen, in dem sich die Einrichtungsleitung ein genaues Bild von Ihnen machen möchte. Stellen Sie sich also auf Fragen zu Ihrer Person, Ihren Interessen, Hobbys und Ihrer Allgemeinbildung ein. Auch Ihre Einstellung zur Heilpädagogik- bzw. Heilerziehungspflegeausbildung, zur Einrichtung, bei der Sie sich beworben haben, und zu deren Trägerschaft kann thematisiert werden.

Gesprächsablauf

Meist folgen nach anfänglichem Small Talk Fragen zu Ihren Bewerbungsunterlagen und zu Ihrer Person. Außerdem erfahren Sie mehr über die Einrichtung und Ihre künftigen Aufgaben, wobei Sie dazu auch selbst Fragen stellen können. Zur Verabschiedung werden Sie meist informiert, wann mit einer Entscheidung zu rechnen ist.

12 Bereiten Sie sich anhand folgender Tabelle auf ein Vorstellungsgespräch vor.

Vorbereitung auf das Vorstellungsgespräch	
Was?	*Beispiele*
Sammeln Sie **Informationen** über die (Art der) Einrichtung, deren Größe, Bereiche usw.	▶ *Einrichtungshomepage (Konzeption)* ▶ *Internet/Zeitungsberichte über die Einrichtung* ▶ *Berichte von Bekannten aus der gleichen Branche*
Formulieren Sie **Antworten** auf typische Bewerbungsfragen bzw. -aufforderungen wie z. B.	▶ *Fassen Sie bitte Ihren Lebenslauf zusammen.* ▶ *Was wissen Sie bereits über unsere Einrichtung?* ▶ *Warum haben Sie sich bei uns/auf diese Stelle beworben?* ▶ *Nennen Sie drei persönliche Stärken/Schwächen.* ▶ *Warum sollten wir ausgerechnet Sie einstellen?* ▶ *Welche Tätigkeiten mögen Sie nicht?* ▶ *Können Sie unter Zeitdruck arbeiten?* ▶ *Wie verbringen Sie Ihre Freizeit?*
Überlegen Sie sich **Fragen** für das Ende des Vorstellungsgesprächs.	▶ *Wie würde mein Arbeitstag aussehen? Welche Aufgaben kommen auf mich zu?* ▶ *Mit wem würde ich zusammenarbeiten? Wer wäre mein unmittelbarer Vorgesetzter?* ▶ *In der Anzeige stand … Was meinen Sie damit genau?*
Sorgen Sie für ein gepflegtes **Äußeres**.	▶ *Einen positiven Eindruck hinterlassen Sie durch entsprechende Körperhygiene, eine gepflegte Frisur und saubere Kleidung.* ▶ *Wählen Sie bequeme Kleidung, in der Sie sich wohlfühlen und die für die Stelle passend erscheint.*

Vorbereitung auf das Vorstellungsgespräch	
Was?	*Beispiele*
Erscheinen Sie **pünktlich** und ausgeschlafen.	▶ *Bringen Sie vorher in Erfahrung, wie Sie zur Einrichtung kommen und wie lange Sie dafür brauchen. Planen Sie einen Zeitpuffer für unvorhergesehene Verzögerungen ein.*
Prägen Sie sich die **Höflichkeitsregeln** ein.	▶ *Schalten Sie Ihr Handy vor dem Vorstellungsgespräch aus.* ▶ *Klopfen Sie an, bevor Sie den Raum betreten.* ▶ *Stellen Sie sich bei den Vorgesetzten freundlich, mit Blickkontakt und Händedruck vor. Nennen Sie dabei Vor- und Nachnamen. Setzen Sie sich erst nach Aufforderung.* ▶ *Sitzen Sie entspannt und gerade und schauen Sie Ihrem Gegenüber in die Augen. Blicken Sie alle Anwesenden etwa gleich oft an.* ▶ *Seien Sie freundlich und höflich und antworten Sie ehrlich. Lassen Sie Ihr Gegenüber ausreden. Fragen Sie nach, wenn Sie etwas nicht verstehen.* ▶ *Bedanken Sie sich abschließend für das Gespräch und verabschieden Sie sich freundlich mit Händedruck.*

13 Spielen Sie die Bewerbungssituation Vorgesetzte(r) – Bewerber(in) mehrmals durch und nehmen Sie sie mit einer Videokamera auf. Teilen Sie die Zuschauer in zwei Gruppen auf, wobei

- ***Gruppe 1 den Rollenspielern vor allem inhaltliches Feedback geben soll und***
- ***Gruppe 2 auf Höflichkeitsregeln, Mimik, Gestik, Körperhaltung und äußeren Eindruck des Bewerbers/der Bewerberin achten soll.***

Sprechen Sie über den Eindruck, den Sie vom Gespräch bekommen haben.

6.4 Bewerbung per E-Mail

E-Mail- oder Online-Bewerbungen orientieren sich an den Bestandteilen der Papierbewerbung. Auch hier ist es wichtig, sorgfältig zu arbeiten und sich klar und sprachlich korrekt auszudrücken.

15 Zur Kontrolle Ihrer E-Mail-Bewerbung ist nachfolgende Checkliste hilfreich. Lesen Sie diese sorgfältig durch und begründen Sie jeweils, weshalb die in der Checkliste angegebenen Regeln sinnvoll sind.

Wichtiger Hinweis

Das Internet verrät Personalverantwortlichen eventuell weitere Informationen über Sie. Daher sollten Sie sich darüber klar sein, dass Internetberichte über Sie, Fotos, Gruppenmitgliedschaften oder Posts Ihre Chancen bei einem Unternehmen positiv oder negativ beeinflussen können. Präsentieren Sie sich im Netz daher so, dass Sie ruhigen Gewissens in ein Vorstellungsgespräch gehen können, und überprüfen Sie regelmäßig die Suchergebnisse zu Ihrem Namen.

Checkliste

Checkliste zur Überprüfung der E-Mail-Bewerbung

✓ Ich bin sicher, dass eine E-Mail-Bewerbung erwünscht ist.	☐
✓ Im Betreff steht deutlich, für welche Stelle ich mich für welchen Zeitraum bewerbe.	☐
✓ Mein E-Mail-Anschreiben ist sorgfältig und fehlerfrei formuliert (vgl. Textfeld nach DIN 5008) und enthält weder Sonderzeichen (z. B. Smileys) noch Formatierungen (z. B. fett).	☐
✓ Lebenslauf, Zeugnisse, Bescheinigungen und Bewerbungsfoto (als jpg) habe ich eingescannt und als Anhang hinzugefügt.	☐
✓ Die Namen meiner Anhang-Dateien sind aussagekräftig, d. h., sie beschreiben den Inhalt der Datei und enthalten meinen Namen (z. B. Tim_Roth_Lebenslauf).	☐
✓ Die Größe meiner Anhänge beträgt maximal 2 MB.	☐
✓ Alle erforderlichen Anlagen (Lebenslauf, Zeugniskopien und Praktikumsnachweise) habe ich beigefügt.	☐

16 Lesen Sie folgende E-Mail und begründen Sie, weshalb sie beim Empfänger einen schlechten Eindruck hinterlässt. Verbessern Sie die Mail anschließend sprachlich und inhaltlich in Ihrem Heft.

Negativbeispiel für eine E-Mail-Bewerbung

An: andreas.griesbach@wohnheim-storckstraße.de

Betreff: bewerbung

Hallo Herr Grießbach,

ich hab gehört dass sie Praktikanten nehmen. Ich bin auf der Suche nach einem Praktikum. Geht da noch was dieses Jahr bei Ihen? Zu mir: bin 21 jahre und mache grade eine HEP-Ausbildung. Mit schweren geistigen Behinderungen kenn ich mich noch nicht aus, würd aber gern was drüber erfahren. Weiteres siehe Lebenslauf im Anhang.

Danke schonmal im voraus.

Julian Meese

17 Diskutieren Sie im Klassenverband über die Unterschiede zwischen der Bewerbung per Post und der E-Mail-Bewerbung und tauschen Sie sich über Vor- und Nachteile dazu aus (auch aus Sicht der Personalverantwortlichen).

7 Arbeitszeugnis

Beispiel für ein Arbeitszeugnis

Zeugnis

Herr Ralf Kostera, geboren am 23.09.1981 in Murtingen, war vom 15.02.2008 bis 15.06.2012 in unserer psychiatrischen Tageseinrichtung als Gruppenleiter in der Heilerziehungspflege tätig.

Während dieser Zeit war er mit folgenden Aufgaben betraut:

- Organisation der pflegerischen Maßnahmen inklusive der Medikation in Zusammenarbeit mit den Ärzten
- Führung der Patientenakten in Bezug auf die pflegerischen Leistungen
- Erstellung der Dienstpläne des Pflegepersonals
- Planung der Freizeitaktivitäten der Menschen mit Behinderung
- Überwachung der Abläufe im Tagesgeschäft

Sein hervorragendes Fachwissen setzte Herr Kostera in der alltäglichen praktischen Arbeit sorgsam, zielorientiert und für die Patienten förderlich um. Dabei nutzte er alle Möglichkeiten der beruflichen Weiterbildung intensiv und erfolgreich. Er beherrschte die hausinterne Fallpauschalensoftware und setzte seine Kenntnisse in Word und Excel immer zielführend und erfolgreich ein.

Herr Kostera ist ein sehr engagierter Mitarbeiter mit einer hohen sozialen Kompetenz, der seine Arbeit jederzeit mit vollem Einsatz erfolgreich bewältigte. Auch unter starken Belastungen behielt er stets den Überblick und bewältigte alle Probleme und Anforderungen hervorragend.

Er überzeugte und motivierte seine Mitarbeiterinnen und Mitarbeiter und förderte die gute Zusammenarbeit innerhalb seines Teams. Wegen seines freundlichen Wesens wurde er von Vorgesetzten und Mitarbeitern gleichermaßen geschätzt. Gegenüber den Klienten und deren Angehörigen trat er stets vorbildlich und hilfsbereit auf.

Herr Kostera verlässt unsere Einrichtung auf eigenen Wunsch, weil er sich beruflich weiterentwickeln möchte. Wir bedauern dies sehr, danken ihm für die gute Zusammenarbeit und wünschen ihm für die berufliche und private Zukunft alles Gute.

Katharina Franke Rodeburg, 20.06.2012

Katharina Franke, Geschäftsführerin

Bei Beendigung eines Arbeitsverhältnisses haben Arbeitnehmer und Praktikanten laut § 630 des Bürgerlichen Gesetzbuches das Recht auf ein **wahrheitsgemäßes** und wohlwollendes Arbeitszeugnis.

(1) Der Arbeitnehmer hat bei Beendigung eines Arbeitsverhältnisses Anspruch auf ein schriftliches Zeugnis. Das Zeugnis muss mindestens Angaben zu Art und Dauer der Tätigkeit (einfaches Zeugnis) enthalten. Der

Arbeitnehmer kann verlangen, dass sich die Angaben darüber hinaus auf Leistung und Verhalten im Arbeitsverhältnis (qualifiziertes Zeugnis) erstrecken.
(2) Das Zeugnis muss klar und verständlich formuliert sein. Es darf keine Merkmale oder Formulierungen enthalten, die den Zweck haben, andere als aus der äußeren Form oder aus dem Wortlaut ersichtliche Aussage über den Arbeitnehmer zu treffen.
(3) Die Erteilung des Zeugnisses in elektronischer Form ist ausgeschlossen.

Wichtiger Hinweis

Das Zeugnis kann vom Zeitpunkt der Kündigung an bis hin zu rückwirkend drei Jahre nach Beendigung des Arbeitsverhältnisses eingefordert werden. Ein Arbeits-/Zwischenzeugnis können Mitarbeiterinnen und Mitarbeiter einfordern, die innerhalb der Einrichtung den Arbeitsplatz wechseln, die vor einer längeren Arbeitsunterbrechung (z. B. aufgrund von Elternzeit) stehen oder deren Leitung wechseln wird.

Äußere Form und Aufbau

Das Zeugnis wird auf dem Briefpapier des Arbeitgebers in DIN-A4-Format geschrieben. Außer in der Überschrift dürfen darin keine Hervorhebungen (z. B. durch Fett-/Kursivdruck oder Unterstreichungen) enthalten sein. Der standardisierte Aufbau sieht folgendermaßen aus:

- **Überschrift** (*Zeugnis*, *Arbeitszeugnis* oder *Zwischenzeugnis*)
- einleitend **persönliche Daten** einschließlich Berufsbezeichnung, Beginn und Ende des Arbeitsverhältnisses unter Einbeziehung des **Werdegangs** innerhalb der Einrichtung
- vollständige und differenzierte **Tätigkeitsbeschreibung**
- differenzierte **Leistungsbeurteilung** mit Hinweis auf die Weiterbildungsbereitschaft einschließlich zusammenfassender Beurteilung
- Beurteilung des **persönlichen** und **sozialen Verhaltens** mit zusammenfassender Beurteilung
- **Schlussformel** (Gründe für die Beendigung des Arbeitsverhältnisses, Dankes-/Bedauernsformel, Zukunftswünsche)
- **Ausstellungsort**, **-datum** und handschriftliche **Unterschrift**

1 Beurteilen Sie das obige Arbeitszeugnis für Ralf Kostera im Hinblick auf Vollständigkeit in äußerer Form und Aufbau.

Inhalt/Leistungsbeurteilung

Die Leistungsbeurteilung muss einerseits der Wahrheit entsprechen, der Arbeitgeber muss dabei aber andererseits auch seiner Fürsorgepflicht für den Arbeitnehmer nachkommen und einen wohlwollenden Maßstab anlegen, d. h., einmalige negative Vorfälle dürfen im Zeugnis nicht erwähnt werden. Die Aussagen im Leistungsteil sollten sich auf die einzelnen Bereiche der Tätigkeitsbeschreibung beziehen (z. B. pflegerische und pädagogische Arbeit, Teamarbeit, Zusammenarbeit mit Angehörigen). Der Leistungsteil endet mit der Leistungszusammenfassung, die auch für die Gesamtnote entscheidend ist.

Die Beurteilung des persönlichen Verhaltens

Hier geht es in erster Linie um das Verhalten gegenüber Vorgesetzten und Kolleginnen und Kollegen. Wird das Verhalten gegenüber Teamkollegen vor dem Verhalten gegenüber der Leitung erwähnt, dann kann die geänderte Abfolge so (miss-)verstanden werden, dass das Verhalten gegenüber der Leitung als problematisch eingestuft wurde. Folgende Standardformulierungen haben sich etabliert:

Note 1: *Ihr persönliches Verhalten war stets vorbildlich. Bei Vorgesetzten und Kolleginnen war sie sehr geschätzt.*

Note 2: *Sein persönliches Verhalten war stets einwandfrei. Bei Vorgesetzten und Kollegen war er geschätzt.*

Note 3: *Ihr persönliches Verhalten gegenüber Vorgesetzten und Kollegen war einwandfrei.*

Note 4: *Sein Verhalten gegenüber Vorgesetzten und Kolleginnen war höflich und korrekt. Seine Führung gab zu Beanstandungen keinen Anlass.*

Note 5: *Ihr persönliches Verhalten gegenüber Kollegen und Kolleginnen war einwandfrei* (deutet auf Probleme mit Vorgesetzten hin).

Note 6: *Das persönliche Verhalten von Herrn X war nicht frei von Beanstandungen. Es fiel ihm schwer, sich in die Einrichtung einzufügen.*

Zusammenfassende Gesamtbeurteilung

Auch hierfür gibt es feststehende Formulierungen, die einer Notenskala entsprechen:

Note 1: *Er führte alle Aufgaben stets zu unserer vollsten Zufriedenheit bzw. in jeder Hinsicht/außerordentlich zufriedenstellend aus.*

Note 2: *Sie führte alle Aufgaben stets zu unserer vollen Zufriedenheit/zu unserer vollsten Zufriedenheit/voll und ganz zufriedenstellend aus.*

Note 3: *Er führte alle Aufgaben zu unserer vollen Zufriedenheit aus.*

Note 4: *Sie führte alle Aufgaben zu unserer Zufriedenheit aus.*

Note 5: *Wir waren mit seinen Leistungen zufrieden. Seine Leistungen waren im Großen und Ganzen zufriedenstellend* (oder ähnliche Formulierungen).

Note 6: *Sie erledigte die ihr übertragenen Aufgaben mit der ihr eigenen Sorgfalt und Genauigkeit. Er war bemüht, die Aufgaben zu unserer Zufriedenheit zu erledigen/führte die übertragenen Aufgaben mit Fleiß und Interesse aus* (oder ähnliche Formulierungen).

Schlussformel

Es sollte klar benannt werden, auf wessen Initiative die Kündigung zurückgeht. Kündigungsgründe, die sich bei der Bewerbung auf eine andere Stelle negativ auswirken könnten (persönliche Gründe wie z. B. Krankheit oder verhaltensbedingte Gründe) dürfen im Zeugnis nicht genannt werden.

Sprachliche Verschlüsselungstechniken

Da ein Zeugnis laut richterlichem Beschluss keine negativen Bewertungen enthalten darf, hat sich eine Art geheime Zeugnissprache entwickelt, die zu Missverständnissen führen kann. Im Folgenden werden die wichtigsten Verschlüsselungstechniken bei der Formulierung von Arbeitszeugnissen erläutert.

Leerstellen- und Ausweichtechnik

Wichtige Punkte innerhalb des Aufbauschemas fehlen. Besonders problematisch ist es, wenn Angaben zum Sozialverhalten, die Dankesformel oder die Zukunftswünsche am Schluss nicht erwähnt werden oder Nebensächlichkeiten bzw. reine Hilfstätigkeiten ausführlich beschrieben werden.

Reihenfolgetechnik

Eine Änderung der Reihenfolge innerhalb des Aufbauschemas weist auf die vom Mitarbeiter gesetzten Schwerpunkte hin. Wird zum Beispiel das Sozialverhalten der Leistungsbeschreibung vorangestellt, kann dies bedeuten, dass die sozialen Kontakte zu anderen Kollegen wichtiger genommen wurden als die Tätigkeit selbst.

Andeutungstechnik

Formulierungen wie *bemühen* oder *streben* deuten auf die Erfolglosigkeit der Bemühungen hin. Formulierungen wie *im Rahmen ihrer Fähigkeiten* legen nahe, dass diese nur gering waren. Eine *ordnungs-/pflichtgemäße* Leistung können als „Dienst nach Vorschrift" und mangelnde Flexibilität gelesen werden.

Sachtexte

„Man muss im Kopf immer ein Eckchen offen halten, um den Meinungen der Freunde Einlass zu gewähren und sie vorübergehend zu beherbergen. Es ist wirklich unerträglich, sich mit Menschen zu unterhalten, deren Gehirn kein leeres Fach mehr aufweist, sodass nichts von außen eindringen kann. […]"

Joseph Joubert (1754–1824, frz. Essayist)

Die Auseinandersetzung mit Sachtexten aus Fachbüchern, (Fach-)Zeitschriften oder Gesetzesbüchern ist notwendig, um Neuerungen in Heilpädagogik und Heilerziehungspflege mitverfolgen, kritisch beurteilen und umsetzen zu können.

Die in diesem Kapitel vorgestellten Arbeitstechniken schulen Ihr Textverständnis von Sachtexten, indem Sie dazu angeleitet werden, Informationen gewinnbringend zu verarbeiten und die Wirkung auf den Leser zu untersuchen. Ebenso werden Sie dazu angeregt, Ihre eigene Meinung zu Thesen im Text sprachlich und inhaltlich überzeugend zu formulieren.

Kompetenzen

Dieses Kapitel soll Ihnen helfen,

- verschiedene Sachtextsorten in ihrer unterschiedlichen Wirkungsabsicht kennenzulernen,
- Informationen aus Grafiken, Tabellen, Schaubildern und Texten zu entnehmen,
- Sachtexte zu verstehen und deren Inhalt/Aufbau in eigenen Worten wiederzugeben (strukturierte Inhaltswiedergabe),
- Besonderheiten der sprachlichen Gestaltung in ihrer Wirkung auf den Leser zu beschreiben (Sprachanalyse),
- zu Aussagen des Textes persönlich Stellung zu nehmen sowie
- sich überzeugend und sprachlich verständlich zu einem Thema schriftlich zu äußern (Erörterung).

1 Textsorten

Texte lassen sich aufteilen in **fiktionale** und **nicht fiktionale** Texte.

Die **fiktionalen Texte**, zu denen die gesamte **erzählerische** und **dramatische Literatur** zählt (vgl. Kapitel 1 im Abschnitt „Literarische Texte"), sind erfunden, mehr oder weniger realitätsähnlich, und erzählen meist eine (mehr oder weniger an reale historische, lokale o ä. Begebenheiten angelehnte) Geschichte mit handelnden Personen. Entscheidend ist, dass der Leser diese Texte als fiktiv, also als „erfunden", und nicht als faktisch wahre und in der Realität überprüfbare Information wahrnimmt.

Genau dies aber erwartet man von den Textsorten der **Non-Fiction**, zu denen man alle Arten von **Sach- und Gebrauchstexten** rechnet.

Sachtexte dienen also in erster Linie der Informationsvermittlung, fiktionale Texte der Unterhaltung.

Tipps

Stellen Sie sich vor dem Lesen eines Sachtextes folgende **W-Fragen**:
- Um welches **Thema** geht es?
- Welches **Vorwissen** haben Sie schon zu dem Thema?
- Welche **zusätzlichen Informationen** brauchen Sie noch zu dem Thema?
- Welche **Erwartungen** haben Sie an den Sachtext?

In Kapitel 4 im Abschnitt „Lern- und Arbeitstechniken" finden Sie Hinweise, wie Sie Informationen schnell und zielgerichtet aus einem Sachtext herausfiltern können.

Texttypologie

Sach- bzw. Gebrauchstexte sind funktionale Texte, die mit einer bestimmten kommunikativen Intention[1] geschrieben werden. Folgende vier **Hauptfunktionen** können unterschieden werden (wobei ein Text zumeist mehrere Funktionen erfüllt):

- In **darstellend-informierenden Texten** wird vor allem über einen Sachverhalt informiert. Dazu gehören u. a. Nachrichten, Berichte, Protokolle, Beschreibungen, Dokumentationen, Lebensläufe, Inhaltsangaben, Lexikonartikel usw.
- In **appellativen Texten** werden Leser zu einem bestimmten Handeln oder Denken aufgefordert. Dazu zählen u. a. Werbetexte, (Wahl-)Reden, Flugblätter, Gebrauchsanweisungen und Einladungen.
- **Argumentative Texte** stellen hauptsächlich die Meinung des Autors/der Autorin begründet dar. Dies ist z. B. der Fall bei Kommentaren, Glossen, Kritiken/Rezensionen, Erörterungen oder Essays.
- **Normierende Texte** vermitteln Regeln und Vorschriften. Dazu zählen Gesetzestexte, Vorschriften, Hausordnungen, Vereinssatzungen usw.

[1] *Intention: Absicht*

Ein Artikel ist ein Beitrag in einer Zeitung oder Zeitschrift und keine eigene Textsorte.

1 Ordnen Sie die folgenden Sachtextarten den jeweils passenden Definitionen zu.

Protokoll – Glosse – Bericht – Kommentar – Nachricht – Reportage – Rezension – Dokumentation

a Eine _____?_____ ist die Auswahl, Sammlung, Ordnung, Speicherung und Verfügbarmachung von Dokumenten, Daten und Fakten, die für eine bestimmte Zielgruppe von beruflichem oder wissenschaftlichem Interesse ist.

b Der _____?_____ orientiert sich an Tatsachen, ist also sachgebunden und meist dem zeitlichen Ablauf folgend gegliedert. Er versucht, möglichst objektiv, genau und übersichtlich über einen Sachverhalt zu informieren (meist im Präteritum), wobei Konjunktionen argumentative Zusammenhänge verdeutlichen.

c Eine _____?_____ ist ein kurzer, ironischer journalistischer Meinungstext, der oft aggressiv und doppelbödig mit verschiedenen Stilebenen und vielen Stilmitteln arbeitet.

d Die __________, auch Besprechung oder Kritik genannt, gehört zu den meinungsbildenden journalistischen Texten. Darin werden kulturelle Ereignisse oder Veröffentlichungen wie Bücher, Filme, Kunstwerke, Konzerte, Bild-/Tonträger, Computerspiele oder -software besprochen mit dem Ziel, die Leser darüber zu informieren, ihnen Hintergrundwissen zu liefern und durch eine begründete Bewertung die Konsum-/Kaufentscheidung zu erleichtern.

e Ein _____?_____ ist ein Zeitungstext, in dem die Meinung des Autors/der Autorin zu einem aktuellen Geschehen oder einem Sachverhalt dargestellt wird, indem sachliche Argumente dafür oder dagegen aufgeführt werden. Er kann direkte oder indirekte Leserappelle enthalten.

f Die _____?_____ ist eine spezielle Form des journalistischen Berichts, weil darin neben den Tatsachen auch das persönlich gefärbte Erlebnis mit einbezogen wird: Hintergrundinformationen und Zitate ergänzen die subjektive Darstellung. Durch Schilderung von Beobachtungen und Empfindungen wird das Erlebnis des Reporters für den Leser nachvollziehbar.

g Ein _____?_____ bezeichnet eine Niederschrift einer beobachteten Abfolge von Ereignissen, die von einem Schriftführer oder einem technischen Aufzeichnungsgerät angefertigt wurde. Je nach Genauigkeit der Wiedergabe unterscheidet man zwischen Wort-, Verlaufs- und Ergebnis _____?_____.

h Eine _____?_____ ist eine kurze journalistische Darstellung eines aktuellen Sachverhalts von allgemeinem Interesse.

2 Bestimmen Sie bei den nachfolgenden drei Textauszügen die Textsorte. Beschreiben Sie zunächst die Hauptintention des Textes und begründen Sie in ganzen Sätzen Ihre Textsortenentscheidung anhand von direkten oder indirekten Zitaten (vgl. Kapitel 5 im Abschnitt „Lern- und Arbeitstechniken").

Einrichtungen und Inklusion

Die Behindertenrechtskonvention und ihre Auswirkungen sind zum beherrschenden Thema in der Behindertenpolitik geworden – und sie wird fundamentale Veränderungsprozesse auslösen, die zum Teil schon begonnen haben.

Einher geht diese Entwicklung mit der Inklusionsdebatte. Diese Debatte wird mit zunehmender Intensität, manchmal fast schon glaubenskriegartig geführt und an vielen Stellen auf die Gegenüberstellung Inklusion kontra Einrichtungen zugespitzt. In Teilen der Debatte wäre mehr Sachlichkeit und Klarheit wünschenswert.

Versuchen wir einmal einen solch klaren, weder juristisch noch pädagogisch geprägten Blick:

Was bedeutet Inklusion? Nichts anderes als die uneingeschränkte Teilhabe aller Menschen mit Behinderung. Hierfür stehen wir [die Lebenshilfe] seit 51 Jahren.

Wo in der Behindertenrechtskonvention steht, dass Einrichtungen abgeschafft werden sollen? Nirgends. Eine solche Forderung haben sich die Gremien der Lebenshilfe auch nicht zu Eigen gemacht.

Die Behindertenrechtskonvention sieht u.a. vor, dass Menschen mit Behinderung ein Recht auf inklusive Bildung haben und ihre Wohnform frei wählen können. Das heißt im Umkehrschluss, dass ein Mensch mit Behinderung auch in Zukunft eine Förderschule besuchen und in einem Wohnheim leben kann, denn seine Vorstellungen und die konsequente Umsetzung des Wunsch- und Wahlrechts sollen handlungsleitend sein.

Ist es vielleicht die Angst vor diesem konsequenten Wunsch- und Wahlrecht und seinen Auswirkungen auf unsere Einrichtungen, die an mancher Stelle eine strikte Abwehrhaltung hervorruft?

[...]

Quelle: Bauch, Ulrich: Der Kommentar. Einrichtungen und Inklusion, in: Lebenshilfe-Zeitung 1/2010, abgerufen unter: http://www.lebenshilfe.de/de/aus_fachlicher_sicht/artikel/kommentar_bauch_inklusion.php?listLink=1[24.02.2012]

Ich-Buch und Plauderplan: Teilhabe für Menschen mit Behinderung durch Unterstützte Kommunikation

Ramon ist 19 Jahre alt, Melik 12. Die beiden Jungs haben ihre Vorlieben, Hobbys, ihre Stärken und Schwächen. Ramon mag blonde Frauen, er hat ein Faible für ein bestimmtes Rasierwasser, sammelt Baseballmützen und isst gern Pizza. Melik hilft gern beim Kochen in der Wohngemeinschaft. Ramon und Melik leben im Friedenshort der Diakonie Neuendettelsau auf [sic] der Gruppe „Jim Knopf". Der Friedenshort ist ein Heim für schwerbehinderte Kinder und Jugendliche. Weil Ramon und Melik nicht sprechen können, versuchen die Mitarbeiter im Friedenshort, die Gedanken und Wünsche der beiden durch den Einsatz verschiedenster Kommunikationssysteme zu Worten werden zu lassen.

Die Alternativen zur eigenen Lautsprache, die man unter dem Begriff „Unterstützte Kommunikation" zusammenfasst und mit denen die Mitarbeitenden Melik und Ramon begleiten, reichen von einfachen Gesten, Bildern, grafischen Symbolen oder Tasterspielzeugen bis hin zu Gebärden oder technischen Geräten mit künstlicher Sprachausgabe.

Jürgen Zenker, Abteilungsdirektor in der Behindertenhilfe der Diakonie Neuendettelsau, erklärt: „Wir bieten Menschen mit Kommunikationsbeeinträchtigung entsprechende Hilfen an. Aufgabe der Mitarbeitenden ist es, gemeinsam mit den Betroffenen Wege der Kommunikation zu finden." Dabei lassen die Betreuer sich davon leiten, mit welcher Möglichkeit sich die Bewohner mit ihren Bedürfnissen und Fähigkeiten unabhängig ausdrücken können. [...] Ramon wird beim Brötchen holen mit einem speziellen Aufnahmegerät – einem Step-By-Step – ausgerüstet. Drückt er den blauen Button, der an seinem Rollstuhl montiert ist, ertönt die aufgezeichnete Stimme einer Mitarbeiterin. Auf einem kleinen Speicher kann sie einen „Plauderplan", der Menschen mit Behinderung zum Gespräch anregen soll, ebenso aufsprechen wie eine Bestellung für die Bäckerei: „Fünf Kaisersemmeln, bitte." Die Verkäuferin packt fünf Brötchen in eine Tüte. „Darf es noch etwas sein?" fragt sie Ramon. Der betätigt den Schalter erneut. „Das ist alles", sagt die Stimme vom Aufnahmegerät. Ramon kann das Wechselgeld schlecht greifen und auch seinen Rollstuhl muss die Betreuerin schieben. Der Stolz jedoch, den der junge Mann verspürt, weil er die Bestellung ohne Hilfe aufgeben konnte, ist unermesslich und lässt ihn über sich hinauswachsen.

[...] Doch es gibt auch andere Wege zu kommunizieren: Lena aus dem Christophorus-Heim bestückt ein kleines „Ich-Buch" mit von ihr am Computer ausgewählten Symbolen. Darin sind genau die Bilder gesammelt, die für ihren Alltag wichtig sind: Eine Gitarre kann man sehen, ein lachendes Gesicht, das Symbol für Betreuer und vieles andere. Heute soll ein Bett dazu kommen, denn wenn Lena müde ist und einen Mittagsschlaf machen möchte, soll sie dies selbst mitteilen können.

Kommunikation stellt ein Grundbedürfnis der Menschen dar. Erst dadurch ist ein Leben in Gesellschaft möglich. Menschen mit und ohne Behinderung brauchen Partner, denen sie etwas mitteilen können und die sie verstehen. Sie benötigen Orte, an denen sie sprechen und Werkzeuge, mit denen sie kommunizieren können. Die Verantwortlichen der Diakonie Neuendettelsau haben es sich mit dem Arbeitskreis „Unterstützte Kommunikation" zur Aufgabe gemacht, diese Möglichkeiten für Melik, Lena, Ramon und viele andere Kinder voranzubringen. [...]

Quelle: Lutz, Andrea: Ich-Buch und Plauderplan. Teilhabe für Menschen mit Behinderung durch Unterstützte Kommunikation, Neuendettelsauer Chronik, Dezember 2006, abgerufen unter: http://www.behindertenhilfe-neuendettelsau.de/behindertenhilfe/unser-menschenbild/unterstuetzte-kommunikation/reportage-ich-buch-und-plauderplan/ [24.02.2012]

Vorsicht, fremd!
Ein ungewöhnlicher Roman über Christopher, einen autistischen Jungen, lässt uns die Welt neu sehen

[...] Seine Sinne registrieren das nichtigste Detail [...]. Der Junge fürchtet zu Recht, er könne unter dem Übermaß einströmender Daten zusammenbrechen. Es gibt bei ihm keinen „Spamschutz", der die Eindrücke filtert, bevor sie sein äußerst labiles psychisches Gleichgewicht – Christopher würde sagen: seine Festplatte – zum Absturz bringen. Der Junge leidet am Asperger-Syndrom, einer milderen Form des Autismus. Und deshalb sollte sein Leben in exakt geregelten Bahnen verlaufen, um die Vielzahl von Verhaltensstörungen – Berührungsaversion, Wutausbrüche, Nahrungsverweigerung – in Grenzen zu halten. Dass der Sonderschüler ein mathematisches Genie ist, stärkt sein Selbstvertrauen, aber nur solange das Regelwerk um ihn herum funktioniert. Christopher kennt sämtliche Primzahlen bis 7507 auswendig, beherrscht die Gesetze der physikalischen Logik, wird bald sein Matheabitur mit Bravour bestehen – verhält sich aber in Notsituationen wie ein Kleinkind, macht in die Hose und nennt die Exkremente „Aa".

Christophers Mutter ist angeblich gestorben, der Vater, ein Installateur, fühlt sich oft überfordert, und zu allem Überfluss findet der Junge eines Tages den geliebten Nachbarhund Wellington von einer Mistgabel durchbohrt. Christophers Entscheidung, das Verbrechen im Stile des von ihm verehrten Sherlock Holmes aufzuklären und darüber auch noch einen Kriminalroman – das vorliegende Buch – zu schreiben, steht am Anfang einer Odyssee. Seine Recherchen zwingen den Jungen dazu, das gewohnte Umfeld zu verlassen. Er muss etwas tun, wovor er panische Angst hat: in eine fremde Welt eindringen, in der sein Verhaltensrepertoire aus den Fugen gerät. Warum und wie er vom südenglischen Provinznest Swindon in die Metropole London gelangt, das ist ungeheuer spannend geschrieben, die im Buch abgebildeten grafischen Zeichen und Wegmarkierungen sind so wichtig wie seine Gefühle.

[...] Der Roman ist mehr als das Protokoll einer fremden Auseinandersetzung mit der Wirklichkeit. In dem Augenblick, da man Christopher nicht als Betroffenen, sondern als Medium betrachtet, das die Welt beschreibt, bewegt man sich plötzlich in einer Gesellschaftssatire, die selbst die unscheinbarsten Macken des normalen Lebens ins rechte Licht rückt. [...]

Mark Haddon: Supergute Tage oder Die sonderbare Welt des Christopher Boone. Aus dem Englischen von Sabine Hübner. Ab 12 Jahre, Karl Blessing Verlag, München 2003. Gebunden, 288 S., 18,00 EUR

Quelle: Seuss, Siggi: Vorsicht fremd!, in: Die Zeit Nr. 8, 12.02.2004, abgerufen unter: http://www.zeit.de/2004/08/KJ-Haddon [23.04.2012]

2 Grafiken, Tabellen und Schaubilder

Tabellen, Schaubilder, Diagramme und statistische Zusammenstellungen gehören zu den Sachtexten. Sie sind oft Zeitungsartikeln (vor allem Reportagen und Berichten) erläuternd beigefügt. Nutzen Sie grafische Darstellungen für ein Referat, einen Fachvortrag oder als statistischen Beleg in Ihrer Facharbeit. Bei der Verwendung von Schaubildern in Referat oder Facharbeit müssen Sie die Daten aus dem Material interpretieren, d.h. die Beziehungen zwischen den einzelnen Gesichtspunkten, zwischen Gruppen von Daten und Einzeldaten sprachlich darstellen.

Tipps

Orientieren Sie sich bei der **Auswertung von statistischem Material** an folgenden Punkten:

- Was ist das Thema der Statistik?
- Welche Aspekte wurden erfasst (Ziele)? Welche thematischen Aspekte blieben evtl. unberücksichtigt?
- Was verraten die vertikalen Spalten und die horizontalen Zeilen?
- Gibt es auffällige Extremwerte (Maximal- und Minimalwerte) sowie weitere Auffälligkeiten? Erkennen Sie Parallelen, Widersprüche oder Entwicklungen?
- Fassen Sie Ihre wichtigsten Ergebnisse zusammen.
- Welche Ursachen sind zu vermuten? Welche Folgerungen und Prognosen ergeben sich daraus?

Diagramme, Schaubilder und Tabellen stellen Informationen verkürzt und grafisch-anschaulich dar, müssen also von Ihnen richtig interpretiert und in ganze Sätze umgeformt werden. **Legenden** mit Erläuterungen der Farben und Symbole helfen bei der Interpretation. Je nach grafischer Darstellung ergeben sich unterschiedliche Zielsetzungen:

- Das **Säulendiagramm** dient zum Vergleich mehrerer Daten.
- Das **Kreis- oder Tortendiagramm** eignet sich besonders zur Darstellung von Proportionen.
- Das **Liniendiagramm** zeigt Tendenzen und Entwicklungsverläufe.

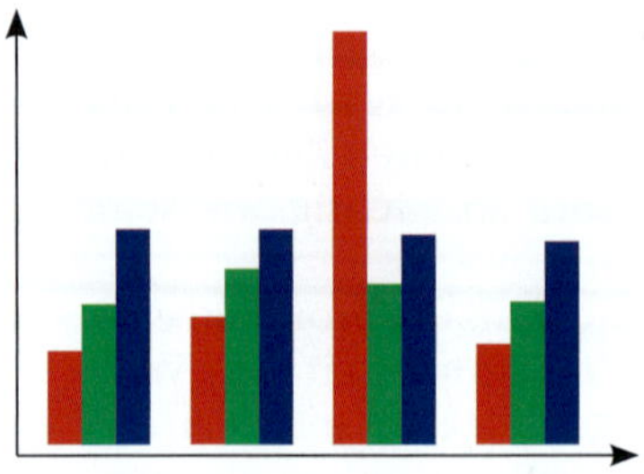

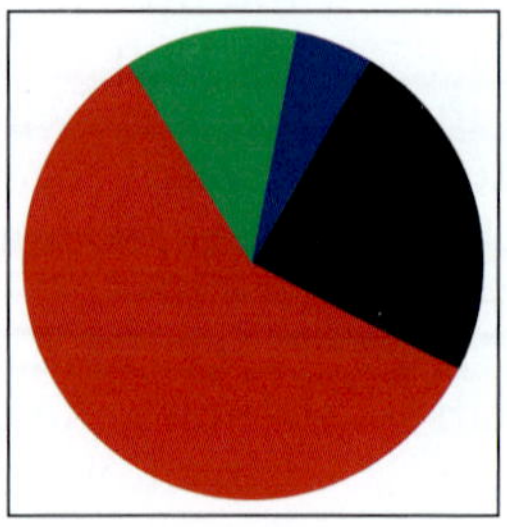

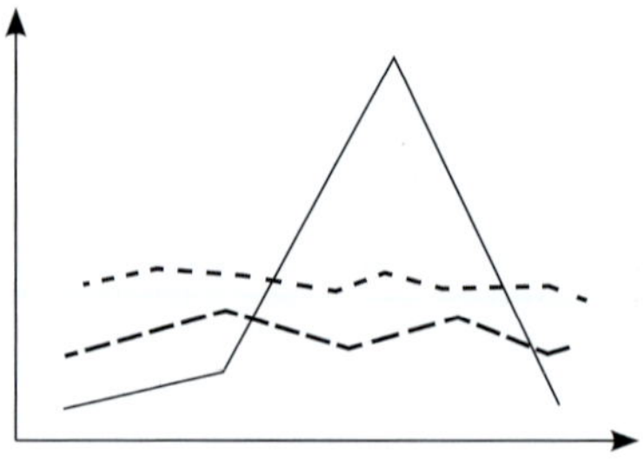

1 Ermitteln Sie durch Umfragen in Ihren Praxiseinrichtungen statistische Erhebungsdaten (z.B. zur Altersstruktur, zur Art der Behinderung o.Ä.). Visualisieren Sie alle in Ihrer Klasse gesammelten Daten mithilfe eines Textverarbeitungsprogramms (meist unter Menü „Einfügen" – „Grafik" – „Diagramm") in geeigneter Form (Säulen-, Kreis- oder Liniendiagramm).

2 Interpretieren Sie die beiden nachfolgenden Infografiken anhand der Fragen unter „Tipps" und erläutern Sie dabei Unterschiede und Gemeinsamkeiten.

3 Erläutern Sie, welche Aussagen richtig sind, und berichtigen Sie falsche Aussagen in Ihrem Heft.
a Schwerbehindert ist, wer mindestens halbseitig behindert ist.
b Die Zahl der Schwerbehinderten in Deutschland stieg von 2007 bis 2009 um drei Prozent an.
c Im Schnitt sind zwei von 100 Personen in Deutschland als Folge eines Unfalls schwerbehindert.
d Die körperlichen Behinderungen überwiegen bei den Schwerbehinderten mit 64 Prozent.

e Mehr als ein Viertel der Schwerbehinderten sind über 75 Jahre alt.
f Zwei von zehn unter 18-Jährigen waren 2009 in Deutschland schwerbehindert.

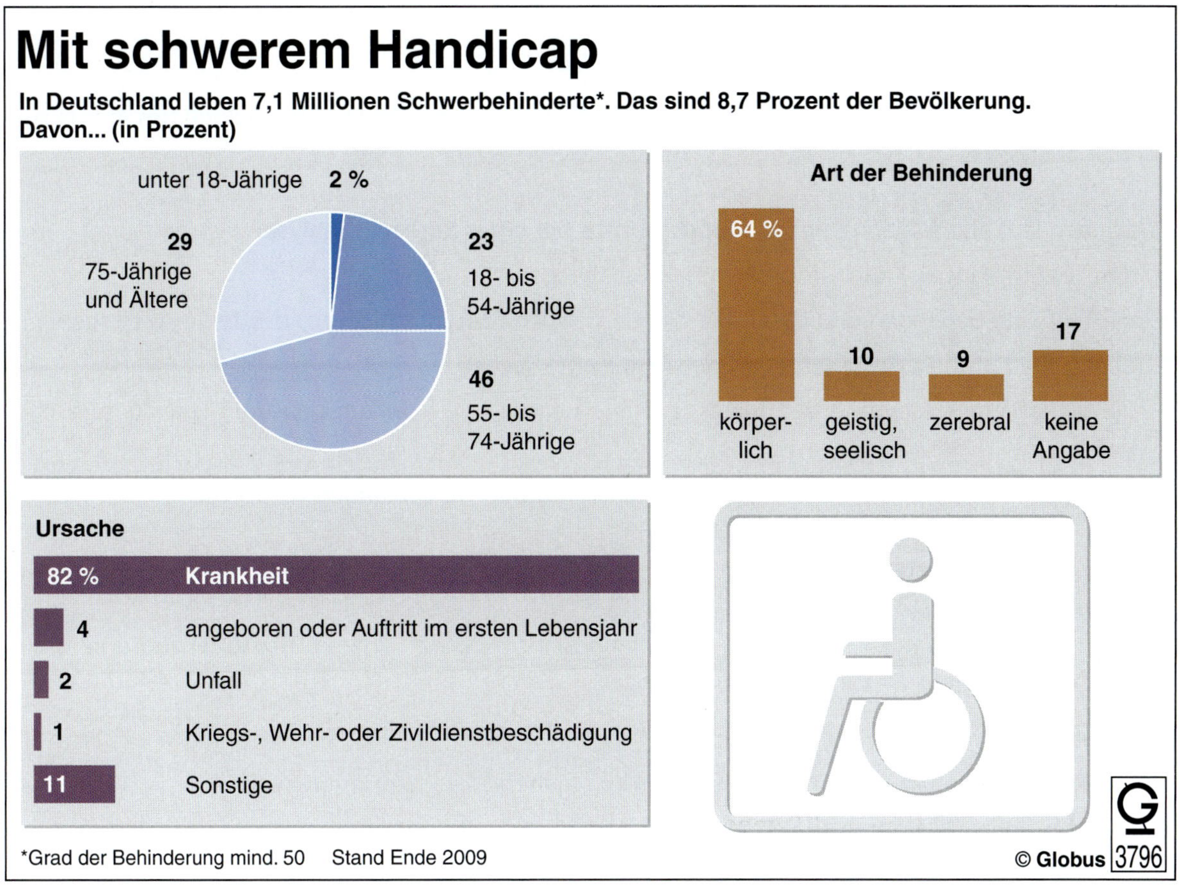

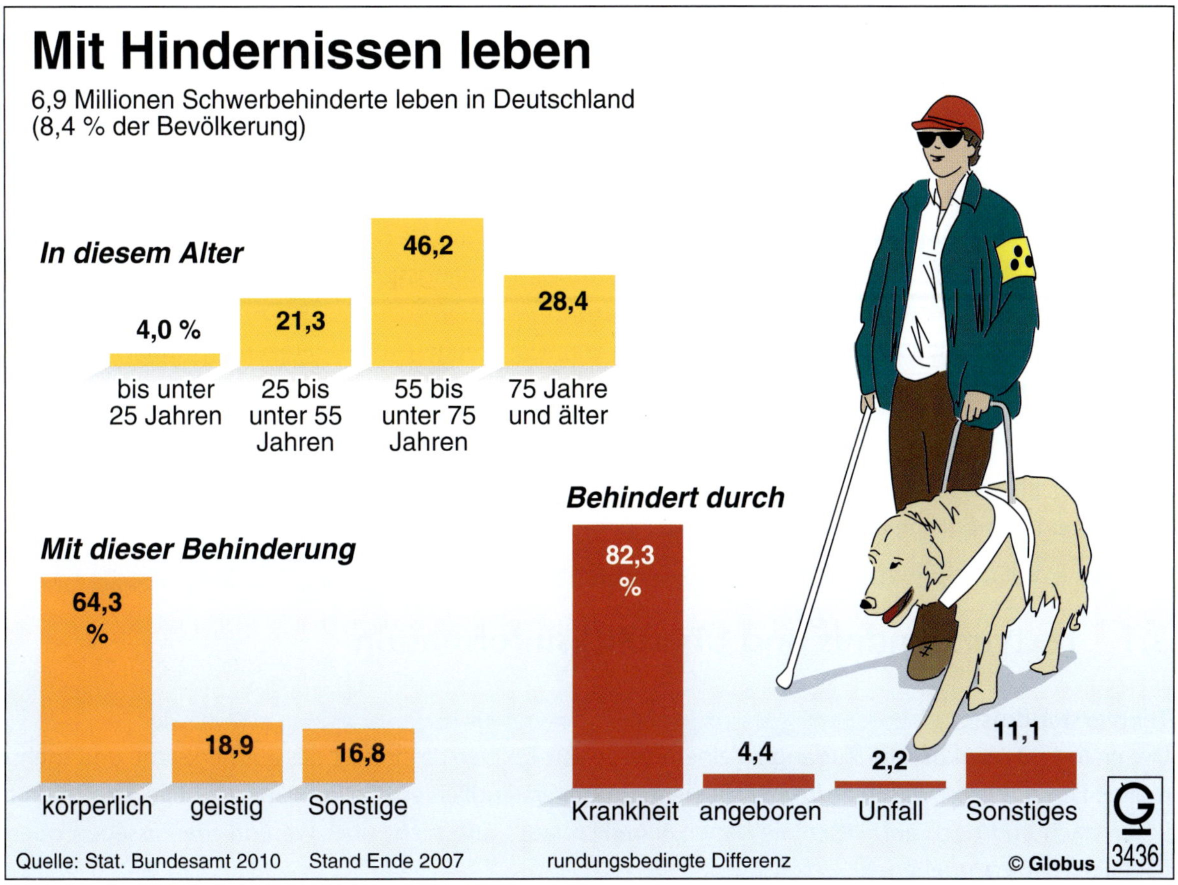

3 Sachtextanalyse

Eine Sachtextanalyse zielt auf das verstehende bzw. interpretierende Lesen eines (oft beruflich relevanten) Sachtextes.

Dazu wird zunächst die Textvorlage (Hauptthesen, Argumentationsstruktur, Einstellung des Autors zum Thema) analysiert.

Es ergeben sich also folgende **Bearbeitungsschritte bei einer Sachtextanalyse:**

- den Text (mehrmals) lesen und den Inhalt verstehen,
- die Textsorte benennen und damit die Wirkungsabsicht(en)/Intention(en) des Textes verstehen,
- den Aufbau und die Argumentation des Textes untersuchen,
- die sprachliche Gestaltung des Textes und ihre beabsichtigte Wirkung auf den Leser untersuchen sowie
- abschließend eine persönliche begründete Bewertung der Textaussagen vornehmen.

Aufbau einer Sachtextanalyse

1. Einleitung

- Informieren Sie über Autor/-in, Titel, Erscheinungsjahr, -kontext, Thema, Textsortenzuordnung und über die vermutete Wirkungsabsicht des Textes.

2. Hauptteil

- Fassen Sie den Inhalt knapp, sachlich-neutral in eigenen Worten zusammen.
- Kennzeichnen Sie fremde Meinungen (des Autors oder der vom Autor zitierten Fachleute) durch **Konjunktiv** und **Sprechaktverben** (wie z. B. *behaupten, fordern, infrage stellen, appellieren, negieren, kritisieren*).
- In der Erläuterung der Wirkungsabsicht untersuchen Sie, mit welchen Mitteln der Autor welche Wirkung beim Leser erreichen will (**Autorenintention**), z. B. an welchen Stellen der Text vor allem sachlich informiert, anklagt, provoziert, zum Handeln auffordert, Vorurteile beseitigt, warnt, unterhält oder emotionalisiert.
- Ihre durch Zitate belegte **Sprachuntersuchung** (vgl. Seite 173) soll zeigen, wie die Aussageabsichten des Textes sprachlich umgesetzt werden. Berücksichtigen Sie dabei
  - **Wortwahl** (z. B. Sprachebene, Fach-/Fremdwörter, Umgangssprache, Euphemismen, Hyperbeln, Nähe/Distanz erzeugende Personalpronomen),
  - **Syntax** (z. B. Häufung von Ausrufe-/Fragesätzen, Überwiegen von Parataxen/Hypotaxen) und
  - **Stilmittel** (z. B. Metaphern, Vergleiche, bekräftigende Anaphern, Klimax).

3. Schluss

- In Ihrer abschließenden **Stellungnahme** beurteilen Sie die Argumentation der Autorin/des Autors und zeigen mögliche Lösungsansätze auf.

3.1 Textverständnis und Überblicksinformation

Textverständnis

Der erste und unerlässliche Zugang zu einem vertieften Textverständnis ist das aufmerksame und mehrmalige Lesen. Vieles, was Ihnen zunächst vielleicht unverständlich erscheint, klärt sich bei wiederholtem Lesen nach und nach auf. Lesen Sie dabei „innerlich laut", um nicht über wesentliche Passagen oberflächlich hinwegzugehen.

Für ein umfassendes Textverständnis gehen Sie nach der in Kapitel 4 im Abschnitt „Lern- und Arbeitstechniken" genauer beschriebenen Methode vor (Seite 20f.), indem Sie

1. den Text genau lesen,
2. den Text in Sinnabschnitte unterteilen,
3. in jedem Sinnabschnitt prägnante Schlüsselwörter unterstreichen und
4. am Rand Stichworte zur Argumentationsweise (Thesen, Begründungen, Beispiele, Folgerungen, Einschränkungen usw.) notieren.

Überblicksinformation

Nachdem Sie ein erstes Textverständnis gewonnen haben, fassen Sie als Einleitung Ihrer Sachtextanalyse die wichtigsten formalen und inhaltlichen Textmerkmale in einer Überblicksinformation kurz und prägnant zusammen:

- Nennen Sie die Quelle (Name der Zeitung/Zeitschrift) und das Erscheinungsdatum.
- Nennen Sie den Autor/die Autorin und geben Sie in Anführungszeichen den Titel des Textes an.
- Bestimmen Sie die Textsorte. Dabei hilft Ihnen zu klären, in welchem Ausmaß die vier Hauptfunktionen eines Sachtextes (vgl. Seite 130) vertreten sind.

Textsorte	Sprache	Wirkung/Intention
Bericht	genau, wertungsfrei, einfacher Satzbau, viele Konjunktive	objektiv, tatsachenorientiert, ohne persönliche Wertungen
Reportage	Hintergrundinfos, Zitate, Beobachtungen, Empfindungen	Bericht, der das persönlich gefärbte Erlebnis einbezieht
Kommentar	sachlich überzeugende Argumentation, Leserappelle	kurze Argumentation zu aktuellem Thema
Glosse	aggressiv und doppelbödig, viele Stilebenen und Stilmittel	kurzer, ironischer Meinungstext/Kommentar

- Stellen Sie in ein bis zwei Sätzen das Thema und die Hauptaussageabsicht dar: Welcher Sachverhalt wird im Text behandelt, welches Problem wird dargestellt und welche Meinung hat die Autorin / der Autor zum Sachverhalt? Welche Lösungen des Problems werden beschrieben? Welche Absicht verfolgt die Autorin/der Autor mit dem Text, wen möchte sie/er ansprechen?

1 ***Beurteilen Sie mündlich die nachfolgenden Überblicksinformationen zum Text „Ich-Buch und Plauderplan" (Seite 132f.) und formulieren Sie anschließend schriftlich eine korrekte Überblicksinformation.***

a Lutz Andrea beschreibt in seinem Kommentar Ich-Buch und Plauderplan, der im Dezember 2006 in der Neuendettelsauer Chronik erschien, Menschen mit Behinderung in ihrem Alltag und mit welchen Problemen sie zu kämpfen haben.

b In der Reportage „Ich-Buch und Plauderplan" von Andrea Lutz, die 2006 in der Neuendettelsauer Chronik erschien, geht es um die Jugendlichen Ramon und Melik, die dank unterstützter Kommunikation endlich einkaufen gehen können.

2 ***Verfassen Sie zum Text „Einrichtungen und Inklusion" (S. 132) eine Überblicksinformation.***

3 ***Erarbeiten Sie sich in den oben angegebenen vier Schritten ein vertieftes Textverständnis zu „Es gibt mehr als Konsum" (Seite 138) und verfassen Sie anschließend dazu eine Überblicksinformation, in der Sie den Text vorstellen und auf Textsorte, Thema und Kernaussagen eingehen.***

3.2 Inhalt und Aufbau (strukturierte Inhaltswiedergabe)

Das Ziel der strukturierten Inhaltswiedergabe ist es, den argumentativen Aufbau und den Inhalt des Textes auf ca. ein Drittel verkürzt in eigenen Worten – also losgelöst von den Formulierungen des Autors – darzustellen und ohne wörtliche Zitate wiederzugeben. Dafür ist ein vertieftes Textverständnis die Grundlage (vgl. die dafür erforderlichen vier Vorübungen aus Kapitel 3.1).

Tipps

- Geben Sie jeweils an, wer welche Meinung vertritt. Verwenden Sie **indirekte Rede** (vgl. Kapitel 3 im Abschnitt „Normen der Standardsprache") zur **Kennzeichnung fremder Meinungen.**

  Beispiel *Die Autorin behauptet, es sei …*
  Sie gibt die Forschungsergebnisse von Dr. Müller wieder, die nachweist, es gebe …

- Geben Sie durch **Strukturwörter** den **Aufbau** (*Einleitend …, Dann …, Abschließend …*) und die **Argumentation** (*erläutert, widerspricht, appelliert, zeigt am Beispiel, kritisiert, begründet, bewertet* usw.) wieder. Informieren Sie sich anhand der Tabelle auf Seite 156 über die verschiedenen Argumentationsmethoden.

Es gibt mehr als Konsum

Das Sonntags-Urteil – eine Wende des Zeitgeists?

Es gibt mehr als Konsum. Kann sein, dass dieses Karlsruher Urteil[1] mehr ist als nur eine sehr kräftige, beeindruckende Bestätigung der Sonderrolle des Sonntags. Denn die Verfassungsrichter stemmen sich mit ihrem Spruch auch sehr deutlich gegen einen Zeitgeist, der die vergangenen Jahrzehnte prägte: gegen die zunehmende Durchökonomisierung und -flexibilisierung der Gesellschaft. Die Richter greifen das wachsende Unbehagen über diesen Trend auf, indem sie sehr klar sagen, was von den Konsum- und Wachstums-Predigern oft recht vehement bestritten wird: dass der Mensch nämlich Pausen braucht.

Pausen? Angesagt war zuletzt vor allem deren Abschaffung. An die Sendepause im Fernsehen erinnern sich nur noch Ältere. Die Arbeitszeiten wurden durchflexibilisiert – mit Vor- und Nachteilen. Aus dem englischen Büro-Arbeitszeit-Slogan „Working 9 to 5" wurde längst das „24/7": Viele Menschen müssen, etliche von ihnen wollen sogar an sieben Tagen der Woche 24 Stunden lang, rund um die Uhr, erreichbar sein. Beantworten Mails prompt, twittern, schreiben SMS – und arbeiten dazwischen auch noch. Wichtige, ja zentrale Weichenstellungen in Politik und Wirtschaft werden inzwischen gern mitten in der Nacht getroffen – und niemand wundert sich darüber.

Ich shoppe, also bin ich

Die Geschichte der zusehends ausgeweiteten Ladenöffnungszeiten war bei dieser Aufweichung von Zeit-Konturen stets Vorläufer: Cleveren Marketing-Strategen gelang es, den Menschen einzuimpfen, dass Einkaufen (pardon: Shoppen) erstens ein Erlebnis (pardon: Event) sei und dass es daher, zweitens, am besten ohne Pausen verfügbar sein müsse. Nun mag Einkaufen ja sehr wohl Spaß machen. Aber wenn viele einen Stadt- mit einem Einkaufsbummel gleichsetzen und dabei verlernen, was man in einer Stadt gerade dann erleben und sehen kann, wenn die Läden mal zu sind; wenn für manche Shoppen also zum Ersatz fürs echte Leben wird – dann läuft irgendwas schief. Dann nämlich dominiert die Ökonomie derart den Alltag, dass der Mensch zu ihrem Gefangenen wird: Ich shoppe, also bin ich.[2]

Nun haben die Kirchen gar nicht gegen die Ausweitung der Ladenöffnungszeiten während der Woche geklagt; da [wird das Angebot so gestaltet], wie es [den Städten] passt. Berlin

---

1 *Das Bundesverfassungsgericht in Karlsruhe hat am 1. Dezember 2009 die vier verkaufsoffenen Adventssonntage in Berlin für verfassungswidrig erklärt, da sie gegen den Sonntagsschutz im Grundgesetz verstießen. Damit gaben die Richter einer Klage der Kirchen teilweise statt. Das Ladenschlussgesetz von 1956 in der Fassung von 2006 erlaubt die Ladenöffnung an bis zu vier Sonn- und Feiertagen im Jahr außer im Monat Dezember. Das Berliner Abgeordnetenhaus hatte das Ladenschlussgesetz am stärksten von allen Bundesländern liberalisiert: Geschäfte durften an den Adventssonntagen und an bis zu sechs weiteren Sonntagen geöffnet werden.*

2 *Angelehnt an den Ausspruch „Cogito ergo sum" – „Ich denke, also bin ich" des Philosophen René Descartes*

wagt teils das Rund-um-die-Uhr-Shoppen; in kleineren Orten machen die Händler dann dicht, wenn zu wenig Kunden kommen. Denn die können ihr Geld ja nur einmal ausgeben: Selbst ständig offene Läden erhöhen nun mal die Kaufkraft nicht; daher sprechen auch gewichtige ökonomische Gründe für das Karlsruher Urteil.

Es braucht Zäsuren

Die Richter gingen auf die Argumente der Kirchen ein, legten sie aber weniger religiös als gesellschaftspolitisch aus – und bestätigten gerade so die Bedeutung von Feiertagen; ob man die nun „heiligt" oder „einhält", das ist dann Glaubenssache. Karlsruhe bestätigte, was Soziologen wie Theologen klug begründen – und was Arbeitnehmer wie Familien hautnah spüren: Es braucht einen Tag, der anders ist als die anderen sechs; eine Zäsur, eine Pause, eine Zeit, die nicht von Aktion(ismus) geprägt ist, sondern Raum bietet für anderes, für Gespräche, Ausflüge, auch fürs Nichtstun und für Langeweile – denn gerade in solche Momenten, die für Ökonomie-Fetischisten die pure Zeitverschwendung sind, steckt die Chance zum Innehalten, Nachdenken, zum Entspannen und wirklichen Leben.

Ohne Sonntag wären alle Tage gleich: Mit diesem Spruch kämpften die Kirchen gegen die Aushöhlung des Feiertags. Wirtschaft ist ohne Zweifel wichtig; das lehrt die Krise – aber sie darf nicht alles sein und über allem stehen; sie darf nicht zur neuen Religion, zum neuen Glauben werden; auch das lehrt die Krise. Das Karlsruher Urteil ist daher ein bemerkenswertes, ein wichtiges Votum gegen dieses Diktat der Ökonomie.

Quelle: Jungkunz, Alexander, in: Nürnberger Nachrichten 02.12.2009, S. 2

1 ***Verfassen Sie eine strukturierte Inhaltswiedergabe zu „Es gibt mehr als Konsum". Verwenden Sie dabei Strukturwörter:*** *(warnt, fordert, befürwortet, kritisiert, betont ...)*

3.3 Sprachanalyse

Durch die Analyse der eingesetzten sprachlichen Mittel soll untersucht werden, wie der Autor seine Aussageabsicht sprachlich umsetzt: Benennen und erläutern Sie die argumentative Absicht des Autors und die (beabsichtigte) Wirkung von Sprache und Stil auf den Leser. Dazu müssen Sie das entsprechende Fachvokabular über Stilmittel und grammatikalische Erscheinungen kennen und anwenden.

Vorgehen

Formulieren Sie eine **Aussageabsicht** des Autors (z. B. *Der Autor kritisiert ...*) und **belegen** Sie diese **durch** ein auffallendes **sprachliches Mittel** (mit Zeilenangabe), das in seiner **Wirkung** auf den Leser dargestellt wird (z. B. *Die Metapher „..." (Z. 2) bewirkt, dass man ... Denn ...*) Notwendig ist also die korrekte Nennung des Stilmittels und die Erklärung seiner Verwendung im Textzusammenhang.

Bei der Sprachanalyse können folgende sprachliche Merkmale untersucht und in ihrer Wirkung auf den Leser beschrieben werden:

Stilebene und Wortwahl

Sprachform	Beispiele
Hochsprache	*Er konnte nicht schlafen.*
Fachsprache – medizinische Fachsprache	*Der Patient leidet unter Insomnie als Folge einer Fibromyalgie.*
Umgangssprache	*Pennen konnte er so was von vergessen heut Nacht.*
Jugendsprache	*So wie der mich vollgetextet hat, Alder, war ratzen nicht drin.*
Dialekt	*Brunzverregg! I koo ned schlaffn!*
Anglizismen	*Für seine Work-Life-Balance braucht jeder mal ein Time Out zum Relaxen.*

Satzbau und Zeichensetzung

Satzbau	Beispiele
Häufung von Fragesätzen/Ausrufesätzen Wie lange kann das noch gutgehen? Wer kann das sagen? Kann es möglich sein, dass wir die Grenzen längst überschritten haben?	
kurze Aussagesätze (Parataxen)	*Ein Urteil zu fällen ist schwer. Vielleicht ist Hermann B. unschuldig. Möglicherweise ist er schizoid. Wir werden es nie mit Sicherheit wissen.*
lange Sätze mit vielen Nebensätzen (Hypotaxen)	*Ob Hermann B. tatsächlich schuldunfähig ist, wie es das psychologische Gutachten nahelegt, das ihm eine schizoide Persönlichkeitsstruktur attestiert, oder ob er es nur geschickt verstanden hat, eine Geisteskrankheit vorzutäuschen, wie seine Exfrau Margret B. gegenüber der Presse behauptet hat, kann mit letzter Sicherheit nicht festgestellt werden.*

Stilmittel

Fachbegriff	Erklärung	Beispiele
Alliteration	gleicher Anlaut der Stammsilbe aufeinanderfolgender Wörter (Stabreim)	*Haus und Hof; Kind und Kegel; Wind und Wetter; Milch macht müde Männer munter.*
Anapher	Wiederholung desselben Wortes/derselben Wortgruppe an gleicher Stelle in aufeinanderfolgenden Sätzen oder Satzteilen	*Klar ist, dass wir gewinnen wollen. Klar ist, dass wir noch nicht gewonnen haben. Er hasste die Fabrik, er hasste seine Arbeit.*
Antithese	Gegensatzpaar; Gegenüberstellung entgegengesetzter Begriffe	*hell und dunkel; Stärke und Schwäche; Praxis: gerne. Theorie: nein danke.*
Chiasmus	Überkreuzstellung von Satzgliedern	*Einer ist der Erfinder, Nachahmer sind viele. Die Kunst ist lang und kurz ist unser Leben.*
Ellipse	unvollständiger Satz	*Du, mein Gegner? Feuer! Hilfe! Je schneller, desto besser.*
Euphemismus	Beschönigung; Verschleierung	*Minuswachstum (Rezession); Entsorgungspark (Atommülldeponie); entschlafen (sterben)*
Hyperbel	Übertreibung; Untertreibung	*Das habe ich dir schon tausendmal gesagt. Ich bin am Verdursten. Ich sterbe vor Hunger.*
Ironie	spöttische Bloßstellung, wobei das Gemeinte das Gegenteil des Gesagten ist	*Du bist heute ja mal wieder überpünktlich! Das haben Sie ja toll hingekriegt!*
Klimax	Steigerung; oft als Reihung bzw. innerhalb einer Relation	*Wir warteten Sekunden, Minuten, Stunden. Am Anfang war der Verkehr lebhaft, später zähflüssig, am Ende standen wir im Stau.*
Litotes	doppelte Verneinung	*Er freut sich nicht wenig. Sie tat das nicht ungern.*
Metapher	sprachliches Bild; verkürzter Vergleich durch Übertragung der ursprünglichen Bedeutung des Wortes in einen anderen Zusammenhang	*am Fuße des Berges; Schneckentempo; Verkehrsfluss; Verhandlungsmarathon*
Neologismus	(noch) nicht im Wörterbuch eingetragene Wortneuschöpfung	*Guten Happetit! guttenbergen (Synonym für „abschreiben"), kaudern (siehe S. 198, Z. 84)*

Fachbegriff	Erklärung	Beispiele
Parallelismus	sich wiederholende Satzkonstruktion oder Wortfolge	*Heiß ist die Liebe, kalt ist der Schnee. Heute back ich, morgen brau ich …*
Parenthese	Einschub; unverbundene Einfügung in den Satzablauf	*Gestern kam ich – der Zug hatte Verspätung – erst kurz vor Mitternacht an. Es gibt Augenzeugen – vielleicht melden sie sich –, die das gesehen haben.*
Personifikation	Vermenschlichung von Abstraktem oder Gegenständlichem	*Der Fremdenhass nimmt schon Platz im Klassenzimmer oder pöbelt in der S-Bahn. Das Dorf lag in tiefem Schlummer.*
Reihung	Aufzählung	*Amsel, Drossel, Fink und Star; Er nahm Schlüssel, Geld, Papier und einen Kuli mit.*
rhetorische Frage	Scheinfrage, die sich selbst beantwortet	*Reicht es, dass Bürger demonstrieren? Haben wir nicht genug gelitten? Sind nicht längst die Grenzen überschritten?*
Synästhesie	Mischung verschiedener Sinneseindrücke in einer Aussage	*kalte Farben; Schärfe der Stimme; heiße Musik; golden weh'n die Töne herüber*
Tautologie	Häufung gleichbedeutender Ausdrücke	*für immer und ewig; nackt und bloß*
Vergleich	veranschaulichendes Stilmittel	*stark wie ein Löwe; „Die Atmosphäre hier ist kühler als das Lächeln von 'ner Stewardess" (Ulla Meinecke).*
Wortspiel	Spiel mit Klang oder Bedeutung von Wörtern; Wort- bzw. Sprachwitz	*Braucht die Genetik eine neue Gen-Ethik? Natürlich ist die Natur schon lange nicht mehr natürlich.*

4 ***Untersuchen Sie die Aussageabsicht des Textes „Es gibt mehr als Konsum" (Seite 138), indem Sie für folgende Stellen die entsprechenden Fachbegriffe nennen und ihre Wirkung auf den Leser erläutern:***
- ***a „Das Sonntags-Urteil – eine Wende des Zeitgeists?" (Zeile 1 f.)***
- ***b „Konsum- und Wachstums-Prediger" (Zeile 14)***
- ***c „Ich shoppe, also bin ich" (Zeile 33)***
- ***d „Chance zum Innehalten, Nachdenken, zum Entspannen und wirklichen Leben" (Zeile 80 ff.)***

5 ***Verfassen Sie eine einleitende Überblicksinformation zu dem Artikel „Keine Wahl in Bruckberg". Untersuchen Sie anschließend schriftlich die Aussageabsicht des Textes unter Einbezug auffälliger sprachlicher Merkmale.***

Keine Wahl in Bruckberg: Menschen mit geistiger Behinderung

Das fränkische Bruckberg war 2005 der Ort mit der geringsten Wahlbeteiligung Deutschlands. In der 1330-Einwohner-Gemeinde leben fast 500 geistig behinderte Menschen.
Kurt Stark wird mit seinem Rollstuhl hinfahren. Thomas Graf geht zusammen mit seinem Vater. Kevin Neuner hofft, dass er daran denkt. Und Manfred Herbst überlegt, was „wählen" bedeutet – das Wählen einer Telefonnummer?
Alle vier sind Menschen mit geistiger Behinderung und fast alle haben eine Meinung zur Politik und zur Bundestagswahl: „Frau Merkel redet gescheit daher, aber ändern tut sie nichts. Ich bin mir sicher, dass sie wieder abgewählt wird." – „Ich wähle die SPD!" – „Ich möchte, dass Hartz IV wieder abgeschafft wird." Nur Manfred Herbst: Er denkt immer noch nach. Den Zeigefinger am Mund, die Augen freundlich auf sein Gegenüber gerichtet. Er hat das Down-Syndrom und fortgeschrittene Demenz.
Alle vier wohnen in Bruckberg, einem Ort in Mittelfranken, der bei den Bundestagswahlen

2005 die geringste Wahlbeteiligung Deutschlands hatte. Der Grund dafür ist nicht etwa, dass die Bruckberger politikverdrossen sind – sondern, dass in der 1330-Einwohner-Gemeinde fast 500 Menschen mit geistiger Behinderung leben. Doch nur 40 davon haben bei den vergangenen Bundestagswahlen gewählt.

Ungewöhnliche Idylle

Bruckberg, das ist Apfelbaumidylle, das sind Holzbalkone und üppige Geranien. Bruckberg, das sind aber auch Wohnheime der Behindertenhilfe Diakonie Neuendettelsau, die sich über den ganzen Ort verteilen. Das Hauptgebäude, eine Schlossanlage mit großem Park, erwarb die Diakonie bereits im Jahr 1891. Nicht immer ging man mit den behinderten Menschen so offen um wie heute. Die Anlage hatte schon Zäune, Schranken und Pforten, man sperrte die Menschen ein und aus dem Bewusstsein der Bruckberger aus.

Heute, sagt die Bürgermeisterin Anna-Maria Wöhl, gehören die Menschen mit Behinderung zum „Stadtbild". Einige Bruckberger sind, obwohl nicht verwandt, gesetzliche Betreuer von Heimbewohnern. Und man kann hier herzlich darüber lachen, dass bei den vergangenen Bundestagswahlen ein Heimbewohner und Fan von Renate Schmidt (SPD) im Wahllokal auf eine Frau mit dunklen Haaren zusteuerte und fragte, ob sie die Renate sei. Es war aber eine Dame von der CSU. Das Gackern ist groß, wenn jemand diese Anekdote erzählt.

Im Allgemeinen geht man hier sensibel mit den Heimbewohnern und ihren Bedürfnissen um. Vielleicht zu sensibel, wenn es sich um die Frage handelt, ob Wahlkampf und politische Diskussionen die Heimbewohner möglicherweise manipulieren könnten. Denn die Folge ist, dass die geistig behinderten Menschen, von denen 360 wahlberechtigt sind, nicht die Informationen bekommen, die sie benötigen, um eine Wahlentscheidung zu treffen – obwohl im Ort der Politikzirkus längst begonnen hat.

Die CSU dominiert

In Bruckberg gibt es nur einen CSU-Ortsverband. Jener der Freien Wähler befindet sich gerade in der Auflösung und sein Vorsitzender räumt ein, selbst nicht die Freien Wähler zu wählen. Doch haben es sich die Verbände anderer Orte nicht nehmen lassen, auch in Bruckberg Plakate aufzuhängen. Und so lächeln von den Mauern, Säulen, Laternen der Gemeinde auch Kandidaten der SPD, FDP, ÖDP und der Linken.

Natürlich steht es den meisten Heimbewohnern frei, durch Bruckberg zu spazieren, etwa die Alte Poststraße entlang, deren Gehwege extra breit ausgebaut wurden, und sich die Plakate anzusehen. Je nach geistigem Behinderungsgrad gibt es aber Erklärungsbedarf. Das trifft auch auf Beiträge im Fernsehen, Radio, Internet oder in der Zeitung zu – theoretisch können sich die Heimbewohner dort über Politik informieren, doch verstehen sie nicht unbedingt, was die Politiker mit ihren komplizierten Sätzen meinen.

Kevin Neuner, ein aufgeweckter junger Mann und Erstwähler, sieht sich gerne mal die „Tagesschau" an und begreift das meiste. Doch Manfred Herbst, früher im Heimbeirat und politisch aktiv, wundert sich immer noch, was wählen bedeutet: „Manfred", sagt Martin Piereth, Pädagoge und Koordinator der Bruckberger Heime, „uns geht's nicht ums Telefon!"

Schwierige Fragen

Erklärungen wie diese sind neutral. Doch was, wenn ein Heimbewohner Rat sucht und fragt, wie es schon geschehen ist, „Und was machen die Grünen? Findest du die gut?" Darf man dann politisch Stellung beziehen und mit den Heimbewohnern diskutieren – oder ist das schon Beeinflussung?

Werner Mayer, Ortsvorsitzender der Freien Wähler, findet, dass es nicht Aufgabe der Parteien ist, Heimbewohnern derartige Fragen zu beantworten. Denn dem hafte immer der Ruch von Manipulation an.

Martin Piereth meint, dass das auch nicht Sache des Heims sein darf. Das Heim müsse, ganz im Gegenteil, politisch neutral bleiben. Die Mitarbeiter werden deshalb angehalten, die Heimbewohner nicht zu beeinflussen. Es ist auch deshalb Vorsicht geboten, weil die Diakonie der größte Arbeitgeber in Bruckberg ist und es Zeiten gab, da mindestens eine Person aus jedem Haushalt in der Behindertenhilfe gearbeitet hat – einige aber gleichzeitig in Parteien aktiv sind.

Wie, fragt Hans Ehret, stellvertretender CSU-Ortsvorsitzender, kann man da ausschließen, dass nicht mal ein Mitarbeiter sagt: „Wähl die SPD, da machst du nichts verkehrt"? Hilfestellung leistet das Heim nur mit dem Wählen an sich: Die Erwachsenenbildung bietet Kurse an, in denen den Heimbewohnern grob erklärt wird, welche Parteien es gibt, vor allem aber, wie sie ihr Kreuz im Wahllokal, der Bruckberger Schule, oder per Briefwahl setzen können.

Behinderte „inkludieren"

Die Behindertenrechtskonvention (BRK) der Vereinten Nationen, die Deutschland dieses Jahr ratifizierte, hat zum Ziel, Menschen mit Behinderung nicht nur in das gesellschaftliche und politische Leben zu integrieren, sondern sie daran teilhaben zu lassen, sie zu „inkludieren", sie also normal zu behandeln. Wäre es nicht normal, mit den Heimbewohnern auch

über Politik zu sprechen und sie in den politischen Wahlkampf mit einzubeziehen?
CSU-Politiker Hans Ehret sitzt bei Zithermusik in der „Alten Braustube“ und zuckt bei dieser Frage mit den Schultern. Er ist vorsichtig, wenn es um den Vorwurf der Beeinflussung geht. Andererseits: „Uns als Ortsverband wäre es schon recht, wenn ein großer Politiker kommt und seine Bereitschaft für Behinderte zeigt.“ Früher sei sein großer Wunschtraum gewesen, Franz Josef Strauß wäre mal vorbeigekommen. Doch der hat sich in Bruckberg nie blicken lassen. Knapp 400 wahlberechtigte Heimbewohner in Bruckberg seien eine Menge Stimmen, sagt Ehret. Insgesamt leben in Deutschland etwa 450.000 Menschen mit geistiger Behinderung. Wahlberechtigt ist grundsätzlich jeder von ihnen – sofern er keine Vollbetreuung, also eine Betreuung in allen Lebensbereichen benötigt.
Die CDU, aber auch die Grünen und die SPD, haben sich deshalb auf Bundesebene die Mühe gemacht, ihr Wahlprogramm in leichte Sprache zu übersetzen. Wie es auf der Webseite eines Direktkandidaten der Grünen heißt, profitierten auch Hauptschüler und Senioren davon. Geduld müssen die Leser zeigen können – denn das abgespeckte Wahlprogramm umfasst 46 Seiten, jenes von SPD und CDU jeweils 24 und 36.
In Bruckberg allerdings weiß man von diesen Broschüren nichts. Und selbst wenn: In den meisten Fällen bräuchte es jemanden, der den Heimbewohnern auch das Wahlprogramm in einfacher Sprache ergänzend erklärt.
Pädagoge Piereth sagt, dass die gesetzlichen Betreuer, die nahezu jeder Heimbewohner für unterschiedliche Lebensbereiche hat, mitverantwortlich für die Aufklärung sind. Doch legen die Betreuer ihre Pflichten unterschiedlich aus. Manche leisten politische Hilfestellung, andere sind politisch uninteressiert, manche wohnen zu weit weg, um etwas persönlich erklären zu können.
Das Problem dreht sich immer schön im Kreis wie ein Karussell.
Manfred Herbst aus dem Heim hat inzwischen verstanden, worum es beim Wählen und der Bundestagswahl geht. Er wählt die SPD. Warum? „Weil ich sie liebe.“
So einfach sind manche Entscheidungen.

Quelle: Schwarzenbach, Tanja: Keine Wahl in Bruckberg, in: Süddeutsche Zeitung 22.09.2009, abgerufen unter http://www.sueddeutsche.de/politik/menschen-mit-geistiger-behinderung-keine-wahl-in-bruckberg-1.30899 [23.04.2012]

3.4 Persönliche Stellungnahme zu Aussagen des Textes (textgebundene Erörterung)

Das Ziel der textgebundenen Erörterung besteht darin, dass Sie zu zentralen im Text aufgestellten Thesen Position beziehen. Dazu müssen Sie fundiert argumentieren und Thesen/Behauptungen aufstellen, diese begründen, indem Sie abstrakte, allgemeine Erklärungen dazu finden, und anhand von Beispielen (vergleichbaren Fällen) oder Belegen (Statistiken, Zitate von Experten usw.) konkretisieren.

Vorarbeit

- **Markieren** Sie die im Text aufgeführten **positiven** wie **negativen Thesen** mit den dazu aufgeführten Begründungen und Beispielen/Belegen.
- Legen Sie in einem Brainwriting eine **eigene Stoffsammlung zu weiteren** Pro- und Kontra-**Argumenten** an, die Sie anschließend in eine systematische Reihenfolge bringen und **nach steigender Wichtigkeit ordnen**. Obgleich bei der Ausformulierung zwei Pro- und zwei Kontra-Argumente zumeist ausreichen, sollten Sie beim Brainstorming dennoch mehr suchen, um daraus die überzeugendsten auszuwählen. (Eine Gliederung ist bei der textgebundenen Erörterung nicht notwendig.)

So gehen Sie bei einer **textgebundenen Erörterung** vor:

1. **Einleitung**
   Informieren Sie hier über Autor, Titel, Erscheinungsdatum, Thema, Textsorte und die vermutete Wirkungsabsicht des Textes (Intention des Autors).
2. **Hauptteil**
   a. **Inhaltsangabe**
      Stellen Sie knapp **Inhalt** und **Argumentationsverlauf** dar (also den argumentativen Gedankenaufbau im Zusammenhang mit der Wirkung auffälliger sprachlicher Mittel, vgl. Kapitel 3.2 und 3.3).
   b. **Kritische Auseinandersetzung mit den Thesen des Textes**
      Im zweiten Teil des Hauptteils **wägen** Sie Pro- und Kontra-Argumente gegeneinander **ab** und formulieren Ihre **eigene Position**. Dabei haben Sie drei Möglichkeiten:
      1) Sie **stimmen** dem Autor **zu**, indem Sie seine Thesen weiter abstützen und ausbauen und die logische Schlüssigkeit des Textes durch eigene Thesen/Begründungen/Beispiele erläutern.
      2) Sie **stimmen** dem Autor **teilweise zu**, indem Sie erläutern, an welchen Stellen und weshalb Sie das tun und inwiefern der Autor Ihrer Meinung nach unrecht hat:
         – Fangen Sie mit der von Ihnen eher abgelehnten Position an und erläutern Sie dazu zwei Argumente (mit Begründung und Beispiel/Beleg).
         – Darauf folgt Ihre Darstellung der Gegenposition, ebenfalls durch zwei überzeugend ausgearbeitete Argumente.
      3) Sie **widersprechen** dem Autor, indem Sie seine Thesen durch Gegenargumente oder das Aufzeigen von Schwachpunkten (wie z. B. unbegründete Behauptungen oder unpassende Beispiele) und nicht bedachten Folgen/Konsequenzen entkräften.
3. **Schluss:**
   Ziehen Sie ein **Fazit**, indem Sie Ihre eigene Position begründet darstellen unter Bezugnahme auf die Argumente, die Sie am meisten überzeugen.

Argumentieren

Folgende Argumentationsmethoden können vom Autor eingesetzt und von Ihnen im Hauptteil Ihrer textgebundenen Erörterung auf ihre Schlüssigkeit hin überprüft werden:

Argumentationsmethode	*Formulierungsbeispiele*	Schlüssigkeit der Argumentation prüfen
Behauptung/These	*Nach Auffassung von … Freuds These lautet … Er behauptet, …*	Gibt es dazu Gegenthesen? Wer könnte die Gegenseite vertreten?
(rhetorische) Frage	*Warum …? Wie (was) ist …?*	Ist die Frage berechtigt oder manipulativ?
Annahme/Vermutung	*Vermutlich … Es ist anzunehmen, dass … Vielleicht …*	Ist diese Vermutung plausibel oder unwahrscheinlich?
Prophezeiung	*Mit Sicherheit wird bald … Wir werden künftig …*	Kann diese Prophezeiung angezweifelt werden?
Urteil/Wertung/Meinung	*… ist zu begrüßen/ist schlecht. Erfreulich ist, dass …*	Kann man auch ein anderes Urteil vertreten? Wer vertritt es?
Definition	*Darunter versteht man … Das ist … Das bedeutet …*	Werden zentrale Begriffe korrekt und logisch schlüssig definiert?
Gegenthese/Widerlegung	*Während …, behauptet X, …*	Ist die Widerlegung plausibel?
Einschränkung	*Man muss einräumen, … Zwar …*	Ist die Einschränkung berechtigt?

Argumentationsmethode	*Formulierungsbeispiele*	**Schlüssigkeit der Argumentation prüfen**
Erläuterung/Beispiel/Beleg	*… zeigt, … z. B. … Typisch ist … Wie man an … sieht …*	Sind die dargestellten Beispiele und Erfahrungen repräsentativ?
Folgen	*Als Folge von … Daraus ergibt sich … Folglich ist …*	Gibt es positive/negative Folgen? Sind sie (korrekt) dargestellt?
Gründe/Ziele	*… dient dazu … weil … Gründe dafür … Deshalb …*	Werden (plausible) Gründe/Ziele genannt? Gibt es unbegründete Behauptungen?
Bedingung/Voraussetzung	*Unter der Voraussetzung, dass … Falls … Wenn …*	Unter welchen Bedingungen trifft die These zu? Werden diese im Text erwähnt?
Schlussfolgerung	*Wenn … (und wenn …), dann … Daraus folgt …*	Ist die Schlussfolgerung nachvollziehbar? Kann man auch andere Schlüsse ziehen?
Appell an die Leser	*Wir müssen daher … Wir sollten … Geben Sie …*	Ist der Appell nachvollziehbar? Welche negativen Folgen zieht er evtl. nach sich?

6 ***Setzen Sie sich kritisch mit der Meinung des Autors in „Es gibt mehr als Konsum" (Seite 138) auseinander, indem Sie das Für und Wider einer Ausdehnung der Ladenöffnungszeiten gegeneinander abwägen und Ihre eigene Position formulieren.***

7 ***Übertragen Sie die folgenden Auszüge aus textgebundenen Erörterungen zu „Keine Wahl in Bruckberg" (Seite 141) in Ihr Heft und verbessern Sie die Schlüssigkeit der Argumentation.***

a Der geistig behinderte Mensch hat das Bedürfnis nach Selbstbestimmung über sein Leben und möchte so normal wie möglich an gesellschaftlichen und politischen Entscheidungen beteiligt sein. Es ist wichtig, dass er auch die Möglichkeit bekommt, wählen zu gehen und Wahlprogramme verständlich erklärt zu bekommen. Die Möglichkeiten dazu gibt es, sie sind nur vielleicht etwas aufwendiger, aber das muss man in Kauf nehmen.

b Meiner Meinung nach ist es schwierig bis unmöglich, die Menschen mit geistiger Behinderung über Wahlprogramme so aufzuklären, dass eine politische Einflussnahme ausgeschlossen ist. Auch haben die Betreuten oft gar nicht die Zeit dafür. Die Gefahr einer Beeinflussung ist zu groß.

4 Freie Erörterung

„Die meisten Meinungen kommen zustande, indem man vergisst, wo man sie gelesen hat."
Moritz Heimann (1868–1925, dt. Schriftsteller)

Definition

Eine Erörterung ist eine an bestimmten Normen orientierte Form der gedanklichen Auseinandersetzung mit einem Thema, die darauf zielt, Problembewusstsein und strukturiertes Denken zu fördern, überzeugendes Argumentieren zu üben und sprachlich verständlich schriftlich Stellung zu nehmen.

Beispiele für Erörterungs-Prüfungsaufgaben

1 *Stellen Sie Ursachen und typische Symptome von Bulimie dar und gehen Sie abschließend auf mögliche Voraussetzungen für einen Behandlungserfolg ein.*

2 *Das Thema „Gewaltanwendung bei der Pflege geistig oder körperlich behinderter Menschen" wurde lange Zeit tabuisiert und ist nun seit einigen Jahren fester Bestandteil der Pflegeausbildung. Erörtern Sie zwei Hauptursachen für Gewalt in Pflegebeziehungen und stellen Sie anschließend zwei Präventionsmaßnahmen gegen gewalttätiges Pflegeverhalten in heilpädagogischen Einrichtungen dar.*

3 *Erläutern Sie Vor- und Nachteile des ambulant betreuten Wohnens gegenüber einem Wohnheim für Menschen mit geistiger Behinderung.*

Ein Thema kann auf unterschiedliche Weise erörtert werden:

- Wenn Sie einzelne Problembereiche analysieren, indem Sie Gründe, Ursachen, Folgen, Präventionsmöglichkeiten usw. darstellen und/oder Sachverhalte durch Beispiele veranschaulichen, handelt es sich um eine **lineare Erörterung**.
- Soll hingegen eine Ausgangsbehauptung/-aussage bewertet, d. h. das Für und Wider geprüft und gegeneinander abgewogen werden, spricht man von einer **dialektischen Erörterung**.

4 Erläutern Sie, ob bei den Aufgaben 1, 2 und 3 jeweils eine lineare oder eine dialektische Erörterung gefordert wird.

Vorgehen

Folgende Arbeitsschritte haben sich beim Gestalten einer freien Erörterung als sinnvoll erwiesen:

- **Aufgabenstellung erfassen:** Um welche Inhalte geht es? Welche Form der Erörterung (linear oder dialektisch) ist gefordert?
- **Material sammeln:** Schreiben Sie in Form eines Brainwritings (Seite 13) oder Mindmappings (Seite 10) Schlagworte zum Thema auf. Orientieren Sie sich dabei an den W-Fragen (Wer ist …? Was heißt …? Welche Gründe, Wirkung …? Wo geschieht …? Wann …? Warum …? Wie …?) und an den auf Seite 144 in der ersten beiden Spalten beschriebenen Argumentationsmethoden.
- **Sich eine eigene Meinung bilden:** Bei einem dialektischen Thema ist Ihre Meinung zum Thema gefragt. Überprüfen Sie anhand Ihrer Stoffsammlung Ihre Meinung.

Tipp

Formulieren Sie Ihre Meinung in einem Satz und halten Sie sich diesen während der Gliederung und Ausarbeitung stets vor Augen, damit Sie so zielgerichtet wie möglich formulieren.

- **Das Material gliedern:** Die Gliederung dient bei der Ausarbeitung als Orientierung. Sie müssen sich dabei für eine Gliederungssystematik entscheiden, Einleitungs- und Schlussgedanken sowie Haupt- und Unterpunkte jeweils in einer Überschrift benennen und diese schlüssig und nach steigender Wichtigkeit anordnen. (Lesen Sie zum Erstellen einer Gliederung nochmals Kapitel 6 im Abschnitt „Lern- und Arbeitstechniken".)
- **Die Erörterung ausformulieren:** Achten Sie darauf, dass Sie Ihre Argumentation überzeugend und nachvollziehbar ausarbeiten. Gefordert wird eine inhaltliche Erfassung des Themas in seiner ganzen Breite (möglichst fundierte Sachkenntnis). Ihre Begründungen bzw. Belege sollten stichhaltig, Ihre Beispiele und Belege passend und anschaulich sein. Vermeiden Sie Pauschalurteile (z. B. *Diese Methode ist schlecht*). Vernünftige Einschränkungen (z. B. *Im Fall von ... ist diese Methode wenig wirkungsvoll*) stärken Ihre Argumentation. Achten Sie auf einen sachlich angemessenen Ausdruck und vermeiden Sie sprachliche und inhaltliche Wiederholungen.

5 Verbessern Sie die folgenden Schülerarbeiten stilistisch und sprachlich, indem Sie sie beim Übertragen in Ihr Heft umformulieren.

Eine Ursache für Gewalt in Pflegebeziehungen hat sicherlich mit der Überforderung der Pflegenden zu tun. Deswegen ist es wichtig, sich für gute Arbeitsbedingungen einzusetzen, denn oft lässt der enge Zeitplan Überforderungssituationen entstehen, die dann auf den Betreuten abgewälzt werden. Wenn in kurzer Zeit viele Bewohner abgefertigt werden müssen, sorgt das für Frustration auf beiden Seiten. Ich habe in meiner Praxiseinrichtung einige Situationen miterlebt, die dies belegen.

Aufbau einer freien Erörterung

Eine freie Erörterung besteht aus der Gliederung, der Einleitung, dem Hauptteil und dem Schluss.

Gliederung

Der ausformulierten Erörterung wird eine Gliederung vorangestellt (vgl. Seite 27 f.). Übernehmen Sie die Gliederungsnummerierung bei Ihrer Ausformulierung, damit sich der Leser beim Lesen besser zurechtfindet.

Einleitung

Die Einleitung führt präzise zum Thema hin, z. B. durch
- eine Begriffsklärung/Definition,
- ein Zitat, ein Sprichwort oder eine Redewendung,
- einen geschichtlichen Rückblick oder
- einen Hinweis auf ein aktuelles Ereignis.

Am Ende der Einleitung wird als Überleitung zum Hauptteil das Thema formuliert.

Wichtiger Hinweis

In der Einleitung dürfen keine Argumente dargelegt und bewertet werden – das tun Sie im Hauptteil.

5 Verfassen Sie eine Gliederung und eine Einleitung zu
a einem der auf Seite 146 dargestellten Erörterungsthemen,
b vorher in der Klasse gesammelten weiteren Erörterungsthemen.
Vergleichen Sie anschließend Ihre Ergebnisse im Plenum.

Hauptteil
Bei der **linearen Erörterung** werden die Haupt- und Unterpunkte nach steigender Wichtigkeit geordnet.

Bei der **dialektischen Erörterung** werden Pro- und Kontraseite durch die gleiche Anzahl von Argumenten dargestellt (dabei kann auf jedes Pro- im Wechsel ein Kontra-Argument folgen oder alle Pro- und Kontra-Argumente geblockt nacheinander aufgeführt werden). Wägen Sie am Schluss des Hauptteils beide Positionen gegeneinander ab (Synthese), indem Sie gravierende Einwände widerlegen, die Zustimmung zu einem Argument abschwächen (z. B. *... ist tatsächlich oft ein Problem, aber nur für ...*) oder neue Gesichtspunkte einführen (z. B. *Bisher noch nicht beachtet wurde die Tatsache, dass ...*).

Voraussetzung für eine gute Argumentation ist, dass Sie über eine fundierte Sachkenntnis zur Thematik verfügen. Formulieren Sie zu jedem Argument eine Behauptung/These, eine Begründung/einen Beleg dafür und eventuell eine Veranschaulichung/ein (Fall-)Beispiel.

Schluss
Ein gelungener Schluss stellt zentrale Aussagen nochmals abschließend heraus und weist einen eigenen Schlussgedanken auf, z. B. durch
- Anmerkungen zur zukünftigen Entwicklung (Zukunftsausblick),
- ein passendes Schlusszitat oder
- Hinweise zur Realisierbarkeit der vorangegangenen Überlegungen.

6 Übertragen Sie die Tabelle in Ihr Heft und ergänzen Sie weitere Formulierungsbeispiele in der rechten Spalte:

Strukturwörter für ...	*Formulierungshilfe*
Übergang zwischen Einleitung und Hauptteil	*Im Folgenden möchte ich mich mit ... beschäftigen.*
Hauptteil: Gedanken aneinanderreihen	*Auch ... Darüber hinaus ... Zuletzt ist zu beachten ...*
Hauptteil: Begründungszusammenhänge	*Aufgrund von ... Die Ursache dafür ... Das liegt an ...*
Hauptteil: Folgen und Auswirkungen	*Infolgedessen ... Demnach ... Daraus folgt, dass ...*
Hauptteil: Beispiele	*Beispielsweise ... Dies zeigt auch der Fall ...*
Hauptteil: Bedingungen/Voraussetzungen	*Wenn ... Unter diesen Bedingungen ... Im Falle von ...*
Schluss: Fazit/eigene Meinung	*Zusammenfassend ist zu sagen ... Ich bin überzeugt ...*

7 Übertragen Sie folgende Behauptungen in Ihr Heft und ergänzen Sie sie zu schlagkräftigen Argumenten.

a Heilpädagoginnen und Heilpädagogen/Heilerziehungspflegerinnen und Heilerziehungspfleger sollten sich berufspolitisch engagieren.

b Die Heilpädagogen-/Heilerziehungspflegerausbildung ist ausreichend/unzureichend.

c Die Orientierung am Normalisierungsprinzip ist grundlegend für die Arbeit mit Betreuten.

8 Formulieren Sie Hauptteil und Schluss zu Ihrem gewählten Erörterungsthema schriftlich aus.

Literarische Texte

„Ein Buch muss die Axt sein für das gefrorene Meer in uns."
Quelle: Kafka, Franz: Briefe 1902–1924

Lesen bietet die Möglichkeit, fremde Welten zu entdecken und Wege zu sich selbst zu finden. Deswegen lohnt es sich, selbst literarische Texte zu lesen und Betreute dafür zu interessieren. Literarisch-poetische Texte spiegeln die Alltagswirklichkeit wider, wobei die persönlichen bisherigen Lese- und Lebenserfahrungen mitbestimmen, welche subjektive Bedeutung literarische Texte für Sie und Ihre Betreuten haben.

In diesem Kapitel erhalten Sie einen Überblick über literarische Gattungen und deren unterschiedliche sprachliche Gestaltungsformen, sodass Sie Ansatzpunkte für die literarische Textinterpretation von Gedichten, erzählender Literatur und Dramentexten erhalten sowie Techniken und Methoden für die eigene kreative Textproduktion ausprobieren können.

Kompetenzen

Dieses Kapitel soll Ihnen helfen,

- literarische Gattungen zu identifizieren und typische Gattungsmerkmale von lyrischen, epischen und dramatischen Texten zu erkennen,
- eine literarische Textinterpretation anzufertigen,
- sprachliche Ausgestaltungsmöglichkeiten epischer Texte und ihre Funktion für den Inhalt zu beschreiben und im Um- bzw. Weiterschreiben verschiedene sprachliche Techniken anzuwenden,
- Merkmale von Gedichten und lyrischem Sprechen zu kennen und für die eigene Gedichtproduktion nutzbar zu machen sowie
- Dramentexte zu interpretieren.

1 Literarische Gattungen

1 Erinnern Sie sich möglichst umfassend und genau an Ihre persönliche Lesebiografie. Gehen Sie dazu in Gedanken in Ihre Kindheit zurück: Wann wurde Ihnen zum ersten Mal etwas vorgelesen? Können Sie sich an bestimmte Bücher oder literarische Texte aus Ihrer Kindheit erinnern? Welche Bedeutung hatten diese Texte für Sie? Denken Sie sich einen Zeitstrahl von Ihrem ersten (Vor-) Leseerlebnis bis hin zur Gegenwart und schreiben Sie zu jedem Lebensalter so viele Bücher und Geschichten wie möglich auf, die Sie begleitet haben.

2 Diskutieren Sie:
a Was verstehen Sie unter Literatur?
b Welche Funktion hat Literatur?
c Welche Rolle kann Literatur für zu betreuende Kinder, Jugendliche und Erwachsene haben?

Definition

Literarische Texte sind fiktionale Texte, d.h., die erzählten Welten sind ausgedacht. Nicht die Informationsvermittlung, sondern die Unterhaltung des Lesers steht dabei im Vordergrund.

Merkmale literarischer Texte

Typisch für literarische Texte ist:

- Sie vermitteln **neue Ansichten von Wirklichkeit**, indem man sich lesend in andere Menschen und Situationen hineindenkt. Literarische Figuren dienen uns als **Identifikationsfiguren**, indem wir an ihnen etwas über Möglichkeiten der Beziehungsgestaltung, über den Umgang mit Konflikten und Ängsten lernen und diese Erkenntnisse auf unser Leben übertragen können.
- Dadurch werden vertraute Denkweisen herausgefordert. Oft rufen literarische Texte zur **Veränderung der Wirklichkeit** auf, indem sie nach dem „Was wäre, wenn …" fragen.
- Die **literarische Sprache** schafft eine kunstvolle, künstliche Welt. **Symbole** und **Motive** spiegeln existenzielle menschliche Grunderfahrungen wider. Zum Beispiel taucht das Motiv des Ausgesetztseins und Auf-Sich-Gestelltseins in vielen Geschichten und Märchen auf.
- In fiktionalen Texten bleibt vieles **unbestimmt**, **mehrdeutig** und offen für verschiedene Bedeutungen/Interpretationen. Alles, was im Text unbestimmt und mehrdeutig bleibt, füllt der Leser mit seinen individuellen Erfahrungen und Fantasien auf. Auch der Bezug auf die aktuelle politische/gesellschaftliche Situation kann die Bedeutung eines literarischen Textes um eine zusätzliche Dimension erweitern.

3 Erläutern Sie anhand eines Bandes aus der Jugendbuchserie „ Harry Potter" von Joanne K. Rowling die Merkmale literarischer Texte.

Literarische Gattungen

- **Lyrik** ist ein Sammelbegriff für alle Arten von Gedichten: Liebeslyrik, Naturlyrik, politische Lyrik, Lied, Hymne, Ode, Elegie, Ballade usw. Die Urform der Lyrik ist das Lied (lyra: altgriech. Leier). Typisch für Gedichte sind Strophen, Rhythmus und Reime, welche als Gedächtnisstütze fungieren. Heute ist Lyrik oft frei von formalen Vorgaben. Lyrik „verdichtet" mit wenigen Worten einen subjektiven Eindruck oder ein Erlebnis mit ungewohnten und ungewöhnlichen Sprachbildern, die den Leser zu Deutungen herausfordern.
- Als **Epik** oder **Prosa** bezeichnet man alle erzählenden fortlaufenden Texte. Die Spannbreite reicht von epischen Kurzformen (z.B. Anekdote, Kurzgeschichte, Märchen, Sage) bis hin zum Roman. Typisch dafür ist die Vergegenwärtigung des Geschehens als Vergangenes oder die Schilderung individueller Begebenheiten und Erlebnisse.

▶ Als **Drama** (griech. Handlung) bezeichnet man ein auf der Bühne vor Publikum aufgeführtes Schauspiel. Das Drama ist aus Dialogen (oder Monologen) mehrerer Figuren aufgebaut und gliedert sich in Akte/Aufzüge mit jeweils verschiedenen Szenen/Auftritten. Während der Tragödie ein tragischer Konflikt zugrunde liegt und eine ansteigende Spannungskurve zur Katastrophe führt, geht es in der Komödie um die ironisch-satirische oder humorvolle Aufdeckung menschlicher Schwächen. Auch Hörspieltexte und Filmdrehbücher zählen zu den dramatischen Texten.

4 ***Bestimmen Sie die Textsorte durch das Zuordnen folgender Begriffe, indem Sie als Lösung die passenden Nummern-Buchstaben-Kombinationen notieren.***

1. Anekdote 2. Aphorismus 3. Autobiografie 4. Biografie 5. Drama 6. Fabel 7. Hörspiel 8. Komödie 9. Kurzgeschichte 10. Legende 11. Märchen 12. Novelle 13. Parabel (Gleichnis) 14. Roman 15. Sage 16. Satire

a Ausführliche Erzählung und Darstellung eines ganzen Lebens: Berufliches und Privates, evtl. gesellschaftliches und politisches Umfeld. Wenn sie vom Dargestellten selbst (meist in Ich-Form) geschrieben wurde, nennt man sie ■■.

b Ist in allen literarischen Gattungen möglich; will Zustände anprangern und übt durch beißenden Spott Kritik an Personen und Ereignissen, die sie der Lächerlichkeit preisgibt.

c Eine kleine wahre oder erfundene Geschichte, die man sich von bedeutenden Persönlichkeiten oder interessanten Ereignissen in meist heiterer oder witziger Form erzählt.

d Eine nicht allzu lange, unterhaltende Erzählung; Inhalt ist frei erfunden, weder zeitlich noch räumlich festgelegt und von fantastisch-wunderbaren, den Naturgesetzen widersprechenden Gestalten und Begebenheiten geprägt.

e Erzählung, in der ein real vorstellbares Ereignis zu einem Konflikt führt. Die Handlung ist straff, einsträngig und geschlossen.

f Eine kurze Geschichte, in welcher Tiere oder Pflanzen menschliche Eigenschaften und Verhaltensweisen verkörpern.

g Ein philosophischer Gedankensplitter, der zumeist als kurzer, rhetorisch reizvoller Sinnspruch formuliert wurde.

h Epische Mischung von Dichtung und Wahrheit. Der Kern dieser Erzählung ist meist ein geschichtliches Geschehen, das durch die Überlieferung im Verlauf der Jahrhunderte umgestaltet wurde.

i Gehört zu den großen epischen (erzählenden) Dichtungen. Im Mittelpunkt steht ein Mensch oder eine Menschengruppe. Es werden Lebensschicksale erzählt, die sich meist vor einem breiten Hintergrund von Natur und Kultur, von historischen Ereignissen, Landschaften, Dörfern, Städten oder Reisen abspielen.

j Bedeutet eigentlich: das zu Lesende. Das kommt vom früheren Brauch, am Namenstag eines Heiligen dessen Geschichte vorzulesen. Es ist also eine Heiligensage. Diese waren vor allem im Mittelalter in Mode.

k Eine Art Novelle, die auf einer „ inneren“ Bühne erlebt wird, die so groß ist wie die Fantasie des Hörers. Anstatt der optischen Kulissen hat es Geräuschkulissen.

l Ein Schauspiel, wenn darunter auch meist ein ernstes Stück mit unglücklichem Ausgang verstanden wird.

m Ein Heiterkeit erweckendes Theaterstück mit glücklichem Ausgang.

n Eine kurze Erzählung, die sich auf einen wichtigen Ausschnitt aus dem Leben einer Person/eines Geschehens konzentriert. Typisch sind ein offener Anfang und Schluss und eine andeutende Erzählweise.

o Eine kurze bildhafte belehrende Erzählung, die einen abstrakten Gedanken oder Vorgang durch den Vergleich mit einer anschaulichen konkreten Handlung verständlich machen will.

Herr Keuner ging durch ein Tal, als er plötzlich bemerkte, dass seine Füße in Wasser gingen. Da erkannte er, dass sein Tal in Wirklichkeit ein Meeresarm war und dass die Zeit der Flut herannahte. Er blieb sofort stehen, um sich nach einem Kahn umzusehen, und solange er auf einen Kahn hoffte, blieb er stehen. Als aber kein Kahn in Sicht kam, gab er diese Hoffnung auf und hoffte, dass das Wasser nicht mehr steigen möchte. Erst als ihm das Wasser bis ans Kinn ging, gab er auch diese Hoffnung auf und schwamm. Er hatte erkannt, dass er selber ein Kahn war.

Quelle: Brecht, Bertold: Geschichten vom Herrn Keuner, Suhrkamp, Frankfurt a. M. 2006, S. 21

Wir müssen die Menschen dort abholen, wo sie stehen, und dorthin rudern, wo sie nicht mehr stehen können.

Quelle: Bittrich, Dietmar: Böse Sprüche für jeden Tag, dtv, München 2008, Spruch für 14. April

5 Bestimmen Sie bei den beiden oberen Texten die Textsorte und erläutern Sie jeweils die Bedeutung der Metaphern (zur Begriffsklärung vgl. Kapitel 4.3 im Abschnitt „Sachtexte").

6 Erläutern Sie, ob es sich bei Peter Bichsels „Ein Tisch ist ein Tisch" (Seite 42) und Kurt Martis „Happy End" (Seite 50) jeweils um Kurzgeschichten handelt.

Hans im Glück | Brüder Grimm

Hans hatte sieben Jahre bei seinem Herrn gedient, da sprach er zu ihm: „Herr, meine Zeit ist herum, nun wollte ich gerne wieder heim zu meiner Mutter, gebt mir meinen Lohn." Der Herr antwortete: „Du hast mir treu und ehrlich gedient; wie der Dienst war, so soll der Lohn sein", und gab ihm ein Stück Gold, das so groß als Hansens Kopf war. Hans zog sein Tüchlein aus der Tasche, wickelte den Klumpen hinein, setzte ihn auf die Schulter und machte sich auf den Weg nach Haus. Wie er so dahinging und immer ein Bein vor das andere setzte, kam ihm ein Reiter in die Augen, der frisch und fröhlich auf einem muntern Pferd vorbeitrabte. „Ach", sprach Hans ganz laut, „was ist das Reiten ein schönes Ding! Da sitzt einer wie auf einem Stuhl, stößt sich an keinen Stein, spart die Schuh und kommt fort, er weiß nicht wie." Der Reiter, der das gehört hatte, hielt an und rief: „Ei, Hans, warum läufst du auch zu Fuß?" – „Ich muss ja wohl", antwortete er, „da habe ich einen Klumpen Gold heimzutragen, es ist zwar Gold, aber ich kann den Kopf dabei nicht geradhalten, auch drückt mir's auf die Schulter." „Weißt du was", sagte der Reiter, „wir wollen tauschen: Ich gebe dir mein Pferd, und du gibst mir deinen Klumpen." – „Von Herzen gern", sprach Hans, „ aber ich sage Euch, Ihr müsst Euch damit schleppen." Der Reiter stieg ab, nahm das Gold und half dem Hans hinauf […]. Das Pferd setzte sich in schnellen Trab,

Die Brüder Jakob (1785–1863) und Wilhelm Grimm (1786–1859) sind als Sprachwissenschaftler und Sammler von Märchen bekannt.

und ehe sich's Hans versah, war er abgeworfen und lag in einem Graben […]. Das Pferd wäre auch durchgegangen, wenn es nicht ein Bauer aufgehalten hätte, der des Weges kam und eine Kuh vor sich hertrieb. Hans […] sprach zu dem Bauer: „Es ist ein schlechter Spaß, das Reiten, zumal wenn man auf so eine Mähre gerät wie diese […]. Da lob ich mir Eure Kuh, da kann einer mit Gemächlichkeit hergehen und hat obendrein seine Milch, Butter und Käse jeden Tag gewiss. Was gäb ich darum, wenn ich so eine Kuh hätte!" – „Nun", sprach der Bauer, „geschieht Euch so ein großer Gefallen, so will ich Euch wohl die Kuh für das Pferd vertauschen." Hans willigte mit tausend Freuden ein: Der Bauer schwang sich aufs Pferd und ritt eilig davon.

Hans trieb seine Kuh ruhig vor sich her und bedachte den glücklichen Handel. „Hab ich nur ein Stück Brot, [...] so kann ich, so oft mir's beliebt, Butter und Käse dazu essen; [...] Herz, was verlangst du mehr?" Als er zu einem Wirtshaus kam, machte er Halt, aß in der großen Freude alles, was er bei sich hatte [...]. Dann trieb er seine Kuh weiter, immer nach dem Dorfe seiner Mutter zu. Die Hitze war drückender, je näher der Mittag kam [...]. Da ward es ihm ganz heiß, so dass ihm vor Durst die Zunge am Gaumen klebte. Dem ist zu helfen, dachte Hans, jetzt will ich meine Kuh melken und mich an der Milch laben. [...] Und weil er sich ungeschickt dabei anstellte, so gab ihm das ungeduldige Tier [...] mit einem der Hinterfüße einen solchen Schlag vor den Kopf, dass er zu Boden taumelte und eine Zeitlang sich gar nicht besinnen konnte, wo er war. Glücklicherweise kam gerade ein Metzger des Weges, der auf einem Schubkarren ein junges Schwein liegen hatte. „Was sind das für Streiche!" rief er und half dem guten Hans auf. Hans erzählte, was vorgefallen war. Der Metzger [...] sprach: „[...] Die Kuh will wohl keine Milch geben, das ist ein altes Tier, das höchstens noch zum Ziehen taugt oder zum Schlachten." – „Ei, ei", sprach Hans, „[...] aber ich mache mir aus dem Kuhfleisch nicht viel, es ist mir nicht saftig genug. Ja, wer so ein junges Schwein hätte! Das schmeckt anders, dabei sind dann auch noch die Würste!" – „Hört, Hans", sprach der Metzger, „Euch zuliebe will ich tauschen und will Euch das Schwein für die Kuh lassen." – „Gott lohn Euch Eure Freundschaft", sprach Hans, übergab ihm die Kuh und ließ sich das Schweinchen [...] in die Hand geben.

Hans zog weiter und überdachte, wie ihm doch alles nach Wunsch ginge [...]. Es gesellte sich danach ein Bursche zu ihm, der trug eine schöne weiße Gans unter dem Arm. [...] Hans fing an, von seinem Glück zu erzählen und wie er immer so vorteilhaft getauscht hätte. Der Bursche erzählte ihm, dass er die Gans zu einem Kindtaufschmaus brächte. „Hebt einmal", fuhr er fort, [...] „wie schwer sie ist, die ist aber auch acht Wochen lang genudelt worden. Wer in den Braten beißt, muss sich das Fett von beiden Seiten abwischen." – „Ja", sprach Hans, und wog sie mit der einen Hand, „die hat ihr Gewicht!" [...] Indessen sah sich der Bursche nach allen Seiten ganz bedenklich um, schüttelte auch wohl mit dem Kopf. „Hört", fing er darauf an, „mit Eurem Schweine mag's nicht ganz richtig sein. In dem Dorfe, durch das ich gekommen bin, ist eben dem Schulzen eins aus dem Stalle gestohlen worden. Ich fürchte, ich fürchte, Ihr habt's da in der Hand. Sie haben Leute ausgeschickt, und es wäre ein schlimmer Handel, wenn sie Euch mit dem Schwein erwischten. [...]" Dem guten Hans ward bang. „ Ach Gott", sprach er, „helft mir aus der Not, Ihr wisst hier herum bessern Bescheid, nehmt mein Schwein da, und lasst mir Eure Gans!" – „Ich muss schon etwas aufs Spiel setzen", antwortete der Bursche, „aber ich will doch nicht Schuld sein, dass Ihr ins Unglück geratet." Er nahm also das Seil in die Hand und trieb das Schwein schnell auf einen Seitenweg fort. Der gute Hans aber ging, seiner Sorgen entledigt, mit der Gans unter dem Arme der Heimat zu. „Wenn ich's recht überlege", sprach er mit sich selbst, „habe ich doch Vorteil bei dem Tausch: erstlich den guten Braten, hernach die Menge von Fett, die herausträufeln wird, das gibt Gänsefettbrot auf ein Vierteljahr, und endlich die schönen weißen Federn, die lass ich mir in mein Kopfkissen stopfen [...]. Was wird meine Mutter eine Freude haben!"

Als er durch das letzte Dorf gekommen war, stand da ein Scherenschleifer mit seinem Karren, sein Rad schnurrte und er sang dazu:

„Ich schleife die Schere und drehe geschwind,
und hänge mein Mäntelchen nach dem Wind."

Hans blieb stehen und sah ihm zu; endlich redete er ihn an und sprach: „Euch geht's wohl, weil Ihr lustig bei Eurem Schleifen seid." – „Ja", antwortete der Scherenschleifer, „das Handwerk hat einen güldenen Boden. Ein rechter Schleifer ist ein Mann, der, sooft er in die Tasche greift, auch Geld darin findet. Aber wo habt Ihr die schöne Gans gekauft?" – „Die hab ich nicht gekauft, sondern für mein Schwein eingetauscht." – „Und das Schwein?" – „Das hab ich für eine Kuh gekriegt." – „Und die Kuh?" – „Die hab ich für ein Pferd bekommen." – „Und das Pferd?" – „Dafür hab ich einen Klumpen Gold, so groß als mein Kopf, gegeben." – „Und das Gold?" – „Ei, das war mein Lohn für sieben Jahre Dienst." – „Ihr habt Euch jederzeit zu helfen gewusst", sprach der Schleifer, „könnt Ihr's nun dahin bringen, dass Ihr das Geld in der Tasche springen hört, wenn Ihr aufsteht, so habt Ihr Euer Glück gemacht." – „Wie soll ich das anfangen?" sprach Hans. „Ihr müsst ein Schleifer werden, wie ich; dazu gehört eigentlich nichts als ein Wetzstein, das andere findet sich schon von selbst. Da hab ich einen, der ist zwar ein wenig schadhaft, dafür sollt Ihr mir aber auch weiter nichts als Eure Gans geben; wollt Ihr das?" – „Wie könnt Ihr noch fragen", antwortete Hans, „ich werde ja zum glücklichsten Menschen auf Erden; habe ich Geld, sooft ich in die Tasche greife, was brauche ich da länger zu sorgen?" reichte ihm die Gans hin und nahm den Wetzstein in Empfang. „Nun", sprach der Schleifer und hob einen gewöhnlichen schweren Feldstein, der neben ihm lag, auf, „da habt Ihr noch einen tüchtigen Stein dazu, auf dem sich's gut schlagen lässt [...]. Nehmt hin und hebt ihn ordentlich auf!"

Hans lud den Stein auf und ging mit vergnügtem Herzen weiter; seine Augen leuchteten vor Freude. „Ich muss in einer Glückshaut geboren sein", rief er aus, „alles, was ich wünsche, trifft mir ein, wie einem Sonntagskind." Indessen, weil er seit Tagesanbruch auf den Beinen gewesen war, begann er müde zu werden; auch plagte ihn der Hunger, da er allen Vorrat auf einmal in der Freude über die erhandelte Kuh aufgegessen hatte. Er konnte endlich nur mit Mühe weitergehen und musste jeden Augenblick haltmachen; dabei drückten ihn die Steine ganz erbärmlich. Da konnte er sich des Gedankens nicht erwehren, wie gut es wäre, wenn er sie gerade jetzt nicht zu tragen brauchte. Wie eine Schnecke kam er zu einem Feldbrunnen geschlichen, wollte da ruhen und sich mit einem frischen Trunk laben. Damit er aber die Steine im Niedersitzen nicht beschädigte, legte er sie bedächtig neben sich auf den Rand des Brunnens. Darauf [...] wollte [er] sich zum Trinken bücken, [...] stieß ein klein wenig an, und beide Steine plumpten hinab. Hans, als er sie [...] in die Tiefe hatte versinken sehen, sprang vor Freuden auf, kniete dann nieder und dankte Gott mit Tränen in den Augen, dass er ihm auch diese Gnade noch erwiesen und ihn [...], ohne dass er sich einen Vorwurf zu machen brauchte, von den schweren Steinen befreit hätte [...]. „So glücklich wie ich", rief er aus, „gibt es keinen Menschen unter der Sonne!" Mit leichtem Herzen und frei von aller Last sprang er nun fort, bis er daheim bei seiner Mutter war.

Quelle: Brüder Grimm: Kinder- und Hausmärchen. Gesammelt durch die Brüder Grimm. Vollständige Ausgabe mit über 160 Holzschnitten von Ludwig Richter, Gondrom, Bayreuth 1980, S. 291–296

Charakteristika des Märchens

7 Übertragen Sie folgende Tabelle und ergänzen Sie passende Beispiele.

Märchencharakteristikum	*Beispiele*	Märchenbeispiele
Ort- und Zeitlosigkeit	*Vor langer, langer Zeit ...*	
Eingangs- und Schlussformel	*„Es war einmal"; „Und wenn sie nicht gestorben sind, ..."*	*Der Froschkönig, Rotkäppchen*
Märchenfiguren	*Prinz, Prinzessin, Hexe ...*	
gegensätzliche Eigenschaften der Märchenfiguren	*gut/böse ...*	
magische Orte, Gegenstände und Wesen	*Schloss, ärmliche Hütte, sprechende Tiere ...*	
Lösen unmöglich erscheinender Aufgaben und Prüfungen	*Stroh zu Gold spinnen, Drachen besiegen ...*	
Reime, Zaubersprüche, Wiederholungen	*„Spieglein, Spieglein, an der Wand, wer ist die Schönste in ganzen Land" ...*	
magische Zahlen	*7 und 3*	
Aufeinandertreffen von Gut und Böse, wobei das Böse bestraft und das Gute belohnt wird	*Heirat am Schluss ...*	

8 Erläutern Sie, welche Märchenmerkmale auf „Hans im Glück" zutreffen.

9 Erläutern Sie den Unterschied zwischen Glück haben und Glücklichsein.

10 Diskutieren Sie: Was bedeutet Glücklichsein für

a Hans,

b Sie selbst,

c die von Ihnen betreuten Menschen mit körperlichen/geistigen Behinderungen?

Beziehen Sie dabei auch die Interviewäußerungen aus dem nachfolgenden Text ein.

Dreißig [körperlich und geistig behinderte] Personen nennen zahlreiche Dinge, die sie mit dem Konstrukt „Glück“ verbinden. Lediglich ein Gesprächsteilnehmer verbindet „Glück“ mit der Veränderung seiner körperlichen „Einschränkungen“.

Frage: Was bedeutet „Glück“ für dich?

Fritz: Dass sie mich so nehmen, wie ich bin.

I: Wen meinst du mit sie?

F: Die Schwiegereltern.

Anne: Glück für mich bedeutet, eine sehr große Familie zu haben, die mir sind.

Dana: Glück, was es für mich bedeutet? Glück bedeutet für mich, wenn jetzt zum Beispiel mein Geld stimmt, wenn mein Taschengeld stimmt und so. [...]

Christian: Glück ist, wenn man mit der Partnerin zusammen ist.

Brain: Glück ist ein wichtiger Begleitpartner jedes Menschen und es sollte jeden Tag neu mal selbst sich erarbeitet haben, erarbeitet sein.

Sabine: Dass ich einen guten Freund gefunden habe bis jetzt.

Rick: Na ja, Glück bedeutet, dass es bald in den Urlaub geht und dass wir irgendwohin fahren können, dass es Menschen gibt, die dir helfen für diese Sachen. Und dass ich mich wieder freue, wenn alles wieder vorbei ist und es geht dann auf Herbst zu und das Laub wieder auf Arbeit. [...]

Ole: Glück heißt, wenn alles ganz normal wäre, wenn alles hier ordentlich wäre, meine Hand, mein Bein, komplett. *[ZEIGT AUF SEINEN KÖRPER]*

Ole ist der Einzige, der Glück anhand einer Veränderung an seinem „So-Sein“ definiert. Allerdings spricht er nur von körperlichen Veränderungen und nicht von kognitiven.

Quelle: Sorge, Nancy, in: Gespräche mit Menschen, die für „geistig behindert“ gehalten werden, Modernes Leben, Dortmund 2010, S. 40

2 Interpretation literarischer Texte (literarische Erörterung)

Die Wirklichkeit der Literatur hat mich aufmerksam und kritisch für die wirkliche Wirklichkeit gemacht. Sie hat mich aufgeklärt über mich selber und über das, was um mich vorging. [...] Ich erwarte von einem literarischen Werk eine Neuigkeit für mich, etwas, das mich, [...] ändert, etwas, das mir eine noch nicht gedachte, noch nicht bewusste *Möglichkeit* der Wirklichkeit bewusst macht, eine neue Möglichkeit zu sehen, zu sprechen, zu denken, zu existieren.

Quelle: Handke, Peter: Prosa. Gedichte. Theaterstücke. Hörspiel. Aufsätze, Suhrkamp, Frankfurt a. M. 1969, S. 264

Literatur verlangt wie andere Kunstformen auch nach Deutung, nach Interpretation. Es gibt viele Wege, wie man sich einem literarischen Werk nähern und sich mit ihm auseinandersetzen kann.

Die Grundlage jeder Interpretation ist der Text, d. h. die Verbindung zwischen Inhalt und Form. Manchmal erleichtern auch Informationen zu den (biografischen) Entstehungsbedingungen des Textes oder zum geschichtlichen, weltanschaulichen oder politischen Hintergrund das Textverständnis.

Aufbau einer literarischen Erörterung

- Einleitung
  - Informieren Sie über Autor/-in, Titel, Erscheinungsjahr, über den Erscheinungskontext (historischer oder biografischer Hintergrund), das behandelte Thema und die Textsorte.
- Hauptteil
  - Geben Sie eine knappe, sachlich-neutrale **Textzusammenfassung** in eigenen Worten. Verwenden Sie keine wörtlichen Zitate.

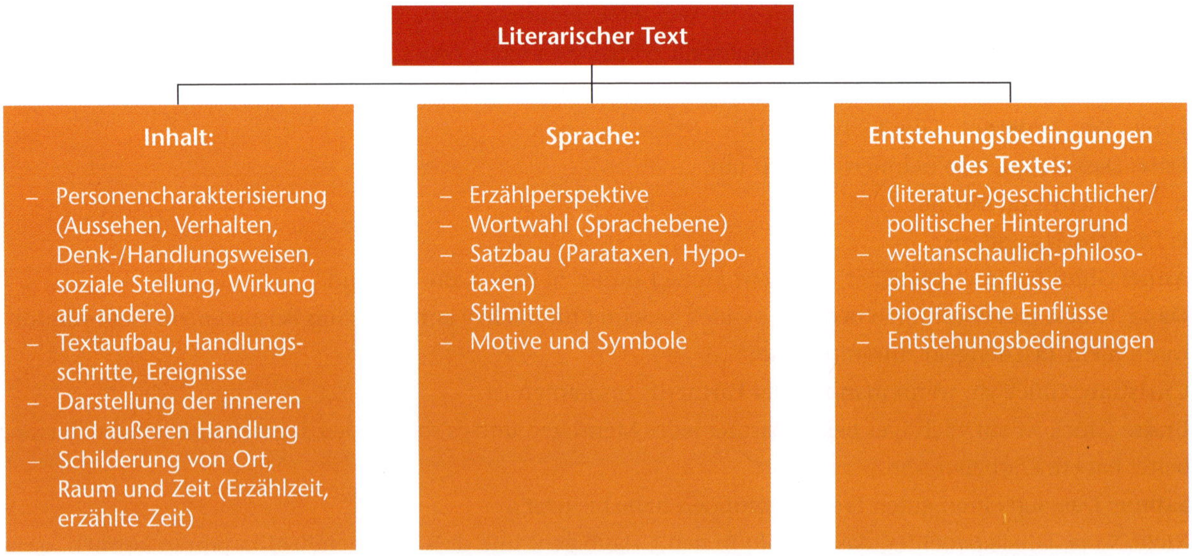

– Darauf folgt Ihre Analyse/Textinterpretation. Ziel dabei ist es, auf der Basis genauer Beschreibung von Inhalt, Form und Wirkungsabsicht des Textes (siehe oben) einen eigenen Deutungsansatz zu entwickeln, der sich am Text belegen lässt. Dabei gibt es mehrere plausible Interpretationen, unzutreffend ist nur, was sich durch den Text selbst widerlegen lässt.
  – Ihre durch Zitate belegte **Sprachuntersuchung** (vgl. Kapitel 3.3 im Abschnitt „Sachtexte", Seite 151 ff.) soll zeigen, wie die Aussageabsichten des Textes sprachlich umgesetzt werden.

▶ Am Schluss erfolgt (je nach Aufgabenstellung) meist eine persönliche Stellungnahme zu einem besonderen Aspekt des Textes.

3 Epische Texte

Definition

Epische Texte, also alle erzählenden fortlaufenden Texte, schildern individuelle Erlebnisse und vergangene Begebenheiten. Sie können **zeitraffende berichtende Szenen** oder auch **zeitdehnende Beschreibungen** und Schilderungen beinhalten. Als Erzähler fungiert ein Verfasser oder eine **fiktive Erzählerfigur**, die jedoch selten mit dem Autor identisch ist und zwischen dem Erzählten und dem Leser vermittelt.

3.1 Erzählperspektive

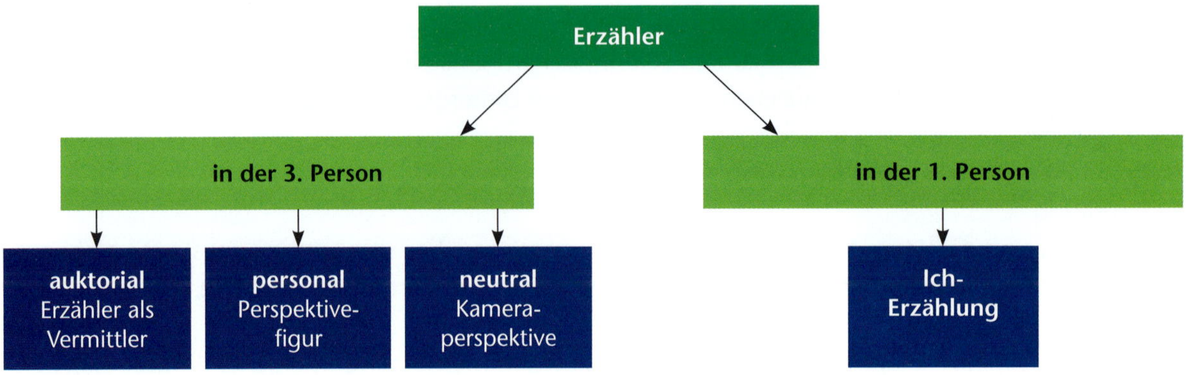

Möglichkeiten der Erzählperspektive

Auktorialer Er-Erzähler

- Die Erzählerfigur tritt für den Leser deutlich in Erscheinung als Urheber und Vermittler der Geschichte: Sie ist allwissend, hat eine zeitlich-räumliche Distanz zur Geschichte und einen Wissensvorsprung, d.h., sie kennt das äußere Geschehen sowie Gedanken und Gefühle der Figuren und überblickt Anfang und Ende der Erzählung.
- Sie wertet manchmal auch, z.B. durch ironische Distanz, Kommentare oder Vorausdeutungen, oder spricht den Leser direkt an.

Beispiel

Als 1912 Cosmas Alder, der letzte Bewohner von Eschberg, einem Bergdorf im mittleren Vorarlberg, auf seinem verwahrlosten Hof verhungert war – nicht einmal die Alten im nahen Götzberg ahnten einen noch lebenden Menschen dort oben –, beschloss auch die Natur endgültig, jeden Gedanken an dieses Dorf auszulöschen. Es schien, als hätte sie fast respektvoll den erbärmlichen Tod ihres letzten Bezwingers abgewartet, um dann mit Wucht und für immer in die lichten Weiler zu fallen. Was ihr vor Jahrhunderten der Mensch weggenommen hatte, holte sie jetzt zurück.

Quelle: Schneider, Robert: Schlafes Bruder, Reclam, Leipzig 1994, 2. Aufl., S. 10

Personaler Er-Erzähler

- Der Erzähler macht sich kaum bemerkbar, d.h., es gibt keine erläuternden Bemerkungen, Kommentare, Vorausdeutungen o.Ä.
- Er steht unmittelbar innerhalb des Geschehens und übernimmt die Erlebnisperspektive der jeweils beteiligten Person, d.h., er kann nur erzählen, was die Figur wahrnimmt.

Beispiel

Der Künstler ist sehr klein. Marie weiß manchmal nicht, ob noch alles mit ihr in Ordnung ist, der Künstler ist viel zu klein; sie denkt: Du hast sie nicht mehr alle, meint sich selbst, vielleicht weil es Herbst wird, weil die altbekannte Unruhe beginnt, das Frösteln im Rücken, der Regen? [...] Marie will was von dem Künstler. Was sie von ihm will, weiß sie nicht. Vielleicht den Glanz seiner Berühmtheit. Vielleicht noch schöner sein neben einem hässlichen Menschen. Vielleicht eindringen, zerstörerisch, in eine scheinbare Ungerührtheit. Marie fragt sich ernsthaft, ob mit ihr noch alles in Ordnung ist. Sehen sie nicht doch eher lächerlich aus zusammen? Marie hat immer nur mit schönen Menschen zusammen sein wollen. Es ist gruselig, zu einem Mann hinunterschauen zu müssen. Es ist gruselig, sich vorzustellen, wie das sein soll, wenn ... Trotzdem will Marie.

Quelle: Hermann, Judith: Camera Obscura, in: Dies.: Sommerhaus, später, S. Fischer, Frankfurt a.M. 1998, 6. Aufl., S. 157f.

Neutraler Erzähler

Hier ist kein Erzähler mehr wahrnehmbar, d.h. ein „Kamera-Auge" erzählt: Das Geschehen wird nur von außen beschrieben, ohne Gefühle oder Gedanken darzustellen. Gespräche werden unkommentiert in direkter Rede wiedergegeben.

Beispiel

Ein junger Mann geht durch eine Grünanlage. In einer Hand trägt er ein Eis. Er lutscht. Das Eis schmilzt. Das Eis rutscht an dem Stiel hin und her. Der junge Mann lutscht heftig, er bleibt vor einer Bank stehen. Auf der Bank sitzt ein Herr und liest eine Zeitung. Der junge Mann bleibt vor dem Herrn stehen und lutscht. Der Herr sieht von seiner Zeitung auf. Das Eis fällt in den Sand. Der junge Mann sagt, was denken Sie jetzt von mir? Der Herr sagt erstaunt, ich? Von Ihnen? Gar nichts. Der junge Mann zeigt auf das Eis und sagt, mir ist doch eben das Eis runtergefallen, haben Sie da nicht gedacht, so ein Trottel?

Quelle: Novak, Helga M.: Eis, in: Dies.: Geselliges Beisammensein. Prosa, Luchterhand, Neuwied/Berlin 1968, S. 45

Ich-Erzähler

Erzähler und Handlungsfigur sind eins. Das bedeutet, es handelt sich hier um eine begrenzte Perspektive, die durch emotionale Nähe zum Geschehen und Befangenheit gekennzeichnet ist.

Beispiel

Heute, am fünften November, beginne ich mit meinem Bericht. Ich werde alles so genau aufschreiben, wie es mir möglich ist. Aber ich weiß nicht einmal, ob heute wirklich der fünfte November ist. Im Laufe des vergangenen Winters sind mir einige Tage abhanden gekommen. Auch den Wochentag kann ich nicht angeben. Ich glaube aber, dass dies nicht sehr wichtig ist. [...] Ich schreibe nicht aus Freude am Schreiben; es hat sich eben so für mich ergeben, dass ich schreiben muss, wenn ich nicht den Verstand verlieren will. Es ist ja keiner da, der für mich denken und sorgen könnte. Ich bin ganz allein, und ich muss versuchen, die langen Wintermonate zu überstehen.

Quelle: Haushofer, Marlen: Die Wand, Nördlingen 1999, S. 7

Vor allem in der modernen Literatur gibt es häufig **Perspektivwechsel**.

1 Bestimmen Sie Textsorte und Erzählperspektive in Kurt Martis „Happy End" (Seite 50). Begründen Sie Ihre Einschätzung.

2 Schreiben Sie Kurt Martis „Happy End" (Seite 50) um: Erzählen Sie die Geschichte entweder aus der neutralen oder aus der Ich-Erzählperspektive (entweder aus Sicht der Frau oder des Mannes).

3.2 Redeweisen

Folgende **Redeweisen** unterscheidet man in der Epik/Prosa:

- Von **direkter Rede** spricht man bei einer unveränderten wörtlichen Wiedergabe, meist mit Sprechernennung, Redeeinleitung, Doppelpunkt und Anführungszeichen.
  Beispiel
  Chris behauptet: „Das ist nicht wahr. Ich habe kein Geld angenommen."

- Die **indirekte Rede** ist die Wiedergabe von Reden und Gedanken durch den Erzähler im Konjunktiv (zur Bildung des Konjunktivs vgl. Kapitel 3.1 im Abschnitt „Normen der Standardsprache").
  Beispiel
  Chris behauptet, dass das nicht wahr sei und er kein Geld angenommen habe.

- In der **erlebten Rede** werden Gedanken/Gefühlen in der 3. Person Indikativ Präsens oder Präteritum wiedergegeben.
  Beispiel
  Was sollte er jetzt machen? Er kannte sich in der Gegend gar nicht aus. Wo war seine Frau? Das konnte doch alles nicht wahr sein!

- Der **innere Monolog** gibt (häufig zusammenhanglose) Gedanken und Gefühle in der Ich-Form wieder.
  Beispiel
  Morgen hau ich hier ab. Ganz bestimmt. Das kann man ja nicht aushalten hier.

3 Fassen Sie den Inhalt der nachfolgenden Kindergeschichte zusammen.

4 Bestimmen Sie die Redeweisen und die Erzählperspektive in der Geschichte.

5 Erzählen Sie die Geschichte aus der Perspektive des zwölfjährigen Jungen.

Kirsten Boie (geb. 1950), Kinder- und Jugendschriftstellerin

Kirsten Boie unterrichtete an einem Hamburger Gymnasium und einer Ganztagesschule. Nach Adoption ihres ersten Kindes gab sie ihre Lehrerinnentätigkeit auf und schrieb 1985 ihr erstes Kinderbuch „Paule ist ein Glücksgriff“. Die erfolgreiche Kinder- und Jugendbuchautorin schrieb über 100 Bücher, die in zahlreiche Sprachen übersetzt wurden.

Juli, eigentlich Julian, ist ein Kindergartenkind. In der Geschichte „Juli und das Gokart“ wartet er gerade vor einem Geschäft auf seine Mutter, als er einen großen Jungen auf einem interessanten Fahrzeug entdeckt.

Juli und das Gokart | Boie, Kirsten

[...] Es ist das tollste Gokart, das Juli je gesehen hat, und es hat die dicksten Reifen, die es gibt. Aber natürlich gehört es auch einem sehr großen Jungen, mindestens zwölf, und wenn man kleiner ist, kriegt man so was Tolles bestimmt noch nicht. Juli [...] geht ein paar Schritte auf den großen Jungen zu. „Na?“, sagt Juli vorsichtig und zieht die Nase hoch. Aber der große Junge guckt ihn nicht mal richtig an. Juli seufzt. Das ist immer so, das weiß er schon. Große wollen mit den Kleinen nicht so viel zu tun haben und wenn sie so ein tolles Gokart haben, bestimmt schon sowieso nicht. „Ich hab auch ein Gokart“, sagt Juli mutig und geht noch einen Schritt dichter an den großen Jungen heran. [...] Der Junge guckt ganz kurz zu ihm hin. „Hau ab“, sagt er dann, aber er steht nicht auf, um Juli eine zu scheuern, und das ist doch ein gutes Zeichen. Da muss Juli vielleicht nur ein bisschen länger mit ihm reden, dann darf er das Gokart mal angucken. „Klapperscheese“, sagt Juli [...] und nickt ganz doll. „Ist mein Gokart. Darf ich vielleicht bitte mal mit deinem?“ Und als der Junge ihn so richtig wild anstarrt, sagt Juli noch schnell: „Oder nur mal genauer gucken, vielleicht, reicht auch!“ Aber da ist der große Junge schon fast bei ihm angerollt gekommen, und oh!, sein Gokart ist noch viel wunderbarer als Juli gedacht hat! Kein bisschen treten muss man, damit es fährt, einen ganz echten Motor hat es, Elektro, ganz leise. Nur lenken muss der Junge es natürlich noch, mit einem winzigen Hebel an der Armlehne, und jetzt hält er ganz dicht vor Juli an, dass Juli schon denkt, gleich springt er raus und scheuert ihm eine. Da geht Juli lieber einen Schritt zurück.

Aber der große Junge will ihm gar keine scheuern. „Was ist los?“, sagt er und das klingt nicht freundlich und nicht unfreundlich, nur einfach so toll gelangweilt, wie nur große Jungs reden können, und darum traut Juli sich doch und sagt noch mal ganz schnell, wie cool er das Gokart findet, und ob er vielleicht bitte mal damit fahren darf. Nur ein einziges kleines Mal, wenn er ganz vorsichtig ist und es nicht kaputt macht. Und der große Junge sagt überhaupt nicht: „Du Babyzwerg, hau ab!“, wie es die Mofa-Jungs an der Ecke immer sagen. Er grinst sogar ganz freundlich und zeigt auf seinen Schoß. „Steig ein, Alter“, sagt er. Also darf Juli wirklich! Jetzt darf Juli wirklich mit dem tollsten Gokart fahren! Natürlich hat er eigentlich gedacht, er darf alleine, aber das traut er sich jetzt nicht zu sagen. Vielleicht braucht man für so ein elektrisches sogar schon einen Führerschein und den hat Juli ja nicht. Und darum kann Juli sich freuen, wenn der große Junge ihn überhaupt mitnimmt. Autoscooter auf dem Jahrmarkt darf er auch immer nur mit Papa zusammen fahren.

Darum sagt Juli schnell: „Ja, danke“ und klettert dem Jungen einfach auf den Schoß. Dann fahren sie los, immer um den Blumenkübel mit den vertrockneten Stiefmütterchen und dem Eispapier drin herum, und als Juli „schneller!“ schreit, gibt der Junge Gas, dass sie fast zwei Verliebte umgefahren hätten, die sich ganz albern abknutschen. Und die drehen sich auch ganz blitzschnell um und gucken böse und Juli will schon abspringen und rennen; aber die beiden Verliebten starren ihn nur an und dann gehen sie ganz schnell weg, als hätten sie gar nichts gesehen. Die haben gewusst, dass wir zu schnell für sie sind, denkt Juli zufrieden, haha, alte Feiglinge und dann schreit er: „Noch mal!“

Und genau da kommt tatsächlich Sascha aus Julis Kindergarten mit seiner Mutter vorbei! [...] „Platz da, aus dem Weg da!“, schreit Juli, damit Sascha ihn unbedingt sieht, und dann prescht der große Junge mit einem Affenzahn auf Sascha los, dass der erschrocken zur Seite springt. Aber seine Mutter beschützt ihn kein bisschen, wo sie doch sonst immer gleich meckert. Sie packt Sascha nur an der Hand und zieht ihn in den Laden und Juli starrt sie immer so an. Bestimmt erzählt Sascha das morgen im Kindergarten und dann wissen alle, was für ein toller Raser Juli ist. „Geile Scheese“, sagt Juli glücklich, als der große Junge neben dem Blumenkübel anhält [...]. Aber natürlich muss genau in diesem Augenblick Mama aus dem Laden kommen uns sie starrt Juli ganz merkwürdig an. […] „Ich muss jetzt nach Hause", sagt er zum Jungen und hält ihm die Hand hin. „Ich bin hier immer donnerstags. Darf ich vielleicht wieder?" „Juli!", ruft Mama. […] „Kann sein, kann auch nicht sein", sagt der Junge, aber die Hand schüttelt er Juli nicht. „Man sieht sich." „Man sieht sich!", ruft Juli glücklich und dann rennt er ganz schnell zu Mama. […]

Quelle: Bauer, Jutta/Boie, Kirsten: Juli! Alle Juli-Geschichten in einem Band, Beltz und Gelberg, Weinheim/Basel 2005, S. 56–69

3.3 Fremde Welten in Romanauszug und Kurzgeschichte

Romanauszüge

Definition

Ein Roman stellt das Leben bzw. die Welt aus der Sicht einer Person oder Personengruppe in epischer Breite dar. Diese in Deutschland seit dem 17. Jahrhundert gebräuchliche Textgattung entwickelte im Laufe der Zeit eine große Bandbreite an Themen und Ausgestaltungsformen (historischer Roman, Entwicklungsroman, Liebesroman, experimenteller Roman usw.).

Axel Brauns (geb. 1963), Schriftsteller und Filmemacher

Axel Brauns studierte an der Universität Hamburg Betriebswirtschaftslehre und Jura, was er 1984 abbrach, um sich ausschließlich der Schriftstellerei zu widmen. Sein 2002 erschienener autobiografischer Roman „Buntschatten und Fledermäuse – Leben in einer anderen Welt" beschreibt die autistische Kindheit und Jugend des in Hamburg 1963 geborenen Autors. Im Jahr 2004 drehte Brauns seinen ersten Spielfilm *Tsunami und Steinhaufen.*

Buntschatten und Fledermäuse. Leben in einer anderen Welt | Brauns, Axel

II

Manche Autisten verleben still, in sich gekehrt, ihre Tage, andere toben herum, weil ihnen die Welt durch den Kopf rennt. Manche Autisten lernen es nie, sich richtig zu bedanken, anderen kommen diese Floskeln so trefflich über die Lippen, dass der Eindruck entsteht, sie verstünden, was ihnen da herausrutscht. Manche Autisten lachen gerne und plappern viel, andere sind eher sachlich und einsilbig. Manche Autisten verzweifeln an trübsinnigen Gedanken, andere haben ihre Zelte auf der heiteren Seite des Lebens aufgeschlagen.

Das Leben im Autismus ist eine miserable Vorbereitung für das Leben in einer Welt ohne Autismus. Die Höflichkeit hat viele Näpfchen aufgestellt, in die man treten kann. Autisten sind Meister darin, keines auszulassen.

III

Wie lernt man es, Menschen wahrzunehmen, wenn man sie nicht wahrnimmt? Wie flattert man als Fledermaus durch die Welt, wenn man keine Fledermaus ist? Wenn ich in Gesprächen mit vermeintlich vollständigen Menschen diesen Grundriss meines Lebens erwähne, ernte ich immer ein überraschtes Gesicht und im gleichen Atemzug sagen alle, dass ich gar nicht wie ein Autist aussähe. Ich antworte dann, da hätten sie Recht. Ich gehöre zu den leichten Fällen und habe großes Glück gehabt.

Seit ich 21 bin, lebe ich in einer eigenen Wohnung und verdiene meinen Lebensunterhalt selbst. Da ich mich, im Gegensatz zu vielen Autisten, nicht mit Begleitbehinderungen herumplagen muss, kann ich im Alltag meine Unauffälligkeit genießen. Diese Unauffälligkeit habe ich mir hart erarbeiten müssen. Noch vor ein paar Jahren hat mir an Ausdruck all das gefehlt, was vermeintlich vollständige Menschen auszeichnet. Heute ist das zum Glück anders: Meine Stimme klingt lebendig, mein Gesicht zeigt deutlich Gefühle, die Hände verweigern sich nicht mehr den Gebärden und mit meinen Blicken suche ich gerne nach den Fledermausaugen.

Geblieben ist meine Art Humor, die mich oft schmunzeln lässt, wo Nichtautisten kein Korn Komik erblicken. Kaum ein Leser dürfte, falls er über das Wort Näpfchen gestolpert ist, ermessen haben, wie glücklich ich mich schätze, ein so niedliches Wort gleich zu Beginn in meinem Buch begrüßen zu können.

IV

Die ersten zwei Jahre meines Lebens war ich in dem Hamburger Stadtteil Eimsbüttel zu Hause. Meine Eltern wohnten dort in der Eduardstraße. Schon Mitte der fünfziger Jahre hatte mein Vater sein Biologiestudium zugunsten seines Brotberufes aufgegeben. Als sich der höchst seltene Brotberuf zu einem einträglichen Geldberuf mauserte, richtete meine Mutter ein Nest her und meine Eltern erfüllten sich ihren Kinderwunsch. Mein Bruder wurde 1962 geboren. Meine Mutter kündigte ihre Stelle als Sekretärin und ein Jahr später kam ich zur Welt.

Mitte der 60er Jahre zog Wohlstand bei meinen Eltern ein. Sie wussten nicht, wie lange er bei ihnen zu Gast bliebe. Sie hofften natürlich, dass er nicht gleich wieder abreisen würde. Von morgens bis abends setzten sie all ihren Fleiß und all ihre Findigkeit ein, damit er sich auf Dauer bei ihnen wohl fühlte.

Ein neuer Auftrag kam herein. Im Spätsommer 1965 wagten meine Eltern den Sprung von Eimsbüttel in die Elbvororte nach Groß Flottbek, von einer Mietwohnung in ein eigenes Haus.

Zehn Viererreihen von Hofhäusern bildeten auf der östlichen Seite des Vorbeckweges hübsch ordentlich eine Siedlung. Die elfte Reihe fehlte, was zwei Dutzend Kinder freudig begrüßten. Ein Spielplatz hatte es sich in der Mitte der Siedlung gemütlich gemacht.

Als ich zwei Jahre alt war und schon im Hofhaus wohnte, verloren die Menschen um mich herum ihr Aussehen. Ihre Augen lösten sich in Luft auf. Nebel verschleierte ihre Gesichter. Die Stimmen verdunsteten. Mit der Zeit verwandelten sich die Menschen um mich herum in flatterhafte Schatten, die auf mich wirkten, als wären sie aus dem All in meine Welt herabgeschneit.

Mir fiel es nicht leicht, sie wahrzunehmen, sie waren nahezu unsichtbar in einer Welt, die sichtbar blieb. Später verschmolzen diese flatterhaften Wesen zu bunten Schatten. Ich lernte sie zu unterscheiden. Da gab es die gutartigen Wesen, das waren die Buntschatten, und da gab es die bedrohlichen Wesen, das waren die Fledermäuse. Ein Buntschatten konnte sich urplötzlich in eine Fledermaus verwandeln und umgekehrt, ohne dass ich verstand warum.

Die pfützenhaften Gesichter dieser Wesen dampften wie nach einem Regen und ihren Mündern entwich Lärm, aus dem ich weder Klang noch Bedeutung heraushören konnte. In mir kehrte Stille ein. Ich verlor den Drang, meine Welt mit anderen zu teilen. Meine Lippen ermüdeten. Wenn ich etwas sagte, schleppten sich kranke Wörter über meine Zunge. Meine Sätze kamen immer spärlicher, verkürzten sich. Die Silben verdorrten, wurden zu Staub. Bald stammelte ich nur noch.

Meine Sprache verarmte. Dieser Verlust wurde sichtbar: Ich deutete nurmehr mit Händen und Armen an, was ich Wochen zuvor noch lippenmüde in Worte gepresst hatte. Die Verarmung meiner Sprache griff weiter um sich.

Ich war mir selbst genug.

Erst ein Jahr später hörte ich zum ersten Mal wieder aus dem Lärm, den Buntschatten Sprache nennen, Klang und Bedeutung heraus.

Quelle: Brauns, Axel: Buntschatten und Fledermäuse. Leben in einer anderen Welt, Hoffmann und Campe, Hamburg 2004, S. 9–16

6 Tauschen Sie sich über erste Leseeindrücke aus. Beziehen Sie eigene Erfahrungen mit Autisten ein.

7 Charakterisieren Sie den Ich-Erzähler (zur Personencharakterisierung vgl. Seite 158). Machen Sie Ihr Textverständnis durch Zitate nachvollziehbar. Visualisieren Sie Ihre Ergebnisse, indem Sie die folgende Tabelle in Ihr Heft übertragen und ergänzen.

Charakterisierung des Ich-Erzählers	Textbeleg/Zitat
?	?
?	?
?	?
?	?
?	?

8 Benennen Sie drei sprachliche Eigentümlichkeiten des Textes (vgl. dazu Seite 139 f.) und erläutern Sie deren Funktion nach folgendem Muster.

Beispiel

Die Metapher „…“ (Z. ?) vermittelt dem Leser ein Bild von …

Der Neologismus „…“ (Z. ?) illustriert …

Auch der folgende Romanauszug aus „Schmetterling und Taucherglocke" ist autobiografisch geprägt.

Jean-Dominique Bauby (1952-1997), Journalist und Schriftsteller

Der Chefredakteur des Magazins *Elle* erlitt 43-jährig einen Schlaganfall, der zu einer vollständigen Lähmung führte (Locked-in-Syndrom). Mit dieser Erfahrung setzt er sich in seinem Roman *Le scaphandre et le papillon*, wörtlich *Der Taucheranzug und der Schmetterling*, auseinander. Er diktierte das Buch durch Blinzeln, wenn der richtige Buchstabe im Alphabet erreicht wurde. Drei Tage nach Erscheinen des Romans starb Bauby an Herzversagen. Er war dreiundvierzig Jahre alt, Vater zweier Kinder und erfolgreicher Redakteur, als ihn am 8. Dezember 1995 ein Gehirnschlag all seiner bisherigen Lebensmöglichkeiten beraubte. Von diesem Tag an blieb er vollständig gelähmt, [...] und seine einzige Möglichkeit, sich verständlich zu machen, war das Blinzeln mit einem Auge. Fünfzehn Monate später beendete er ein Buch, das er allein mit dem linken Augenlid diktiert hatte. [...] Jean-Dominique Bauby wurde 1952 geboren. Er machte eine rasche Karriere als Journalist und war zuletzt Chefredakteur der Zeitschrift „Elle". [...] Bauby starb wenige Tage nach [der] Veröffentlichung in Frankreich, am 9. März 1997.

Quelle: Schmetterling und Taucherglocke, 2. Aufl., dtv, München 1998

Der Stuhl | Bauby, Jean-Dominique

Noch nie zuvor hatte ich so viele weiße Kittel in meinem kleinen Zimmer gesehen. Die Krankenschwestern, die Pfleger, die Heilgymnastin, die Psychologin, der Ergotherapeut, die Neurologin, die Assistenzärzte und sogar der große Chef, das ganze Krankenhaus hatte sich für den besonderen Anlass herbegeben. Als sie hereinkamen und das Gerät an mein Bett schoben, dachte ich zuerst, ein neuer Mieter ergreife Besitz von dem Raum. Seit einigen Wochen in Berck, erklomm ich die Ufer des Bewusstseins jeden Tag ein bisschen höher, aber ich verstand die Verbindung nicht, die es zwischen einem Rollstuhl und mir geben konnte.

Niemand hatte mir bisher ein genaues Bild von meiner Situation vermittelt, und aus hier und da aufgesammeltem Klatsch hatte ich mir die Gewissheit zurechtgezimmert, dass ich sehr schnell Beweglichkeit und Sprache wiederfinden würde.

Mein umherschweifender Geist entwarf sogar tausend Pläne: einen Roman, Reisen, ein Theaterstück und die Kommerzialisierung eines von mir erfundenen Fruchtcocktails. Fragen Sie mich nicht nach dem Rezept, ich habe es vergessen. Sie haben mich sofort angezogen. „Das ist gut für die Moral", hat die Neurologin [...] gesagt. Nach dem gelben Nylonnachthemd hätte es mir tatsächlich Freude gemacht, wieder ein kariertes Hemd, eine alte Hose und einen formlosen Pullover anzuhaben, wenn es nicht so ein Alptraum gewesen wäre, sie anzuziehen. Oder vielmehr sie nach allerhand Verrenkungen über diesen schlaffen, aus den Fugen geratenen Körper gestreift zu bekommen, der mir nur noch gehörte, um mich zu quälen.

Als ich fertig angezogen war, konnte das Ritual beginnen. Zwei Muskelmänner haben mich ohne viel Schonung bei den Schultern und den Füßen gepackt, aus dem Bett gehoben und in den Rollstuhl gesetzt. Vom bloß Kranken war ich zum Behinderten geworden, so wie im Stierkampf der Novillero zum Torero wird, wenn er zum ersten Mal den Kampf mit einem großen, ausgewachsenen Stier wagt. Man hat mir nicht applaudiert, aber fast. Meine Betreuer haben mit mir eine Runde durch das Stockwerk gedreht, um zu überprüfen, ob die sitzende Haltung keine unkontrollierbaren Krämpfe auslösen würde, aber ich bin ruhig geblieben, ganz damit beschäftigt, die brutale Abwertung meiner Zukunftsperspektiven zu ermessen. Man musste nur meinen Kopf mit einem Spezialkissen verkeilen, denn er pendelte hin und her wie bei den afrikanischen Frauen, denen man die Pyramide aus Reifen abgenommen hat, die seit Jahren ihren Hals in die Länge zog. „Sie sind reif für den Stuhl", kommentierte der Ergotherapeut mit einem Lächeln, das seine Worte zu einer guten Nachricht machen sollte, während sie in meinen Ohren wie ein Urteil klangen. Auf einmal sah ich die bestürzende Realität. So blendend wie ein Atomblitz. Schärfer als das Fallbeil einer Guillotine. Sie sind alle wieder gegangen. Drei Pfleger haben mich wieder ins Bett gelegt, ich musste an diese Gangster im film noir denken, die sich abmühen, die Leiche des Störenfrieds, den sie gerade durchlöchert haben, in den Kofferraum ihres Autos zu hieven. Der Stuhl ist wie ein Verlassener mit meinen Kleidern über der Rückenlehne aus dunkelblauem Plastik in einer Ecke stehen geblieben. Bevor der letzte Weißkittel hinausging, habe ich ihm ein Zeichen gegeben, den Fernseher leise anzustellen. [...]

Das Gebet | Bauby, Jean-Dominique

Letzten Endes war der Rollstuhlschock heilsam. Die Dinge wurden klarer. Ich entwarf keine tollkühnen Pläne mehr und konnte die Freunde aus ihrem Schweigen entlassen, die seit meinem Hirnschlag einen liebevollen Schutzwall um mich errichtet hatten. Da das Thema nicht mehr tabu war, haben wir über das Locked-in-Syndrom zu sprechen begonnen. Zum einen ist es eine Seltenheit. Das ist kein Trost, aber die Chancen, in diese teuflische Falle zu geraten, sind so groß, wie den Super Jackpot im Lotto zu gewinnen. In Berck sind wir nur zwei, die die Symptome haben, und dabei ist mein L.I.S.[1] noch mit Vorsicht zu genießen. Mein Fehler ist, dass ich den Kopf hin und her bewegen kann, was im klinischen Bild eigentlich nicht vorgesehen ist. Da die meisten Fälle einem vegetativen Leben anheimgegeben sind, ist die Entwicklung des Krankheitsverlaufs wenig bekannt. Man weiß nur, dass das Nervensystem, wenn es Lust bekommt, sich wieder in Gang zu setzen, dies mit dem Tempo eines Haars tut, das von der Hirnbasis an wächst. Es besteht also die Gefahr, dass einige Jahre vergehen, bevor ich auch nur die Zehen bewegen kann.

Mögliche Besserungen kann man tatsächlich bei den Atemwegen erwarten. Langfristig kann man sich eine normalere Ernährung ohne Magensonde erhoffen, eine natürliche Atmung und vielleicht sogar, dass die Atemluft auch die Stimmbänder wieder in Schwingungen versetzt. Vorerst wäre ich der glücklichste Mensch, wenn es mir gelänge, den übermäßigen Speichel herunterzuschlucken, der ständig in meinem Mund zusammenläuft. Der Tag ist noch nicht angebrochen, und schon übe ich mich darin, die Zunge hinten über den Gaumen gleiten zu lassen, um den Schluckreflex auszulösen. Außerdem habe ich meinem Kehlkopf die Säckchen mit Weihrauch geweiht, von reisenden gläubigen Freundinnen aus Japan mitgebrachte Exvotos[2], die an der Wand in meinem Zimmer hängen. Sie sind ein Stein im Monument der Danksagungen, das nahestehende Menschen im Laufe ihrer Reisen für mich erbaut haben. Unter allen Himmelsstrichen hat man für mich die verschiedensten Geister angerufen. Ich versuche etwas Ordnung in diese weitläufige Bewegung der Seelen zu bringen. Wenn ich erfahre, dass man für mich in einer bretonischen Kapelle einige Kerzen angezündet oder in einem nepalesischen Tempel ein Mantra psalmodiert hat, weise ich diesen spirituellen Veranstaltungen gleich einen bestimmten Zweck zu. So habe ich mein rechtes Auge einem Marabut[3] in Kamerun anvertraut, der von einer Freundin beauftragt ist, die Götter Afrikas für mich gnädig und milde zu stimmen. Und wegen der Hörstörungen verlasse ich mich auf die guten Beziehungen, die eine Schwiegermutter mit frommem Herzen zu den Mönchen einer Bruderschaft in Bordeaux hat. Sie weihen mir regelmäßig ihre Rosenkranzgebete [...]. Es hat noch zu keinem außergewöhnlichen Ergebnis geführt, aber als sieben Brüder desselben Ordens von fanatischen Islamisten ermordet wurden, hatte ich mehrere Tage Ohrenschmerzen. Gleichwohl ist diese Protektion an höchsten Stellen nur ein Wall aus Ton, eine Mauer aus Sand [...] neben den kleinen Gebeten, die meine Tochter Celeste jeden Abend an ihren lieben Gott richtet [...]. Da wir etwa zur gleichen Zeit einschlafen, schiffe ich mich mit dieser wunderbaren Wegzehrung, die alle bösen Begegnungen von mir fernhält, ins Königreich der Träume ein.

Quelle: Bauby, Jean Dominique: Schmetterling und Taucherglocke, 2. Aufl. dtv, München 1998, S. 9–15

9 Beantworten Sie folgende Fragen schriftlich und belegen Sie Ihre Thesen mit Textzitaten:

a Welchen Einblick gewinnen Sie in das Leben des Ich-Erzählers?

b Wie geht die Romanfigur mit ihrer Behinderung um und welche „Überlebensstrategien" entwickelt sie dabei?

c Setzen Sie die im Buch dargestellten „Überlebensstrategien" in Bezug zu Ihrer persönlichen und beruflichen Realität.

10 Erläutern Sie, welche Wirkung die sprachliche Ausgestaltung auf den Leser/die Leserin hat.

11 In einem Kapitel beschreibt der Ich-Erzähler den Besuch seiner beiden Kinder zum Vatertag. Beschreiben Sie aus der Perspektive eines seiner Kinder diesen Tag in einem inneren Monolog.

Beispiel

Zum Vatertag habe ich Papa ein Bild gemalt. Ich habe mir auch schon überlegt, was wir spielen könnten, denn er kann sich ja nicht bewegen und ...

---

[1] *Locked-in-Syndrom*

[2] *Gelübdetafel, Votivbild*

[3] *islamischer Heiliger, meist aus der Tradition des Sufismus (islamische Mystik)*

4 Lyrische Texte

Definition

Lyrik versteht sich als Gegensprache zur Informations- und Alltagssprache. Typisch für lyrische Texte bzw. Gedichte sind Strophen, Rhythmus und Reime, wobei moderne Lyrik sich oft weniger an „gebundener" Sprache orientiert. Gedichte verdichten Beobachtungen, Erfahrungen, Gefühle und Lebenseinstellungen in reduzierter Form und mittels ungewöhnlicher, origineller Sprachbilder.

Wichtiger Hinweis

- Gedichte sind oft aus der Ich-Perspektive geschrieben. Das **lyrische Ich** muss jedoch nicht identisch mit dem Autor sein.
- Der **Rhythmus** eines Gedichts wird durch die Betonung und das Sprachtempo bestimmt.
- Eine **Strophe** (in modernen Gedichten oft unterschiedlich lang) ist eine aus Versen gebildete Einheit in einem Gedicht.
- Ein **Vers** ist eine Zeile in einem Gedicht.

4.1 Versmaß und Reimformen

Die regelmäßige Aufeinanderfolge von betonten und unbetonten Silben in den Verszeilen eines Gedichtes nennt man **Versmaß**. Man unterscheidet u. a. folgende **Versfüße**:

Versfüß	*Beispiele*
Jambus: x**x** (unbetont, betont)	**Es ist alles eitell** | Gryphius, Andreas Du sihst / wohin du sihst nur eitelkeit auff erden. Was dieser heute bawt / reist jener morgen ein: […] *Quelle: Gryphius, Andreas: Gesamtausgabe der deutschsprachigen Werke, ed. by Marian Szyrocki and Hugh Powell, Vol. 1, Niemeyer, Tübingen 1963, S. 33*
Trochäus: **x**x (betont, unbetont)	**Nachtgebet** | Hensel, Luise Müde bin ich, geh zur Ruh, Schließe beide Äuglein zu […] *Quelle: Hensel, Luise: Lieder, Schöningh, Paderborn 1879, S. 51*
Anapäst: xx**x** (unbetont, unbetont, betont)	**Pandora** | Goethe, Johann Wolfgang Alle blinken die Sterne mit zitterndem Schein, Alle laden zu Freuden der Liebe mich ein. *Quelle: Goethe, Johann Wolfgang von: Goethes Pandora. Mit einem Schluss von Franz Wickhoff und 6 Holzschnitten von Erwin Lang, Wien 1932, S. 6*
Daktylus: **x**xx (betont, unbetont, unbetont)	**Zum Beginn** | Mühsam, Erich Wollt ihr die Freiheit, so seid keine Knechte! Wollt ihr das Glück, so schaffet das Rechte! […] *Quelle: Mühsam, Erich: Brennende Erde. Verse eines Kämpfers, Digitale Drucke der Uni Bielefeld, Kurt Wolff, Bielefeld 1920, S. 7–8*

1 Schreiben Sie obige Gedichtzeilen ab und ergänzen Sie jeweils darunter das Versmaß.

Bei den Reimen am Versende unterscheidet man u. a. folgende Reimformen:

Reimschema	*Beispiele*
Beim **Paarreim** werden zwei aufeinanderfolgende Verse nach dem Schema aa bb cc ... miteinander verknüpft.	**Nachtgedanken** | Heine, Heinrich Denk ich an Deutschland in der Nacht, Dann bin ich um den Schlaf gebracht, Ich kann nicht mehr die Augen schließen, Und meine heißen Tränen fließen. [...] *Quelle: Heine, Heinrich: Neue Gedichte. Bd. 2, bearb. v. Elisabeth Genton, Hoffmann und Campe, Hamburg 1983, S. 129*
Der Reim des **Kreuzreims** folgt hingegen erst in der übernächsten Zeile (abab cdcd ...).	**Wünschelrute** | Eichendorff, Joseph von Schläft ein Lied in allen Dingen, Die da träumen fort und fort. Und die Welt hebt an zu singen, Triffst du nur das Zauberwort. *Quelle: Eichendorff, Joseph von: Gesammelte Werke. Bd. 1: Gedichte, Nachlese, Die Feier, Aufbau, Berlin 1962, S. 90*
Beim **umarmenden Reim** umschließt ein Reim einen anderen nach dem Schema abba cddc ...	**Nachtlied** | Hebbel, Friedrich Quellende, schwellende Nacht, Voll von Lichtern und Sternen: In den ewigen Fernen, Sage, was ist da erwacht! [...] *Quelle: Hebbel, Friedrich: Sämtliche Werke. Historisch-kritische Ausgabe besorgt v. Richard Maria Werner. 6. Bd., Behr, Berlin 1902, S. 143*

4.2 Gebundene Lyrik

Gebundene Sprache, wie sie für Lyrik charakteristisch ist, bezeichnet eine künstlerisch ausgearbeitete, meist gehobene Sprache, die ein Versmaß/Metrum, einen Sprechrhythmus sowie eine Sprachmelodie (einen Reim) aufweist und durch Verse gegliedert ist.

Christian Fürchtegott Gellert (1715–1769), Dichter und Philosoph

Christian Fürchtegott Gellert studierte an der Universität Leipzig Theologie und Philosophie und war u.a. dort als Philosophieprofessor tätig. Seine Vorlesungen über Moral erregten bei Zeitgenossen großes Aufsehen. Seine literarischen Werke, insbesondere die moralisch-belehrenden Fabeln, zählten zu den meistgelesenen seiner Zeit.

Das Land der Hinkenden | Gellert, Christian Fürchtegott

Vor Zeiten gabs ein kleines Land,
Worinn man keinen Menschen fand,
Der nicht gestottert, wenn er redte,
Nicht, wenn er gieng, gehinket hätte;
Denn beides hielt man für galant.

Ein Fremder sah den Uebelstand;
Hier, dacht er, wird man dich im Gehn bewundern müssen,
Und gieng einher mit steifen Füssen.
Er gieng, ein jeder sah ihn an,
Und alle lachten, die ihn sahn,
Und jeder blieb vor Lachen stehen,
Und schrie: Lehrt doch den Fremden gehen!

Der Fremde hielts für seine Pflicht,
Den Vorwurf von sich abzulehnen.
Ihr, rief er, hinkt; ich aber nicht:
Den Gang müßt ihr euch abgewöhnen!
Der Lärmen wird noch mehr vermehrt,
Da man den Fremden sprechen hört.
Er stammelt nicht; genug zur Schande!
Man spottet sein im ganzen Lande. [...]

Quelle: Gellert, Christian Fürchtegott: Sämmtliche Schriften. 1. Theil: Fabeln und Erzählungen, Erstes Buch., M. G. Weidmanns Erben und Reich, Leipzig 1769, S. 22

2 Bestimmen Sie in Christian Fürchtegott Gellerts Gedicht Versmaß und Reimform.

3 Erläutern Sie, was in diesem Gedicht über Anderssein und Normalität ausgesagt wird.

4 Tauschen Sie sich über Sinn und Bedeutung des Begriffs „Zauberwort“ (Zeile 4) in Joseph von Eichendorffs (1788–1857) Gedicht „Wünschelrute“ (Seite 165) aus.

5 Schreiben Sie ein zur Jahreszeit passendes Gedicht, bei dem Sie sich für eines der oben beschriebenen Versmaße und eine Reimform entscheiden. Gestalten Sie dazu einen Monatskalender mit passenden Bildern.

4.3 Moderne Lyrik

Das lyrische Ich in der modernen Lyrik ist gekennzeichnet durch eine subjektive, verdichtete und metaphernreiche Sprache, welche zum Teil auch die Regeln der Grammatik durchbricht, sodass verfremdende, außergewöhnliche Sichtweisen mit verschiedenen Deutungsmöglichkeiten entstehen:

Mit dem Willen zur Dunkelheit stellt sich das Problem des Verstehens ein [...], das Gedicht gerät durch den Leser in ein neues Bedeutungsspiel, das sein eigenes Recht hat. [...] Der Begriff des Verstehens ist dem Begriff des Weiterdichtens gewichen – Weiterdichten durch den Leser.

Quelle: Friedrich, Hugo, in: Die Struktur der modernen Lyrik, Rowohlt, Hamburg 1956, S. 149

[1] *Aufklärung: Entwicklung im Europa des 18. Jahrhunderts, die darauf zielte, den „Menschen aus seiner selbstverschuldeten Unmündigkeit“ (Immanuel Kant) zu befreien, indem man sich der Vernunft als universeller Urteilsinstanz bediente*

Hilde Domin (1909–2006)

Die deutsche Lyrikerin Hilde Domin, geborene Löwenstein, wählte ihr Pseudonym aufgrund ihres Exils in der Dominikanische Republik während der NS-Zeit. Domin arbeitete u. a. als Sprachlehrerin und Sekretärin und begann 1946 zu schreiben. Sie lebte ab 1961 in Heidelberg und gilt als eine der bedeutendsten Lyrikerinnen der Gegenwart.

Nicht müde werden | Domin, Hilde

Nicht müde werden
sondern dem Wunder
leise
wie einem Vogel
die Hand hinhalten.

Quelle: Domin, Hilde: Gesammelte Gedichte, S. Fischer, Frankfurt a. M. 2006, S. 294

6 Lesen Sie das Gedicht laut. Tauschen Sie sich in Kleingruppen-Schreibgesprächen über das Gedicht der Lyrikerin Hilde Domin aus.

7 Schreiben Sie ein eigenes Gedicht mit gleichem Anfang, in dem Sie eine andere Metapher finden für das Nicht-müde-Werden und Nicht-Aufgeben: Nicht müde werden/sondern …

Robert Gernhardt (1937–2006)

Robert Gernhardt studierte in Stuttgart und Berlin Germanistik und Malerei. Seit 1964 lebte er als freiberuflicher Karikaturist, Maler und Schriftsteller in Frankfurt a.M. Er war Redakteur der Satirezeitschriften *Pardon* und *Titanic*, Co-Autor diverser *Otto*-Shows und gilt als einer der wichtigsten zeitgenössischen Dichter deutscher Sprache.

Ich und die | Gernhardt, Robert

Er einer von diesen lauten Verstörten,
noch jung, im Rollstuhl. Sie wohl die Mutter.
Sie schiebend, er schreiend, doch was für ein Schreien:
Zwischen Winseln und Heulen.
Ich stadtwärts, die stadtwärts, dazwischen die Straße,
unmöglich, nicht zur Kenntnis zu nehmen,
wie der da schrie. Da mochte der Blick
noch so wegschaun.
Dieses Schreien! Nicht nur die Stille
Des Hochsommertags zerreißend. Es reißt auf
sehr alte Angst, die noch weiß, wie leicht man
ins Pflaster einbricht.
Schreiend tritt er ins Leben, der Mensch, und
schreiend empfiehlt sich so mancher.

Dazwischen aber gelten als Norm:
Leiden und Schweigen.
Der da aber schreit mitten im Leben.
Mitten in Frankfurt und mitten am Tage
geht er nicht, rollt er, schweigt er nicht, schreit er:
Ich lebe, ich leide.
Beugt sie sich über ihn, verstummt er.
Beugt sich nicht oft, wie soll sie dann schieben.
Schiebt sie ihn, schreit er. Beugt sie sich, schweigt er.
Aber nie lange.
Denn sie ziehn weiter, die Stumme, der Schreier.
Gottseidank muss ich in andere Richtung.
Schon ist sein Schreien kaum mehr zu vernehmen.
Das meint: für mich.
Dafür trifft's andre. Sie hören das Schreien
des Verstörten wie ich, verstört, und erinnern
das brüchige Pflaster wie ich und vergessen
den Schreier wie ich und die Frau und die Frage:
Wie die das aushält!

Quelle: Gernhardt, Robert: Gesammelte Gedichte 1954–2006, S. Fischer, Frankfurt a. M. 2008, S. 808 f.

8 ***Erläutern Sie ein besonders auffälliges sprachliches Mittel in Robert Gernhardts Gedicht: Welche Bedeutung verknüpfen Sie damit?***

9 ***Gestalten Sie eine Collage zum Gedicht, indem Sie zentrale Themen und Fragestellungen durch Zeitungs- und Zeitschriftenfotos und Schlagzeilen(fetzen) verbildlichen.***

5 Dramatische Texte

Definition

Im Drama werden Ereignisse nicht erzählt, sondern dem Zuschauer anhand von Dialogen und Figurenhandlungen vorgeführt. Je nach Art des Konflikts kann ein Drama z. B. tragisch (**Tragödie**) oder komisch (**Komödie**) sein. Im Zusammenspiel mit Bühnenbild, Beleuchtung, Requisiten, der Mimik, Gestik und dem Sprachausdruck und den Kostümen der Figuren entsteht in der jeweiligen **Theaterinszenierung** eine Interpretation des Dramentextes.

Wichtiger Hinweis

Dramatische Texte bestehen weitgehend aus **Dialogen** der Figuren. Seltener sind **Monologe**, Selbstgespräche, in denen eine Figur uns über seine Gedanken und Gefühle Auskunft gibt.

Daneben geben (meist kursiv gedruckte) **Bühnenanweisungen** Anregungen zu Bühnenbild, Requisite, Kostümen und schauspielerischem Ausdruck.

Die Dramenhandlung ist häufig in **Akte** und diese wiederum in **Szenen** oder **Auftritte** gegliedert.

Man unterscheidet das **Entscheidungs-** oder **Konfliktdrama**, in welchem ein Konflikt entwickelt, zugespitzt und aufgelöst wird, vom **analytischen Drama**, auch **Enthüllungsdrama** genannt, bei dem es um die Aufdeckung eines vor Stückbeginn stattgefundenen Ereignisses geht.

Was ist ein Drama? Eine Einführung (Auszug)

Drama ist nicht nur die konkreteste – das heißt die am wenigsten abstrakte – künstlerische Nachahmung menschlichen Verhaltens, es ist auch die konkreteste Art, in welcher wir über die Lage des Menschen in der Welt denken können. Je höher die Ebene der Abstraktion, desto weiter entfernt sich das Denken von der Wirklichkeit. Um nur ein Beispiel zu geben: Man kann darüber debattieren, ob die Todesstrafe zu rechtfertigen ist oder nicht. Weit schwieriger ist es jedoch, diesen abstrakten Gedankengang, auch wenn er durch Statistiken untermauert ist, auf die konkrete Wirklichkeit zu beziehen, auf die Auswirkung auf das einzelne Individuum. Das können wir nur tun, indem wir uns einen einzelnen Menschen vorstellen, der von der Todesstrafe betroffen ist, und die beste Art, das zu erreichen, ist, einen Fall zu dramatisieren und ihn so konkret nachzuerleben. [...]

Und gerade das ist auch das eigentliche Anliegen aller bedeutenden dramatischen Weltliteratur, von der griechischen Tragödie bis Beckett. Drama auf diesem Niveau ist eine Art des Philosophierens, nicht in abstrakter, sondern in konkreter Form – um es in der heutigen Terminologie auszudrücken –, eine existentielle Denkmethode.

Quelle: Ensslin, Martin: Was ist ein Drama? Eine Einführung, Piper, München 1978, S. 21 f.

5.1 Theater

Volksbühne | Paulmichl, Georg

Manchmal findet das Dorftheater auf der Bühne seine Aufführung.
Die Theaterspieler müssen die Sprechblasen walten lassen.
Erst durch die Übung lässt sich der Rollentausch entwältigen.
Im Rampenlicht der Bühne wird der Zuschauer bereichert.
Lachfalten biegen sich im Gelächter.
Die Dramatik steigt von Akt zu Akt dem Spielbetrieb entgegen.
Das Publikum wird verwandelt im Theatergeheimnis der Phantasie.
Dem Ernst der Sache kommt keiner auf den Grund.

Quelle: Paulmichl, Georg: Ins Leben gestemmt, Haymon Verlag, Innsbruck 1994, S. 39

Georg Paulmichl (geb. 1960), Schriftsteller und Maler

Georg Paulmichl wurde in Prad im Vinschgau/Tirol geboren. Er ist geistig behindert. Nach der Mittelschule trat er in die Behindertenwerkstätte Prad ein. Dort begann er zu schreiben und zu malen. Für sein Werk, das vor allem aus Briefen, Gedichten, Glossen und Bildern besteht, erhielt er 2007 das Österreichische Ehrenkreuz für Wissenschaft und Kunst.

1 ***Erläutern Sie sprachliche Auffälligkeiten des Gedichts von Georg Paulmichl über Dorftheateraufführungen tauschen Sie sich über die Wirkung auf den Leser aus.***

2 ***Erläutern Sie Anlässe für Rollen- und Theaterspiel in heilpädagogischen Einrichtungen und tauschen Sie sich über positive und negative Erfahrungen dazu aus.***

Das Dramenfragment „Woyzeck" von Georg Büchner (1813–1837) ist in verschiedenen Entwurfsstufen überliefert und zählt zu den meistgespielten deutschen Stücken. Es handelt vom einfachen Soldaten Woyzeck, der seine Freundin Marie und das gemeinsame Kind finanziell unterstützen möchte. Deswegen stellt er sich einem skrupellosen Doktor als medizinisches Versuchsobjekt zur Verfügung, was seine Schizophrenie-Symptome verstärkt.

Georg Büchner (1813–1837), Mediziner, Schriftsteller und Revolutionär

Georg Büchner wurde im Großherzogtum Hessen geboren und studierte in Straßburg und Gießen Medizin und Philosophie. Nachdem er 1834 mit seiner Flugschrift *Friede den Hütten! Krieg den Palästen* die hessische Landbevölkerung zur Revolution aufgerufen hatte, wurde er steckbrieflich gesucht. Er starb 24-jährig an Typhus. Trotz seines schmalen Werkes gilt er als einer der bedeutendsten Literaten des Vormärz[1].

Woyzeck | Büchner, Georg

Freies Feld, die Stadt in der Ferne

Woyzeck und Andres schneiden Stecken im Gebüsch. Andres pfeift.

Woyzeck: Ja, Andres, der Platz ist verflucht. Siehst Du den lichten Streif da über das Gras hin, wo die Schwämme so nachwachsen? Da rollt abends der Kopf. Es hob ihn einmal einer auf, er meint', es wär ein Igel: drei Tag und drei Nächt, er lag auf den Hobelspänen. – *Leise:* Andres, das waren die Freimaurer! Ich hab's, die Freimaurer!

Andres singt:

Saßen dort zwei Hasen,
fraßen ab das grüne, grüne Gras ...

Woyzeck: Still: Hörst du's, Andres? Hörst du's? Es geht was!

Andres:

Fraßen ab das grüne, grüne Gras ...
bis auf den grünen Rasen.

Woyzeck: Es geht hinter mir, unter mir. – *Stampft auf den Boden:* Hohl, hörst Du? Alles hohl da unten! Die Freimaurer[2]!

Andres: Ich fürcht' mich.

Woyzeck: 's ist so kurios still. Man möcht' den Atem halten. – Andres!

Andres: Was?

Woyzeck: Red was! – *Starrt in die Gegend.* – Andres, wie hell! Über der Stadt is alles Glut! Ein Feuer fährt um den Himmel und ein Getös herunter wie Posaunen. Wie's heraufzieht! – Fort! Sieh nicht hinter dich! – *Reißt ihn ins Gebüsch.*

Andres nach einer Pause: Woyzeck, hörst du's noch?

Woyzeck: Still, alles still, als wär' die Welt tot.

Andres: Hörst du? Sie trommeln drin. Wir müssen fort!

[...]

Es klopft am Fenster.

Marie: Wer da? Bist du's, Franz? Komm herein! [...] Was hast du, Franz? Du siehst so verstört.

Woyzeck geheimnisvoll: Marie, es war wieder was, viel – steht nicht geschrieben: Und sieh, da ging ein Rauch vom Land, wie der Rauch vom Ofen?

Marie: Mann!

Woyzeck: Es ist hinter mir hergangen bis vor die Stadt. Etwas, was wir nicht fassen, begreifen, was uns von Sinnen bringt. Was soll das werden?

Marie: Franz!

Woyzeck: Ich muss fort. – Heut abend auf die Mess! Ich hab wieder gespart. – *Er geht.*

Marie: Der Mann! So vergeistert. Er hat sein Kind nicht angesehn! Er schnappt noch über mit den Gedanken! – Was bist so still, Bub? Furchtest dich? Es wird so dunkel; man meint, man wär' blind. Sonst scheint als die Latern herein. Ich halt's nit aus; es schauert mich! – *Geht ab.*

[...]

Straße

[...] *Hauptmann* [...]: He, Woyzeck, was hetzt Er sich so an uns vorbei. Bleib Er doch, Woyzeck! Er läuft ja wie ein offnes Rasiermesser durch die Welt, man schneidt sich an Ihm; Er läuft, als hätt er ein Regiment Kastrierte zu rasieren und würde gehenkt über dem längsten Haar noch vor dem Verschwinden. Aber, über die langen Bärte – was wollt' ich doch sagen? Woyzeck: die langen Bärte [...] Ha, über die langen Bärte! Wie is, Woyzeck, hat Er noch nicht ein Haar aus einem Bart in seiner Schüssel gefunden? He, Er

[1] *Vormärz: historische Periode in Deutschland von 1815 bis zur Revolution im März 1848*

[2] *Freimaurer: Geheimbund mit dem Ideal des nach Vervollkommnung strebenden Menschen*

versteht mich doch? Ein Haar eines Menschen, vom Bart eines Sapeurs[1], eines Unteroffiziers, eines – eines Tambourmajors[2]? He, Woyzeck? Aber Er hat eine brave Frau. Geht Ihm nicht wie andern.

Woyzeck: Jawohl! Was wollen Sie sagen, Herr Hauptmann?

Hauptmann: Was der Kerl ein Gesicht macht! ... Vielleicht nun auch nicht in der Suppe, aber wenn Er sich eilt und um die Eck geht, so kann er vielleicht noch auf ein Paar Lippen eins finden. Ein Paar Lippen, Woyzeck. Kerl, Er ist ja kreideweiß!

Woyzeck: hh, ich bin ein armer Teufel – und hab's sonst nichts auf der Welt. hh, wenn Sie Spaß machen –

Hauptmann: Spaß ich? Dass dich Spaß, Kerl!

Doktor: Den Puls, Woyzeck, den Puls! – Klein, hart, hüpfend, unregelmäßig.

Woyzeck: hh, die Erd is höllenheiß – mir eiskalt, eiskalt – Die Hölle is kalt, wollen wir wetten. – – Unmöglich! Mensch! Mensch! Unmöglich!

Hauptmann: Kerl, will Er – will Er ein paar Kugeln vor den Kopf haben? Er ersticht mich mit seinen Augen, und ich mein' es gut mit Ihm, weil Er ein guter Mensch ist, Woyzeck, ein guter Mensch.

Doktor: Gesichtsmuskeln starr, gespannt, zuweilen hüpfend. Haltung aufgeregt, gespannt.

Woyzeck: Ich geh'. Es is viel möglich. Der Mensch! Es is viel möglich. – Wir haben schön Wetter, hh. Sehn Sie, so ein schöner, fester, grauer Himmel; man könnte Lust bekommen, ein' Kloben hineinzuschlagen und sich daran zu hängen, nur wegen des Gedankenstriches zwischen Ja und wieder Ja – und Nein. hh, Ja und Nein? Ist das Nein am Ja oder das Ja am Nein schuld? Ich will darüber nachdenken. *– Geht mit breiten Schritten ab, erst langsamer, dann immer schneller.*

Hauptmann: Mir wird ganz schwindlig vor dem Menschen. Wie schnell! Der lange Schlingel greift aus, als läuft der Schatten von einem Spinnbein, und der Kurze, das zuckelt. Der Lange ist der Blitz und der Kleine der Donner. Haha ... Grotesk! grotesk!

Mariens Kammer

Marie. Woyzeck.

Woyzeck sieht sie starr an und schüttelt den Kopf: Hm! Ich seh nichts, ich seh nichts. O man müsst's sehen, man müsst's greifen könne mit Fäusten!

Marie verschüchtert: Was hast du, Franz? – Du bist hirnwütig, Franz.

Woyzeck: Eine Sünde, so dick und so breit – es stinkt, dass man die Engelchen zum Himmel hinausräuchern könnt'! Du hast ein' roten Mund, Marie. Keine Blase drauf? Wie, Marie, du bist schön wie die Sünde – kann die Todsünde so schön sein?

Marie: Franz, du redest im Fieber!

Woyzeck: Teufel! – Hat er da gestanden? So? So?

Marie: Dieweil der Tag lang und die Welt alt is, können viele Menschen an einem Platz stehen, einer nach dem andern.

Woyzeck: Ich hab ihn gesehn!

Marie: Man kann viel sehn, wenn man zwei Augen hat und nicht blind is und die Sonn scheint.

Woyzeck: Mensch! – *Geht auf sie los.*

Marie: Rühr mich an, Franz! Ich hätt' lieber ein Messer in den Leib als deine Hand auf meiner. Mein Vater hat mich nit anzugreifen gewagt, wie ich zehn Jahre alt war, wenn ich ihn ansah.

Woyzeck: Weib! – Nein, es müsste was an dir sein! Jeder Mensch ist ein Abgrund; es schwindelt einem, wenn man hinabsieht. – Es wäre! Sie geht wie die Unschuld. Nun, Unschuld, du hast ein Zeichen an dir. Weiß ich's? Weiß ich's? Wer weiß es? – *Er geht.* [...]

Quelle: Büchner, Georg: Woyzeck, abgerufen unter: http://gutenberg.spiegel.de/buch/419/1 [2.1.2012]

3 Bereiten Sie ein Kurzreferat zum Autor Georg Büchner vor.

4 Ordnen Sie die passenden Dramenfachbegriffe, die in der Kapiteleinleitung fettgedruckt sind, Georg Büchners Stück „Woyzeck" zu:

a Handelt es sich um eine Tragödie oder Komödie, um ein Konfliktdrama oder um ein analytisches Drama?

b (Wo) Gibt es Dialoge/Monologe, Bühnenanweisungen?

c Wie viele Akte/Szenen sind hier abgedruckt?

5 Beschreiben Sie Anzeichen von Woyzecks Schizophrenie. Belegen Sie dies durch Textzitate.

6 Beschreiben Sie die Wirkung von Ellipsen, Metaphern und umgangssprachlichen Wendungen im Drama. Belegen Sie Ihre Aussagen durch Textzitate.

---

[1] *Sapeur: Regimentszimmermann*

[2] *Tambourmajor: Trommler, der die Armee auf das Schlachtfeld oder zu Paradezwecken anführt*

5.2 Hörspiel

Auch Filmdrehbücher und Hörspieltexte zählen zu den dramatischen Werken, da sie ebenfalls auf Dialogen basieren. Das Dokumentar-Hörspiel „Der andere geigt, der nächste frisst Gras" (1978) beschreibt in Originaltönen den Integrationsversuch von Gertrud S., 33 Jahre alt, bei der Schizophrenie diagnostiziert wurde. Die Autoren Wolfgang Schiffer und Charles Dürr zeichneten über einen längeren Zeitraum hinweg Gespräche mit ihr auf und begleiteten sie mit dem Aufnahmegerät in ihrem Alltag.

Der andere geigt, der nächste frisst Gras – Gertrud | Dürr, Charles/Schiffer, Wolfgang (Originalton-Hörspiel-Dokumentation)

[...] GERTRUD [...] Ich war vorige Woche am Verzweifeln. [...] Wirklich, restlos.
CHARLES: Und was war der Grund dazu?
GERTRUD: Weil so viele Sachen so um mich herum waren, auf mich einstürzten. [...]
CHARLES: Was waren das denn für Dinge?
GERTRUD: Irgendwelche äußeren Gegenstände, Beschriftungen, nur Beschriftungen. [...] überall. An jeder Hausecke.
CHARLES: Und zu was hat das geführt bei dir?
GERTRUD: Dass ich nicht mehr weiter konnte. Ob das nun Briefmarken waren, oder ob da nun das Gelbe durchgestrichen ist auf der Autobahn mit nem roten Strich, das schreit einem doch entgegen. [...]
CHARLES: Ja, was will das dir vermitteln?
GERTRUD: Dass irgendwas, wenn es noch mehr kommt, dass es dann ganz schlimm wird. [...] Da geh ich ein! Da geh ich ein wie nischt! Da braucht man nicht ins Fernsehen zu gucken. Da braucht man nur draußen spazieren zu gehen. Da braucht man kein Fernsehen zu. Kannste überall gucken, brauchste nur die Autos anzugucken, wie die aussehen.
CHARLES: Ja, was vermittelt dir das denn?
GERTRUD: Dass das irgendwie, das schreit.
CHARLES: Da muss ja was für dich hinterstecken. Da ist ja ...
GERTRUD: Das schreit mir entgegen, als wenn das sagen will, nu hilf mir doch, ja? Aber wie, woher?
CHARLES: Aber was kannst du nem Auto helfen? Bei was kannst du einer Farbe helfen?
GERTRUD: Indem man nicht so grelle Farben nimmt, sondern irgendwie gedämpftere Farben. Dass es nicht so furchtbar grell ins Auge sticht. Das Schlimmste war auf dem Toom-Markt ... Da hab ich eingekauft, und da hab ich ne Tasche verlangt. [...] Gelbe Streifen und rote Querstreifen, ich dachte, ich werde verrückt. [...] Dass den anderen das nicht weh tut. Ich war fast rückwärts wieder rausgegangen, glaubst du das? Da hab ichs mit der Angst zu tun gekriegt. Echt.
[...]PSYCHIATER: Wir sind der Meinung, dass wir uns noch um Sie kümmern müssen. Das heißt, wir müssen einmal sehen, wie es Ihnen nach der Entlassung geht. Das ist eigentlich die Aufgabe, die ich jetzt hier bei Ihnen mit meinem Besuch habe.
GERTRUD: Ja.
PSYCHIATER: Und wie stehen Sie dazu?
GERTRUD: Gut.
PSYCHIATER: Was bedeutet das?
GERTRUD: Ich freue mich, dass Sie mich besuchen kommen.
PSYCHIATER: Aber das ist der Besuch eines Psychiaters.
GERTRUD: Och, das macht nichts. Das sind genauso Menschen.
PSYCHIATER: Waren Sie früher im Landeskrankenhaus derselben Meinung?
GERTRUD: Ja.
PSYCHIATER: Und es hat nie eine harte Auseinandersetzung mit Psychiatern gegeben?
GERTRUD: Irgendwie, ich hab kein Bedürfnis danach, mich mit einem Psychiater dermaßen auseinanderzusetzen, um ihm zu sagen, dass er irgendwie unrecht hätte, ja.
PSYCHIATER: Also haben Psychiater Ihrer Meinung nach unrecht?
GERTRUD: Ja, ich bekam irgendwie eine panische Angst, dass ich praktisch in eine regelrechte Zwangsjacke gesteckt wurde. Nicht optisch, sondern seelisch, durch gewisse Maßnahmen, die mir von einem solchen Krankenhaus bekannt sind. Erst mal wieder die ganzen Tabletten schlucken und so in der Art.
(Kreuzblende)

(Flötenmelodie darüber:) GERTRUD: Es ist ziemlich schwierig, Liebe zu beschreiben. Das ... da ich selber immer danach gesucht habe und es oft falsch eingeschätzt habe. Und dadurch oft was niedergedrückt war. Dass ich das ... keine ... kein Entgegenkommen empfunden habe oder irgendwie. Und trotzdem, ich habe die Hoffnung dabei nicht aufgegeben, da es halt immer wieder, da es halt nie endet. Das entsteht immer wieder. *(Ende der Flötenmelodie)*
PSYCHIATER: So ist das. Und wie sind die Aussichten? Wenn wir die Verbindung zur Patientin mit Geduld und Fingerspitzengefühl fortsetzen können, werden wir sie immer in schwierigen Momenten unterstützen und ihr das Leben leichter machen können. Aber das bedeutet, dass sich die Patientin weiterhin, mehr oder weniger, nicht als vollwertiger Mensch fühlen wird. Weil ein vollwertiger Mensch, das ist klar, eine solche Unterstützung nicht brauchen würde. Und das begreifen unsere Schizopatienten, die fast immer ihr logisches Denken behalten haben. Das begreifen sie sehr gut. Ja, das ist die Kehrseite der Medaille. Den geisteskranken Menschen als vollwertigen Menschen zu betrachten. Wir sind dazu bereit. Aber wenn es wieder zu einem Schub kommt ...?
GERTRUD *(spricht durchs Telefon)*: Ich bin halt krank. Das ist meine Krankheit, dass ich existiere. Ja? So ungefähr. Meine Existenz ist ne Krankheit, wenn de willst. Kann ich nicht dafür, dass ich da bin. Entschuldige, dass ich geboren bin.
WOLFGANG: Gertrud, ich hab dir doch schon gesagt, ich bin ganz froh, dass du geboren bist, weißt du, ich find, dass du ein ganz netter Mensch bist. *(Gertrud weint.)* Einverstanden?
GERTRUD: Ja sicher, was soll ich denn anders machen?
WOLFGANG *(liest einen Brief von Gertrud)*: Liebe Experimentierer! Am vorigen Freitag war ich beim Doktor und habe ihm erzählt, dass ich keine Medikamente mehr einnehme, und er hat mir freigestellt, auf eigene Verantwortung dies auszuprobieren. Und ich wage dies, denn es ist mir bis jetzt gut bekommen. Und ich versuche es. Die Medikamente dämpfen entweder oder putschen auf. Das brauche ich doch gar nicht mehr. Ich habe diese Art Klippe überwunden. Es sind rein Probleme, die mich krank gemacht haben vorher, aber wer hat keine Probleme.

Quelle: Dürr, Charles/Schiffer, Wolfgang: Sprechstörungen. Vier Hörspieltexte, Radius, Stuttgart 1980, S. 25–28

7 Übertragen Sie die folgende Tabelle in Ihr Heft und notieren Sie darin Gertruds Erfahrungen und Gefühle, die sie in diesem Textausschnitt zeigt.

Erfahrung/Gedanke	Gefühl	Zitatbeleg
?	?	?
?	?	?
?	?	?
?	?	?
?	?	?
?	?	?
?	?	?

8 Der Psychiater behauptet: „Den geisteskranken Menschen als vollwertigen Menschen zu betrachten. Wir sind dazu bereit. Aber wenn es wieder zu einem Schub kommt ...?" (Zeile 60). Erläutern Sie,

a warum in der Psychologie/Medizin inzwischen der Begriff „psychische Störung" statt „Geisteskrankheit" verwendet wird,

b ob und inwiefern ein Mensch mit einer psychischen Störung von seiner Umwelt als „vollwertiger Mensch" betrachtet wird.

9 ***Lesen Sie folgende Hinweise zur Standbild-Methode und bereiten Sie in Ihrer Kleingruppe ein Standbild zu einem Akt vor, das Sie anschließend im Plenum präsentieren.***

Methode: Standbilder zu literarischen Texten gestalten

Ein Standbild ist eine aus Menschen gebildete, erstarrte Figurengruppe, die (Roman- oder Dramen-)Figuren in einer bestimmten Haltung darstellt, sodass Wesentliches über ihren Charakter und ihr Verhältnis zueinander ersichtlich wird.

Vorgehen:

1. Lesen Sie in Kleingruppen (5–6 Personen) einen Akt aus „Woyzeck". Halten Sie stichpunktartig den Inhalt und das Verhältnis der auftretenden Figuren inklusive Gestik, Mimik, Körperhaltung zueinander fest.
2. Legen Sie in Ihrer Kleingruppe „Figuren" und „Standbildhauer" fest.
3. Die „Bildhauer" formen gemäß den Vorüberlegungen die Figuren. Verändern Sie dabei Körperhaltungen, Mimik, Gestik und Abstand zueinander so lange, bis das Bild dem entspricht, was Sie ausdrücken möchten.
4. Das endgültige Standbild wird „eingefroren". Die Darsteller prägen sich ihre Stellungen ein, sodass das Standbild im Plenum wieder abgerufen werden kann.
5. Während die präsentierende Gruppe ihr Standbild aufbaut, dreht ihr die Klasse den Rücken zu. Ist alles aufgebaut, entfernen sich die „Bildhauer" von der Bühne und geben ein Zeichen (z. B. in die Hände klatschen).
6. Die Zuschauer beschreiben, was sie sehen. Dann erläutern die Bildhauer ihr Standbild. Zuletzt beschreibt jede/r Darsteller/in, was er/sie als Rollenfigur in dieser Position denkt und fühlt. So geht es Gruppe für Gruppe reihum.

10 ***Schreiben Sie einen Brief, in dem eine der drei folgenden Figuren über Woyzeck erzählt.***

a Andres schreibt an einen Freund.

b Der Doktor schreibt an einen befreundeten Mediziner.

c Marie schreibt an ihre Freundin.

Lieber Hans,

sei mir nicht bös, dass ich gestern nicht mehr kam. Ich hab mit Woyzeck auf dem Feld gearbeitet und er war so komisch, dass ich ihn nicht allein lassen konnte.

Werter Herr Kollege Breuer,

herzlichen Dank für Ihre Anmerkungen zu meinem Forschungsbericht. Ich habe derzeit einen neues sehr interessantes Studienobjekt: Sein Name ist Woyzeck und

Liebe Clara,

danke für deinen Brief. Es geht mir gut und dem Kind auch. Nur Franz macht mir Sorgen. Er benimmt sich ganz sonderbar. Gestern zum Beispiel

"Natürlich müssen die Bewerber fließend Deutsch können! Was dachten Sie denn?!"

Normen der Standardsprache

„Deutsch ist die Sprache derer, die zwar deutsch fühlen, aber nicht Deutsch können."

Quelle: Karl Kraus (1847–1936, österr. Schriftsteller)

Gesprächsfähigkeit, Einfühlungsvermögen, sicheres Auftreten und Argumentationsfähigkeit sind Schlüsselkompetenzen in Ihrem Beruf. Daneben kommt es darauf an, dass Sie sich verständlich und präzise ausdrücken und fehlerfrei schreiben können. Die Regeln der deutschen Sprache sowie grammatikalische Fachbegriffe sollten Ihnen geläufig sein, damit Sie sprachliche Defizite bei Betreuten identifizieren und korrekt benennen können.

Kompetenzen

Dieses Kapitel vermittelt Ihnen

- den Umgang mit (Fach-)Lexika und Wörterbüchern,
- Regeln der deutschen Laut- und Wortbildung,
- Rechtschreib- und Grammatikwissen (Wortarten, Satzbau, Zeichensetzung) sowie
- Hinweise zur Verbesserung Ihrer Ausdrucksfähigkeit.

Dieses Kapitel führt Sie zunächst an den Umgang mit Nachschlagewerken zur Klärung von Fachbegriffen, Fremdwörtern und Sachfragen heran und vermittelt Ihnen ein Grundwissen über Laut- und Wortbildung sowie Rechtschreib- und Grammatikregeln. Hinweise zur Verbesserung Ihres Sprachstils schließen das Kapitel ab.

1 Umgang mit Nachschlagewerken

Beim Schreiben von Berichten, Geschäftsbriefen, Aushängen und Flyern sollten Sie neben der fachlichen und sachlichen Richtigkeit genauso auf eine korrekte Schreibweise achten. Für das Image Ihrer Einrichtung sind Schreibfehler, welche bei Kollegen, Angehörigen oder Fachdiensten Unverständnis oder Belustigung hervorrufen können, sicherlich schlecht, da sie unprofessionell und inkompetent wirken. Ziehen Sie bei sprachlichen und inhaltlichen Unsicherheiten Nachschlagewerke zu Rate.

1.1 Umgang mit Wörterbüchern

Ein Sprachwörterbuch ist ein alphabetisch sortiertes Nachschlagewerk mit erklärenden Informationen zu sprachlichen Besonderheiten. Je nach Zielsetzung unterscheidet man u. a.:

- **Rechtschreibwörterbuch/orthografisches Wörterbuch** mit Informationen zur Schreib- und Trennweise der Wörter
- **Grammatikwörterbuch** mit Informationen zum Bau der deutschen Sprache und Hilfe bei grammatischen Zweifelsfällen
- **Synonymwörterbuch** zum Auffinden sinn- und sachverwandter Wörter
- **Fremdwörterbuch** mit Erklärungen von Fremdwörtern und Hinweisen zu ihrer richtigen Nutzung

1 Informieren Sie sich über Online-Versionen der oben aufgezählten Wörterbucharten.

2 Notieren Sie mithilfe des passenden Wörterbuchs Synonyme für die Fremdwörter in folgendem Fachartikel aus der Online-Zeitschrift für Inklusion.

Junge Menschen mit geistiger Behinderung am Übergang zum Erwachsenwerden – Bildungsprozesse und pädagogische Bemühungen | Kauz, Olga/ Schellong, Yvonne

[...] Die Adoleszenz ist nicht nur eine entscheidende Phase der Autonomie- und Identitätsentwicklung, sie ist auch ein wichtiger Dreh- und Angelpunkt der Weichenstellungen für zukünftige gesellschaftliche Teilhabe- und Lebenschancen. Als wichtiger Schritt in dieser Phase des grundlegenden und durchaus auch erschütternden Umbruchs gilt die Ablösung von den Eltern und vom Elternhaus [...]. Insofern lässt sich die Adoleszenz als Phase der Ablösung und Individuation verstehen.

Die anstehenden Entwicklungsaufgaben lösen notwendigerweise Ängste und Krisen aus, die Jungendliche im Rückgriff auf erworbene Kompetenzen meistern müssen. Anzunehmen ist, dass Jugendliche mit geistiger Behinderung dafür weitaus schwierigere Bedingungen vorfinden. Die Adoleszenz wird aus psychoanalytischer Sicht als zweite Phase der Individuation [...] beschrieben. Sie ist damit ein markanter Abschnitt in der Autonomieentwicklung, in der Autonomieprozesse nachgeholt werden können. Beschädigende Interaktionserfahrungen von Lebensbeginn an können generell zu Behinderungen in der Autonomieentwicklung [...] von Menschen mit geistiger Behinderung führen [...], was den Ablöseprozess grundsätzlich krisenanfälliger machen dürfte. Gleichzeitig bietet die Adoleszenz aber eine neue Chance für wesentliche Entwicklungsprozesse, für die in späteren Phasen die Bedingungen ungünstiger wären.

Der Zugang zu hilfreichen Ressourcen für den Ablöseprozess ist dagegen begrenzt. Durch ihre meist eingeschränkte Mobilität und Selbständigkeit haben sie es beispielsweise schwerer, Beziehungen außerhalb der Familie, insbesondere zur Peer-Group aufzubauen, diese unbeaufsichtigt zu pflegen, sich in soziale Infrastrukturen ihrer örtlichen Umgebung einzubringen und diese zu nutzen.

Quelle: Kauz, Olga/Schellong, Yvonne: Junge Menschen mit geistiger Behinderung am Übergang zum Erwachsenwerden – Bildungsprozesse und pädagogische Bemühungen, in: Zeitschrift für Inklusion, Ausgabe 1 (2010), abgerufen unter: http://www.inklusion-online.net/index.php/inklusion/article/view/43/50 [04.01.2012]

3 Klären Sie mithilfe des Kapitels 6 und unter Zuhilfenahme des passenden Wörterbuchs die korrekte Schreibweise folgender Wörter (eventuell sind auch beide Schreibweisen gültig):

Tipp/Tip – Alptraum/Albtraum – geistig behinderte Menschen/geistig Behinderte Menschen – nummerieren/numerieren – Joghurt/Jogurt – aufwändig/aufwendig – Spagetti/Spaghetti – der andere/der Andere – wegen dem Unwetter/wegen des Unwetters

4 Notieren Sie mithilfe des passenden Wörterbuchs die korrekten Pluralformen zu folgenden Begriffen:

Lexikon – Praktikum – Datum – Hobby – Pizza – Cappuccino – Baby – Komma

5 Legen Sie ein Wortfeld zum Verb gehen *an, in welchem Sie sinnverwandte Verben finden, die genauere Angaben, z. B. über Tempo oder Körperhaltung, machen.*

6 Notieren Sie Synonyme (sinnverwandte Wörter) zu folgenden Begriffen:

wahrscheinlich – originell – Kind – Arbeit – betreuen – sagen – produzieren – ärgerlich – sich widersetzen

7 Verbessern Sie beim Abschreiben des folgenden Wohnheim-Aushangs die Rechtschreibung.

Stop!

Wollt ihr einen Riesen Spass haben und dabei auch noch
etwas gutes für Eure Fittness tun?

Ist Euch regelmässig langweilig und das ständige Fernsehn ein Greuel?

Dann kommt zu

Lisa's Body Work Out

in Raum 006 (Kellergeschoss),
donnerstags von 18 bis 19 Uhr!

(Im Anschluß gemühtliche Teecke und Plauderunde)

1.2 Umgang mit Fachlexika

Eskorte – Etablierte

E

Esko

Es|kor|te, die; -, -n ‹franz.› (Geleit; Begleitmannschaft)
es|kor|tie|ren; Es|kor|tie|rung
[1]**Es|me|ral|da,** die; -, -s ‹span.› (ein span. Tanz)
[2]**Es|me|ral|da** (w. Vorn.)
es-Moll [*auch* 'ɛs'mɔl], das; - (Tonart; *Zeichen* es); **es-Moll-Ton|lei|ter** ↑K26
Eso|te|rik, die; - ‹griech.› (Geheimlehre; Grenzwissenschaft); **Eso|te|ri|ker** (Anhänger der Esoterik); **Eso|te|ri|ke|rin**
eso|te|risch
ESP® = elektronisches Stabilitätsprogramm *(Kfz-Technik)*
Es|pa|d|rille [...'dri:j], die; -, -s *meist Plur.* ‹span.-franz.› (sommerlicher Leinenschuh mit einer Sohle aus Espartogras)
Es|pa|g|no|le [...pan'jo:...], die; -, -n ‹franz.› (spanischer Tanz)
Es|pa|g|no|lette|ver|schluss [...'lɛt...] (Drehstangenverschluss für Fenster)
Es|pan, der; -[e]s, -e (*landsch. für* Viehweide)
Es|par|set|te, die; -, -n ‹franz.› (eine Futterpflanze)
Es|par|to, der; -s ‹span.› (ein Gras); **Es|par|to|gras**
Es|pe, die; -, -n (Zitterpappel)
es|pen (aus Espenholz)
Es|pen|laub
Es|pe|ran|tist, der; -en, -en (Kenner, Anhänger des Esperanto); **Es|pe|ran|tis|tin**
Es|pe|ran|to, das; -[s] ‹nach dem Pseudonym »Dr. Esperanto« des poln. Erfinders L. Zamenhof› (eine künstl. Weltsprache)
Es|pe|ran|to|lo|gie, die; - (Erforschung des Esperantos)
Es|p|la|na|de, die; -, -n ‹franz.› (freier Platz)
es|pres|si|vo ‹ital.› (*Musik* ausdrucksvoll)
[1]**Es|pres|so,** der; -[s], *Plur.* -s *od.* ...ssi (in der Maschine bereitetes, starkes Kaffeegetränk)
[2]**Es|pres|so,** das; -[s], -s (kleines Café)
Es|pres|so|bar, die; **Es|pres|so|ma|schi|ne**
Es|p|rit [...'pri:], der; -s ‹franz.› (Geist, Witz)
Es|pu|ma, der; -[s], -s *u.* die; -, -s ‹span.› (*Kochkunst* mit dem Siphon hergestellte Schaumspeise)
Esq. = Esquire
Es|qui|lin, der; -s (Hügel in Rom)
Es|qui|re [ɪs'kvaiɐ], der; -s, -s ‹engl.› (engl. Höflichkeitstitel, *Abk.* Esq.)
Es|ra (bibl. m. Vorn.)
Es|say ['ɛse, *auch* ɛ'se:], der *od.* das; -s, -s ‹engl.› (kürzere Abhandlung); **Es|say|ist,** der; -en, -en (Verfasser von Essays); **Es|say|is|tin; es|say|is|tisch**
ess|bar; Ess|ba|re, das; -n; etwas Essbares auftreiben; **Ess|bar|keit**
Ess|be|steck
Es|se, die; -, -n (Schmiedeherd; *bes. ostmitteld. für* Schornstein)
Ess|ecke
es sei denn, dass
es|sen; du isst; du aßest; du äßest; gegessen; iss!; jmdm. zu essen geben; zu Mittag essen; [griechisch] essen gehen; selber essen macht fett
[1]**Es|sen,** das; -s, -
[2]**Es|sen** (Stadt im Ruhrgebiet)
Es|sen|aus|ga|be
es|sen|disch *vgl.* essensch
Es|sen|emp|fang
[1]**Es|se|ner** ‹hebr.› (Angehöriger einer altjüdischen Sekte)
[2]**Es|se|ner** ‹*zu* [2]Essen›
[1]**Es|se|ne|rin** ‹*zu* [1]Essener›
[2]**Es|se|ne|rin** ‹*zu* [2]Essener›
Es|sen|ge|ruch, Es|sens|ge|ruch
Es|sen|ho|ler; Es|sen|ho|le|rin
Es|sen|kar|te
Es|sen|keh|rer (*bes. ostmitteld. für* Schornsteinfeger)
Es|sen|mar|ke, Es|sens|mar|ke
es|sensch ‹*zu* [2]Essen›
Es|sens|ge|ruch, Es|sen|ge|ruch
Es|sens|mar|ke, Es|sen|mar|ke
Es|sens|rest; Es|sens|zeit
Es|sen|tial [ɪ'sɛnʃəl], das; -s, -s *meist Plur.* ‹engl.› (wesentlicher Punkt, unentbehrliche Sache)
es|sen|ti|ell *vgl.* essenziell
Es|senz, die; -, -en (*nur Sing.:* Wesen, Kern; konzentrierter Auszug)
es|sen|zi|ell, es|sen|ti|ell ‹franz.› (*Philos.* wesentlich; *Biol., Chemie* lebensnotwendig); essenzielle, essentielle Fettsäuren
Es|ser; Es|se|rei, die; - *(ugs. abwertend);* **Es|se|rin**
Es|sex (engl. Landschaft)
Ess|ge|schirr
ess|ge|stört
Ess|ge|wohn|heit *meist Plur.*
Ess|gier
Es|sig, der; -s, -e
Es|sig|baum
Es|sig|es|senz; Es|sig|gur|ke
Es|sig|mut|ter, die; - (sich im Essigfass bildende Bakterienkultur)
es|sig|sau|er; essigsaure Tonerde; ↑K89 ; **Es|sig|säu|re**
Ess|koh|le (eine Steinkohlenart)
Ess|kul|tur
Ess|löf|fel; ess|löf|fel|wei|se
Ess|lust; ess|lus|tig
Ess|stö|rung, Ess-Stö|rung
Ess|tisch; Ess|un|lust; Ess|ver|hal|ten; Ess|wa|ren *Plur.;* **Ess|zim|mer**
Es|ta|b|lish|ment [ɪs'tɛblɪʃmɛnt], das; -s, -s ‹engl.› (Schicht der Einflussreichen u. Etablierten)
Es|tam|pe [...'tã:p(ə)], die; -, -n (Abdruck eines Holz-, Kupfer- od. Stahlstichs)
Es|tan|zia, die; -, -s ‹span.› (südamerik. Landgut)
Es|te [*auch* 'ɛstə], der; -n, -n (Estländer)
[1]**Es|ter,** der; -s, - (*Chemie* eine organ. Verbindung)
[2]**Es|ter** *vgl.* [1]Esther
[1]**Es|ther,** Es|ter (bibl. w. Eigenn.)
[2]**Es|ther** (w. Vorn.)
Es|tin [*auch* ɛst...] (Estländerin)
Est|land [*auch* 'ɛst...]; **Est|län|der; Est|län|de|rin; est|län|disch**
est|nisch [*auch* 'ɛst...]; estnische Sprache; *vgl.* deutsch; **Est|nisch,** das; -[s] (Sprache); *vgl.* Deutsch; **Est|ni|sche,** das; -n; *vgl.* [2]Deutsche
Es|to|mi|hi ‹lat., »Sei mir [ein starker Fels]!«› (letzter Sonntag vor der Passionszeit)
Es|t|ra|de, die; -, -n ‹franz.› (*veraltend für* Podium; *regional für* volkstüml. künstler. Veranstaltung mit gemischtem Programm); **Es|t|ra|den|kon|zert**
Es|t|ra|gon, der; -s ‹arab.› (eine Gewürzpflanze)
[1]**Es|t|re|ma|du|ra,** Ex|t|re|ma|du|ra, die; - (historische Landschaft in Spanien)
[2]**Es|t|re|ma|du|ra,** die; - (port. Landschaft)
Es|t|re|ma|du|ra|garn, Es|t|re|ma|du|ra-Garn, das; -[e]s ↑K143 (ein glattes Baumwollgarn)
Est|rich, der; -s, -e (fugenloser Fußboden; *schweiz. für* Dachboden, -raum)
Es|zett, das; -, - (Buchstabe: »ß«)
et ‹lat.› (und; *Zeichen [in Firmennamen]* &); *vgl.* Et-Zeichen
Eta, das; -[s], -s (griech. Buchstabe [langes e]: H, η)
eta|b|lie|ren ‹franz.› (festsetzen); sich etablieren (sich niederlassen; festen Bestand erlangen)
eta|b|liert (fest gegründet; namhaft); **Eta|b|lier|te,** der *u.* die; -n,

412

Quelle: Dudenredaktion (Hg.): Duden. Die deutsche Rechtschreibung. 24., völlig neu bearbeitete und erweiterte Auflage, Bibliographisches Institut & F. A. Brockhaus, Mannheim 2006, S. 891

Schizophrenie (↑; ↑) *f:* (engl.) schizophrenia; syn. schizophrene Störung; schizophrene Psychose, veraltet Dementia praecox (Kraepelin), Bleuler-Krankheit. **Definition:** Bez. (ICD, DSM) für nichtorganisch bedingte Psychose mit charakterist. Störungen der Kognition (Gedächtnis, Aufmerksamkeit, exekutive Funktionen), des Denkens, der Wahrnehmung, der Realitätsprüfung, des Antriebs, der Motivation, der Affektivität des Verhaltens ohne Beeinträchtigung von Vigilanz u. Orientierung; kein Nachweis von zugrunde liegender neurol. Erkrankung, ausschließl. Verursachung durch psychotrope Substanzen (z. B. Drogen od. Alkohol), ausschließl. Vork. i. R. einer affektiven Störung. **Einteilung:** (nach ICD-10) u. a. **1.** paranoide Sch. (v. a. Wahnsymptomatik); **2.** hebephrene Sch. (Beginn meist im Jugendalter, v. a. Antriebsstörungen, Stimmungsschwankungen, inadäquater Affekt, Denkstörungen); **3.** katatone Sch. (s. Katatonie); **4.** undifferenzierte Sch.; **5.** Schizophrenia simplex (langsam u. meist früh einsetzende Form, schleichender Verlauf). **Häufigkeit:** Prävalenz 1 % (Gesamtbevölkerung weltweit), Inzidenz 1 : 1000; keine Geschlechtspräferenz. **Ätiologie:** multifaktoriell; zu ca. 80 % genetische Faktoren (polygen), Umgebungsfaktoren (u. a. Migration, Geburtskomplikation, Cannabiskonsum). **Klinik:** Manifestation v. a. zwischen Pubertät u. 30. Lj.; meist mehrjähriger Vorlauf mit unterschwelliger depressiver Negativ- u. Positivsymptomatik (sog. Mental State at Risk), nachfolgend stark ausgeprägte Positivsymptomatik u./od. Negativsymptomatik, Ambivalenz, Ambitendenz, psychomotor. Störungen; Leitsymptome: **1.** Gedankenübertragung, Gedankenabreißen od. -einschiebungen in den Gedankenfluss; **2.** anhaltender Wahn; **3.** anhaltende Halluzinationen, z. B. Phoneme mit kommentierenden od. dialogischen Stimmen; **4.** katatone Sympt.: Erregung, Haltungsstereotypie, Negativismus od. Stupor; **5.** Negativsymptomatik mit auffälliger Apathie, Sprachverarmung, verflachtem od. inadäquatem Affekt; Verlauf: evtl. Prodromalstadium mit unspezif. psychopathol. Symptomen (Konzentrationsstörung, depressive Verstimmung, Schlafstörung, Angst, sozialer Rückzug), episodenhafte Fluktuation des symptomatischen Schweregrads, selten dauerhaftes Auftreten der Positivsymptomatik überdauernde kognitive u Negativsymptomatik; suizidale Krise in jeder Phase mögl.; häufige Ursache von Berufsunfähigkeit u. Ausbildungsabbruch; häufigste Todesursache: Suizid. **Diagnose:** Verlaufsbeobachtung (Persistenz der Sympt. über ≥ 1 Monat). **Therapie:** (v. a. atypische) Neuroleptika, neuropsychologische Therapie, Psychoedukation, Psychotherapie, Ergotherapie, Milieutherapie, Einbeziehen der Angehörigen. **Prävention:** bei sog. Mental State at Risk kognitive Psychotherapie od. atypische Neuroleptika. **Prognose:** bei Ersterkrankung: vollständige Remission bei ca. 30 %, langfristige, u. U. dauerhafte, gemeindenahe Betreuung (i. d. R. ambulant; vgl. Gemeindepsychiatrie) bei 30 %; Risikofaktoren für ungünstige Prognose: u. a. lange symptomat. Phase vor Therapiebeginn, schleichender Krankheitsbeginn, fehlende affektive Begleitsymptomatik, Affektverarmung.

S

489

Quelle: Pschyrembel Klinisches Wörterbuch, Walter de Gruyter, Berlin/New York, 2012, http://www.degruyter.com/view/kw/4403851?rskey=TLSQzF&result=... 1 von 3, Zugriff am 05.11.2012.

7 Informieren Sie sich anhand der oben abgebildeten Lexikoneinträge und anhand Ihres Psychologie-Lehrbuchs über Schizophrenie.

8 Erläutern Sie die Unterschiede zwischen den beiden Lexikonartikeln im Hinblick auf Sprache, Inhalt, Aufbau und Leserzielgruppe.

9 Entscheiden und begründen Sie, welches Lexikon Sie benutzen würden, wenn Sie
a ein Kurzreferat zum Thema Schizophrenie halten wollen,
b den Begriff Schizophrenie als Fremdwort und Fachbegriff nicht kennen,
c für Ihr Wohnheimbüro ein nützliches Nachschlagewerk anschaffen wollen.

2 Laut und Lautstruktur des Wortes

Um Fachtexte zur phonetischen Entwicklung des Kindes verstehen zu können, sollten Sie die entsprechenden Fachbegriffe kennen und anwenden können.

2.1 Artikulation

1 Bilden Sie ein /i/ und spüren Sie, wo Ihre Zunge sich hebt und senkt und was Ihre Lippen bei der Lautbildung machen. Bilden Sie dann ein /ü/ und ein /a/ und beschreiben Sie jeweils die Veränderung.

2 Bilden Sie ein /f/, ein /t/ und ein /h/ und beschreiben Sie, welche Artikulationsorgane sich dabei jeweils bewegen.

Im Deutschen gibt es die **Vokale** (Selbstlaute) a, e, i, o, u sowie die Umlaute ä, ö, ü.
Man unterscheidet bei der Bildung der Vokale
- je nach Mundöffnung offene (a), halb offene (e) und geschlossene Vokale (u);
- den Artikulationsort: vorn (i) oder hinten (o);
- ungerundete (i) und gerundete (ü) Vokale.

Im Deutschen existieren außerdem die **Diphtonge** (Doppelvokale) au, ei, ai, äu, eu.
Des Weiteren gibt es **Konsonanten** (Mitlaute): b, c, d, f, g, h, j, k, l, m, n, p, r, s ...
Bei der Lautbildung unterscheidet man hier z. B.
- **Labiallaute** (mit den Lippen gebildet – p, b, m);
- **Alveolarlaute** (Alveolen: Zahntaschen, fühlbare Verdickungen des Zahnfleisches – t, d, n, l);
- **Frikative** (Reibelaute – f, z, s, w, ch, sch);
- **Velare** (Gaumensegellaute – x, k, g).

Regel

Rechtschreibung
Das -ß bleibt nach Diphtong (Str*au*ß, b*ei*ßen) und langen Vokalen (M*a*ß, F*ü*ße).
Das -ss schreibt man nach kurzen Vokalen (H*a*ss, *e*ssen, W*i*ssbegier).

3 Erklären Sie anhand eines fehlerhaft ausgesprochenen Beispielsatzes folgenden logopädischen Sprachbefund.

Bei Anna-Lena (6 Jahre) lässt sich feststellen, dass sie Velare durch Alveolarlaute ersetzt oder Konsonantenverbindungen oft ganz weglässt.

2.2 Wortbildung

Die Gliederung eines Wortes in **Silben** (Lautsegmente) erfolgt intuitiv und stimmt meist mit der Worttrennung überein. Silben können **betont** oder **unbetont** sein: Kin-der, Po-li-tik, Be-to-nung.

Bei den **Präfixen** (Vorsilben) unterscheidet man Verbpräfixe (*be*-laden, *hin*-gehen, *an*-gehen, *auf*-gehen, *weg*-gehen) und Nominalpräfixe (*Un*-gnade, *Ur*-vertrauen, *Miss*-verständnis).

Suffixe (Nachsilben) gibt es bei Adjektiven und Nomen (brauch-*bar*, wolk-*ig*, scham-*haft*, gener-*ell*, Ein-*heit*, Wachs-*tum*, Händ-*ler*, Kell-*ner*, Betrüb-*nis*, Elektriz-*ität*, Legion-*är*).

4 Schreiben Sie ein
- *a Herbst- oder Wintergedicht, das viele dunkle Vokale (u, o) enthält und in dem mindestens drei Suffixe vorkommen,*
- *b Frühlings- oder Sommergedicht, das vor allem helle Vokale (i, e) und viele Präfixe enthält. Vergleichen Sie die Wirkung heller und dunkler Vokale in den Gedichten.*

5 Finden Sie Beispiele für (ins Deutsche übernommene) Prä- und Suffixe aus anderen Sprachen.

3 Wortarten

Die deutsche Sprache kennt verschiedene Wortarten, jede mit ihrer eigenen grammatischen Aufgabe. Grundsätzlich lassen sich veränderbare (**flektierbare**) und unveränderbare (**unflektierbare**) **Wortarten** unterscheiden. Zu den veränderbaren/flektierbaren Wortarten zählen Verben, Nomen/Substantive, Artikel, Adjektive und Pronomen. Zu den unveränderbaren/unflektierbaren Wortarten gehören Präpositionen, Konjunktionen, Adverbien und Partikel.

3.1 Flektierbare Wortarten: Verb, Nomen, Artikel, Adjektiv und Pronomen

Das Verb

Definition

Verb (Tätigkeitswort)
Mit Verben wird das Prädikat des Satzes gebildet. Verben sind in ihrer Form veränderbar, **konjugierbar**, denn von ihnen können verschiedene Personalformen, Tempusformen (Zeitformen), Modusformen (Aussageweisen) und Genus Verbi (Handlungsrichtungen) gebildet werden.

Verbarten	*Beispiele*
Vollverben (zur Bezeichnung von Zuständen, Vorgängen oder Tätigkeiten und Handlungen)	*wohnen, sein, verblühen, bauen, essen, rufen*
Hilfsverben (zur Tempusbildung)	*sein/haben/werden: ich habe genannt, du wirst laufen, er hatte geklagt*
Modalverben (zur Formulierung von Wünschen, Zwängen, Möglichkeiten)	*wollen/sollen/müssen/dürfen/können: Ich wollte dich anrufen. Du sollst ruhig sein. Wir dürfen ihn nicht verraten. Er kann sich immer auf sie verlassen.*
Personalformen	*Beispiele*
1., 2. und 3. Person Singular	*ich fahre, du fährst, er/sie/es fährt*
1., 2. und 3. Person Plural	*wir fahren, ihr fahrt, sie fahren*
Tempusformen (Zeitform)	*Beispiele*
Präsens (Gegenwart)	*ich fahre, du fährst, er/sie/es fährt, wir fahren, ihr fahrt, sie fahren*
Präteritum (erste Vergangenheit)	*ich fuhr, du fuhrst, er/sie/es fuhr, wir fuhren, ihr fuhrt, sie fuhren*
Perfekt (zweite Vergangenheit)	*ich bin gefahren, du bist gefahren, er/sie/es ist gefahren, wir sind gefahren, ihr seid gefahren, sie sind gefahren*
Plusquamperfekt (dritte Vergangenheit)	*ich war gefahren, du warst gefahren, er/sie/es war gefahren, wir waren gefahren, ihr wart gefahren, sie waren gefahren*
Futur 1 (erste Zukunft)	*ich werde fahren, du wirst fahren, er/sie/es wird fahren, wir werden fahren, ihr werdet fahren, sie werden fahren*
Futur 2 (zweite Zukunft)	*ich werde gefahren sein, du wirst gefahren sein, er/sie/es wird gefahren sein, wir werden gefahren sein, ihr werdet gefahren sein, sie werden gefahren sein*
Partizip (im Präsens mit *-end* gebildet und im Perfekt mit *ge-*)	*Partizip Präsens: lebend, rufend, kochend, fauchend* *Partizip Perfekt: gelebt, gerufen, gekocht, gefaucht*
Modusformen (Aussageweisen)	*Beispiele*
Indikativ (Wirklichkeitsform)	*ich bin, du bist, er/sie/es ist, wir sind, ihr seid, sie sind* *ich esse, du isst, er/sie/es isst, wir essen, ihr esst, sie essen*
Konjunktiv 1 (Möglichkeitsform 1): schriftsprachlich in der 3. Person bei indirekter Rede; bei Lautgleichheit zum Indikativ wird auf eine Konstruktion mit Hilfsverb „würde“ + Infinitiv zurückgegriffen	*ich sei, du seist, er/sie/es sei, wir seien, ihr seid, sie seien* *ich esse, du essest, er/sie/es esse, wir essen → würden essen, ihr esst → würdet essen, sie essen → würden essen* *Er esse heute nichts, denn er sei nicht hungrig und bekomme von der Suppe Blähungen. Sie behauptete, sie habe keine Zeit für Erklärungen und schreibe ihm später eine Mail. Sie sagten, sie würden heute Plätzchen backen.*
Konjunktiv 2 (Möglichkeitsform 2, Irrealis): Das Geschehen wird vom Sprecher als unerfüllbar, als Wunsch oder höfliche Bitte ausgewiesen.	*ich wäre, du wärst, er/sie/es wäre, wir wären, ihr wärt, sie wären* *ich äße, du äßest, er/sie/es äße, wir äßen, ihr äßet, sie äßen* *Gäbe es klare Regeln, dann würde dies für mehr Transparenz sorgen. Hätte sie den Termin doch schon früher angesetzt! Würden Sie mich entschuldigen? Könnten Sie mir helfen?*
Imperativ (Befehlsform)	*Gib mir den Brief! Hilf uns! Wirf ihr den Ball zu! Lass los!*

Genus verbi	*Beispiele*
Aktiv	*ich fahre, er klaut, wir schmatzen, ihr kichert*
Passiv (nur bei sog. transitiven Verben, die im Aktiv ein Dativ-/Akkusativ-Objekt nach sich ziehen können[1])	*ich werde gefahren, er wird beklaut, sie werden gesehen, es wird berichtet*

Wichtiger Hinweis

In Berichten, Ergebnisprotokollen und argumentativen Geschäftsbriefen werden Meinungen oft in indirekter Rede und mit einer passenden, neutralen Redeeinleitung formuliert.

Beispiel
Frau Meier bemängelte, dass der Termin dafür zu kurzfristig festgesetzt worden sei.
Herr S. behauptet, es gebe noch weitere Möglichkeiten der Gesundheitsförderung.
Dann schlug Frau Seguna vor, man könne beim örtlichen Sportverein nachfragen.

1 Übertragen Sie die ersten acht Zeilen des Hörspiels auf Seite 172 in die indirekte Rede:
Gertrud behauptet, sie** sei **vorige Woche am Verzweifeln gewesen. Darauf fragte Charles sie …

Regel Wenn man einen Artikel ergänzen könnte, werden Verben großgeschrieben:

Beispiel
Ihm fällt das Schreiben schwer. Unter den Betreuten/zu Betreuenden gibt es einige mit Kommunikationstafeln Kommunizierende. Durch Singen und rhythmisches Sprechen kann Stottern verringert werden.

Lüge ich wenn ich
sage ich habe
mit ihr nicht
geschlafen

oder hätte ich
gelogen
wenn ich nicht
mit ihr
geschlafen hätte

oder log ich
als ich mit ihr
schlief

Quelle: Wühr, Paul: Grüß Gott ihr Mütter ihr Väter ihr Töchter ihr Söhne. Gedichte, Hanser, München 1976, S. 21

2 Bestimmen Sie im Gedicht von Paul Wühr (geb. 1927) die Verben von „lügen" nach ihren Personal-, Tempus- und Modusformen.

[1] *Beispiele für intransitive Verben: siehe Ringelnatz-Gedicht auf S. 203.*

Nomen und Artikel

Definition

Nomen/Substantiv (Hauptwort)
Ein Substantiv/Nomen wird mit großem Anfangsbuchstaben geschrieben. Man bezeichnet damit Lebewesen (*Hund, Kind, Blume*), Dinge (*Auto, Tisch, Schraube*), abstrakte Dinge (*Verständnis, Gerechtigkeit, Seele*) oder Namen (*Corinna, Frau Morgenroth, Familie Schröder*).

Genus (Geschlecht)	*Beispiele*
Maskulinum (mit Artikel *der)*	*Korb, Hosenträger, Teller*
Femininum (mit Artikel *die)*	*Redakteurin, Gewissheit, Katze*
Neutrum (mit Artikel *das)*	*Gehirn, Bett, Mädchen*
Kasus (Fall)	***Beispiele***
Nominativ (erster Fall) (Kontrollfrage: wer?)	*Der Mann/Die Frau/Das Kind ruft.* *Die Männer/Die Frauen/Die Kinder rufen.*
Genitiv (zweiter Fall) (Kontrollfrage: wessen?)	*Der Schrei des Mannes/der Frau/des Kindes erschreckte ihn.* *Der Schrei der Männer/der Frauen/der Kinder erschreckte ihn.*
Dativ (dritter Fall) (Kontrollfrage: wem?)	*Sie antwortete dem Mann/der Frau/dem Kind.* *Sie antwortete den Männern/den Frauen/den Kindern.*
Akkusativ (vierter Fall) (Kontrollfrage: wen?)	*Sie rief den Mann/die Frau/das Kind.* *Sie rief die Männer/die Frauen/die Kinder.*

Definition

Artikel (Begleiter)
Ein Artikel wird stets in Verbindung mit einem Substantiv gebraucht und verweist auf dessen Genus.

Artikelarten	*Beispiele*
bestimmter Artikel	*der (Hase), die (Puppe), das (Bein); Plural: die (Hasen/Puppen/Beine)*
unbestimmter Artikel	*ein (Hase), eine (Puppe), ein (Bein); keine Pluralformen*

3 Schreiben Sie die Sprichwörter richtig zusammengesetzt ab und bestimmen Sie schriftlich Genus (Geschlecht) und Kasus (Fall) der Substantive.

1. Des Neidischen Lob	hat	den Wurm.
2. Früher Vogel	gilt mehr als	Essig mit Zucker.
3. Den Säufer und den Hurenbock,	fängt	die dicksten Kartoffeln.
4. Unter den Blinden	ist	des Armen Gesicht.
5. Der dümmste Bauer	schmeckt wie	unter'm dicksten Rock.

6. Des Reichen Arsch	kann	jeder Hase an der Mähne zupfen.
7. Den toten Löwen	den friert es	der Einäugige König.

Das Adjektiv

Definition

Adjektiv (Eigenschaftswort)
Mit Adjektiven werden Eigenschaften und Merkmale benannt.

Steigerungsformen	*Beispiele*
Positiv (Grundstufe)	*Er hatte ein gutes Gehör. Wir suchen kreative, motivierte Mitarbeiter.*
Komparativ (Vergleichsstufe)	*Einen besseren Kuchen als diesen hatte er noch nie gegessen. Er wählte das größere Stück aus.*
Superlativ (Höchststufe)	*Am besten gefiel ihm ihr letzter Roman. Sie sang am lautesten.*

Regel Substantivierte Adjektive werden großgeschrieben.

Beispiel
Unter den Betreuten gibt es einige autistische Kinder. Diese Hilfsmittel werden vor allem von Blinden und Taubstummen genutzt.

Das Pronomen

Definition

Pronomen (Fürwort)
Das Pronomen ist ein Begleiter oder Stellvertreter des Substantivs.

Pronomenarten	*Beispiele*
Personalpronomen (persönliches Fürwort)	*Ich freue mich, Sie hier begrüßen zu dürfen.*
Reflexivpronomen (rückbezügliches Fürwort)	*Er ärgerte sich über seine Kollegin.*
Demonstrativpronomen (hinweisendes Fürwort)	*In diesem Punkt waren alle sich einig.*
Possessivpronomen (besitzanzeigendes Fürwort)	*Sein Mitarbeiter wusste Bescheid.*
Interrogativpronomen (Fragepronomen)	*Wer ist dafür verantwortlich?*
Relativpronomen (bezügliches Fürwort)	*Die Frage, die Sie stellen, ist berechtigt.*

4 *Schreiben Sie folgende Pronomen ab und bestimmen Sie diese anhand obiger Tabelle.*

a mich, euch, uns, sich
b wer, was, welche, wessen
c dein, unser, euer, sein

d die, welche, den, welcher

e wir, sie, ihr, es

f dein, unser, euer, sein

5 Bestimmen Sie in folgendem Frage-Antwort-Reihum-Spiel die Pronomen und spielen Sie ein paar Runden:

A: Wer hat meinen Keks aus der Dose geklaut? – B: *[Name 1]* hat deinen Keks aus der Dose geklaut! – *[Name 1]:* Wer, ich? – B: Ja, du! *[Name 1]:* Niemals! B: Wer dann? *[Name 1]: [Name 2]* hat deinen Keks aus der Dose geklaut! *[Name 2]:* Wer, ich? *[Name 1]:* Ja, du! *[Name 2]:* Niemals! usw.

3.2 Unflektierbare Wortarten: Präposition, Konjunktion, Adverb, Partikel

Definition

Präposition
Präpositionen kennzeichnen bestimmte Verhältnisse und Beziehungen, deswegen sind sie mit einem Substantiv oder Pronomen zu einem untrennbaren Block verbunden.

Präposition	*Beispiele*
Lokalpräposition (Ort)	*Der Ordner liegt im Büro auf dem Schreibtisch.*
Temporalpräposition (Zeit)	*Seit Stunden wartete sie auf ihn.*
Modalpräposition (Art und Weise)	*Sabine kann ohne Brille sehr schlecht sehen.*
Kausalpräposition (Grund)	*Wegen Umbaus war die Einrichtung geschlossen.*

Definition

Konjunktion
Mit Konjunktionen (Bindewörtern) werden Wörter, Wortgruppen oder Sätze verbunden.

Konjunktion	*Beispiele*
Unterordnende Konjunktionen verbinden Haupt- und Nebensätze.	*Ich wartete, dass er sich anzog. Weil seine Bezugserzieherin weg ist, ist Emanuel traurig. Er ging, nachdem er gegessen hatte, ins Bad.*
Nebenordnende Konjunktionen verbinden Hauptsätze miteinander.	*Entweder gehe ich mit ihm spazieren oder wir kochen etwas zusammen.*

Wichtiger Hinweis

Durch Konjunktionen schaffen Sie logische Verbindungen zwischen Aussagesätzen. Dies ist vor allem bei argumentativen Texten (Protokoll, Geschäftskorrespondenz, Bewerbungsanschreiben, Sachtexterörterung und literarische Erörterung) wichtig.

Tipp

Verwenden Sie in argumentativen Schreiben Konjunktionen wie *weil, nachdem, obwohl* und Adverbien (siehe unten) wie *deshalb, danach, dennoch.*

Regel Vor und/oder zwischen Hauptsätzen kann das Komma fehlen.

Beispiel
Wir fahren mit dem Bus oder wir gehen zu Fuß zum Theater.

Definition

Adverb
Das unflektierbare Adverb (Umstandswort) macht eine nähere Angabe zu einem anderen Wort.

Adverb	*Beispiele*
Temporaladverb (Umstandswort der Zeit)	*Gestern war es schön. Jetzt habe ich keine Zeit.*
Lokaladverb (Umstandswort des Ortes)	*Dein Zimmer ist dort. Hier haben wir viel Platz.*
Modaladverb (Umstandswort der Art und Weise)	*Vielleicht kommen wir. Das war nur ein Vogel.*
Kausaladverb (Umstandswort des Grundes)	*Dadurch bekam sie Angst. Trotzdem blieb sie.*

Definition

Partikel
Partikel sind ebenfalls unflektierbar und – anders als Präpositionen, Konjunktionen und Adverbien – grammatikalisch nicht notwendig. Sie dienen oft der Hervorhebung oder Abschwächung einer Aussage.

Partikel	*Beispiele*
Interjektion (Empfindungswort)	*ach, oh, pfui, autsch, hee!*
Gradpartikel (meist mit Adjektiv oder Verb)	*Die Wäsche ist ziemlich schmutzig. Das hat uns sehr gefallen. Dieser Weg ist viel kürzer.*
Modalpartikel (Abtönungspartikel)	*Das habe ich doch schon gesagt. Das ist ja toll.*
Negationspartikel (Verneinungspartikel)	*Er kam nicht. Ich will das keinesfalls leugnen.*

4 Satzglieder

Mehrere Wörter, die zu einer sinnvollen Aussage zusammengefügt werden, bilden einen **Satz**. Dieser besteht aus mehreren **Satzgliedern**, die durch eine Umstellprobe bestimmt werden können. Der folgende Beispielsatz besteht aus fünf Satzgliedern. Bis auf das zweite Satzglied können Sie die restlichen Satzglieder beliebig umstellen.

Beispiel

Meine Kollegin besorgt morgen die Materialien im Baumarkt.

Morgen besorgt meine Kollegin im Baumarkt die Materialien.

Die Materialien besorgt morgen meine Kollegin im Baumarkt.

Im Baumarkt besorgt meine Kollegin morgen die Materialien.

4.1 Subjekt, Prädikat und Objekt

Zu einem vollständigen Satz gehören das **Subjekt** (der **Satzgegenstand**) und das **Prädikat** (die **Satzaussage**). Subjekt und Prädikat bilden zusammen den **Satzkern**.

Definition

Subjekt (Satzgegenstand)
Das Subjekt eines Satzes wird ermittelt durch die Hilfsfrage: „*Wer oder was* lacht/zwinkert/irritiert?"

Subjekt (Satzgegenstand)	*Beispiele*
Substantiv	*Die Leute lachen. Andreas zwinkerte.*
Pronomen	*Sie lachen. Er zwinkerte.*
Substantivierungen	*Die Umstehenden lachen. Sein Zwinkern irritierte Marie.*

Definition

Prädikat
Prädikat (Satzaussage) eines Satzes ist immer ein Verb. Dieses kann auch mehrteilig sein.

Prädikat (Satzaussage)	*Beispiele*
Verb	*Er stotterte. Sie schreibt ihm nie. Er lief ihr nach.*
Verb im Passiv (Präsens/Präteritum)	*Er wird/wurde nicht gefragt.*
Konstruktion mit Modalverb	*Sie möchte/soll/will/muss das wissen.*
Verb im (Plusquam-)Perfekt	*Du hast mich vergessen. Er hatte sie eingeladen.*
Verb im Futur	*Das wirst du morgen erfahren.*

Definition

Objekt
Viele Sätze bestehen nicht nur aus Subjekt und Prädikat, sondern erfordern weitere Objekt-Ergänzungen.

Satzergänzung durch Objekt	*Beispiele*
Akkusativobjekt (Hilfsfrage: wen?)	*Sie lobte Matthias/ihn.*
Dativobjekt (Hilfsfrage: wem?)	*Das gehört dem Praktikanten/ihm.*
Genitivobjekt (Hilfsfrage: wessen?)	*Er bedarf meiner Hilfe. Wir gedenken der Toten.*

4.2 Adverbiale Ergänzung, Attribut und Apposition

Definition

Adverbiale Ergänzung
Eine adverbiale Ergänzung dient der genaueren inhaltlichen Umstandsbestimmung (eines Verbes).

Adverbiale Ergänzung (Umstandsbestimmung)	*Beispiele*
temporale adverbiale Bestimmung (Umstandsbestimmung der Zeit)	*Jeden Tag ging sie spazieren. Abends aßen sie Hühnchen.*
lokale adverbiale Bestimmung (Umstandsbestimmung des Ortes)	*Draußen bellte ein Hund. Er wohnt schon lange hier.*
modale adverbiale Bestimmung (Umstandsbestimmung der Art und Weise)	*Vielleicht kommt sie. Er schläft zu wenig.* *Sie arbeitet vorbildlich. Widerwillig stimmte sie zu.*
kausale adverbiale Bestimmung (Umstandsbestimmung des Grundes oder Zweckes)	*Wir fahren zur Erholung an einen See. Er schrie vor Schmerz. Aus Sorge um seine Gesundheit vereinbarte sie einen Arzttermin.*

1 Bestimmen Sie in folgenden Sätzen die adverbialen Bestimmungen.

a Letzten Freitag kam sie zu spät zur Arbeit.
b Leider ging Herr Müller nach dem Essen schon nach Hause.
c Aufgrund ihres Fachwissens wird Frau Morin von der Heimleiterin sehr geschätzt.

Definition

Attribut
Ein Attribut bestimmt das Bezugswort näher. Als Wort(gruppe) ist es kein selbstständiges Satzglied, sondern ein Teil davon und bestimmt dessen Eigenschaften mit. Attribute werden dem Bezugswort voran- oder nachgestellt und können innerhalb des Satzglieds nicht umgestellt werden.

Attribut (Beifügung)	*Beispiele*
Adjektiv	*Die rote Mütze ist meine. Er liebte seine kleine, süße Schwester.*
adjektivisch gebrauchtes Partizip	*Das mitgebrachte Essen wurde verzehrt. Sie lachte schallend.*
Begleiter (Artikel oder Pronomen)	*Die Sprechstundenhilfe verlangte ihre Krankenkarte.*
Substantiv im Genitiv	*Der Süden Portugals ist reizvoll. Der Arm des Gesetzes ist lang.*
Teilsätze und Infinitivkonstruktionen (durch Komma abgetrennt)	*Sie war, was ihr Freund zunächst nicht geahnt hatte, manisch-depressiv. Sein Wunsch, ihr zu helfen, war groß.*

Wichtiger Hinweis

Attribute derselben Art bilden eine Aufzählung und werden durch Kommas getrennt oder mit Konjunktionen (*und, oder, sowie*) verbunden. Vermeiden Sie – vor allem inhaltlich redundante[1] – Attributanhäufungen, wie z. B. *ein beeindruckender, faszinierender und aufregender Film* oder *ein schreckliches, furchtbares und entsetzliches Unglück.*

Definition

Apposition

Als Apposition (Beisatz) bezeichnet man ein substantivisches Attribut, das sein Beziehungswort näher beschreibt. Die Apposition steht dabei jeweils im gleichen Kasus (Fall) wie das dazugehörige Substantiv oder Pronomen und wird durch Kommas vom übrigen Satz abgetrennt.

Apposition (Substantivbeifügung)	*Beispiele*
im Nominativ (1. Fall)	*Frau Koch, meine Kollegin, war heute krank. (wer?)*
im Genitiv (2. Fall)	*Die Mappe Frau Kochs, meiner Kollegin, lag im obersten Fach. (wessen?)*
im Dativ (3. Fall)	*Ich mailte die Unterlagen Frau Koch, meiner Kollegin, zu. (wem?)*
im Akkusativ (4. Fall)	*Ich informierte Frau Koch, meine Kollegin, per Mail über den Fall. (wen?)*

Wichtiger Hinweis

Der Wochentag in Datumsangaben kann als Apposition mit gleichem Kasus oder als selbstständige Zeitangabe im Akkusativ stehen.

Beispiel

- *Am Freitag, dem 15.02., fuhr er los.*
- *Am Freitag, den 15.02., fuhr er los.*

2 Bilden Sie zu jeder in den Tabellen angegebenen Verwendungsart von Attribut und Apposition jeweils einen weiteren Beispielsatz.

---

[1] *redundant: (lat. ‚im Überfluss vorhanden') mehrfaches Vorhandensein derselben Information*

4.3 Haupt- und Nebensatz

Hauptsatz (kann allein stehen)	*Beispiele*
mit Subjekt und Prädikat	**Joachim Ringelnatz, Liedchen** Die Zeit vergeht. Die Milch verdirbt. Das Gras verwelkt. Die Wahrheit schweigt. Die Milch entsteht. Die Kuhmagd stirbt. Die Kuhmagd melkt. Ein Geiger geigt. *Quelle: Ringelnatz, Joachim: Und auf einmal steht es neben dir. Gesammelte Gedichte, Karl H. Henssel, Berlin 1952, S. 373*
mit Objekt, adverbialer Ergänzung, Attribut oder Apposition	*siehe Kapitel 4.2*
Nebensatz (kann nicht allein stehen)	*Beispiele*
hängt vom Hauptsatz ab und wird durch eine Konjunktion (*weil, obwohl, nachdem, wenn, indem, dass, ob …*) eingeleitet. Haupt- und Nebensatz werden durch ein Komma abgetrennt.	*Paolo malt ein Geburtstagsbild (Hauptsatz), weil (begründende Konjunktion) er (Subjekt) es (Akkusativobjekt) seiner Mutter (Dativobjekt) schenken will (Prädikat).*

3 ***Übertragen Sie die folgenden Sätze in Ihr Heft und bestimmen Sie die Satzglieder. Ergänzen Sie eventuell fehlende Kommas und bestimmen Sie, ob es sich jeweils um einen Haupt- oder Nebensatz handelt.***

a Er hatte einen roten dicken Pullover an und braune Cordhosen.

b Ein Schlaflied summend deckte er die Kinder zu und verließ leise das Zimmer nachdem er das Licht ausgemacht hatte.

c Wenn zwei Kommunikationspartner auf verschiedene Art kommunizieren bezeichnet man die Beziehung der beiden als komplementär.

5 Kommaregeln

Beispiel

Sie versprach mir, zu schreiben. ↔ Sie versprach, mir zu schreiben.
Frauen denken, Männer sind an Gleichberechtigung nicht wirklich interessiert. ↔ Frauen, denken Männer, sind an Gleichberechtigung nicht wirklich interessiert.

1 ***Erläutern Sie die unterschiedlichen Aussagen in den beiden Beispielsätzen.***

Komma im einfachen Satz	*Beispiele*
Aufzählungen gleichartiger Satzteile werden durch Komma getrennt.	*Typisch für Menschen mit Downsyndrom sind verlangsamt einsetzende, ungenaue, kraftlose Sprechbewegungen.*
Ein Komma steht bei 1) **trennenden Konjunktionen** (*aber, sondern, jedoch, vielmehr, doch*) und 2) **anreihenden Konjunktionen** (*teils – teils, einerseits – andererseits, je – desto, nicht nur – sondern auch*).	*Seine Idee war einfach, aber wirkungsvoll. Nicht nur Ihre Stimme, sondern auch Ihre Körpersprache, vielmehr Ihre Mimik und Gestik, erleichtern dem Zuhörer das Verstehen. Einerseits zeigt Andrea kindliches Verhalten, andererseits weist sie auch schon pubertäre Züge auf. Teils spielt sie noch mit Puppen, teils zeigt sie großes Interesse an Mode. Das fiel nicht nur mir, sondern auch meinen Kolleginnen auf.*

Komma im einfachen Satz	*Beispiele*
Kein Komma steht 1) vor Konjunktionen, die zusammengehörige Satzteile verbinden (*und, wie, sowie, oder, bzw., sowohl ... als auch, entweder ... oder, weder ... noch*); 2) wenn das letzte Attribut mit dem Substantiv einen „Gesamtbegriff" bildet.	*Eine kraftlose oder verwaschene Aussprache ist typisch für hypotone Dysarthrie. Die Einrichtungsleitung sowie Mitglieder des Trägervereins sind herzlich eingeladen. Weder Diäten noch Bewegungsangebote waren bisher erfolgreich. Willst du noch arbeiten oder bist du fertig?* *Es gab dunkles bayerisches Bier und ein leckeres warmes Buffet.*
Komma zwischen Hauptsätzen	***Beispiele***
Hauptsätze **mit *und*** können durch ein Komma verbunden werden.	*Sie trafen sich um 8 Uhr(,) und Uli kam eine Stunde später dazu. Er rief Ava(,) und diese lief ihm freudig entgegen.*
Hauptsätze **ohne *und*** werden mit einem Komma aneinandergereiht.	*Er rannte in den Gruppenraum, er nahm seine Tasche, er lief wieder hinaus.*
Ineinander verschränkte Hauptsätze werden mit einem Komma getrennt.	*Sie sollten, das betonte er nochmals, zunächst nur zuhören und anschließend Rückmeldung geben.*
Komma zwischen Haupt- und Nebensätzen	***Beispiele***
Vollständige Nebensätze sind durch Kommas vom Hauptsatz getrennt:	
1) **Konjunktionalsätze** (*während, indem, als, dass, weil, wenn, obwohl*) 2) **Relativsätze** (*der, welcher*) 3) **indirekte Fragesätze** (*wer, was, warum, ob*)	*Während ich kochte, deckten die anderen den Tisch. Ich kann dich, wenn du willst, abholen.* *Das Fachbuch, das er brauchte, war vergriffen.* *Niemand wusste, warum er das Sprechen verweigerte.* *Ob das Angebot wie geplant stattfindet, ist fraglich.*
Verkürzte Nebensätze können durch Kommas vom Hauptsatz getrennt sein:	
Partizipialgruppen 1) **am Anfang** können durch Kommas vom Hauptsatz abgetrennt werden. 2) **als Einschübe** in einen Hauptsatz müssen durch Kommas abgetrennt werden. 3) **am Satzende** müssen durch ein Komma vom Hauptsatz abgetrennt werden.	*Eine Melodie summend(,) lief sie hinter mir her. Ehrlich gesagt(,) ich bin müde. Alarmiert durch den Lärm(,) eilte die Nachtschwester herbei.* *Die Nachtschwester, alarmiert durch den Lärm, eilte herbei.* *Sie lief hinter mir her, eine Melodie summend. Ich bin müde, ehrlich gesagt.*
Infinitivgruppen 1) mit *um, ohne, statt, anstatt, außer* eingeleitet erfordern ein Komma. 2) von einem Substantiv abhängig erfordern ein Komma. 3) Bei allen anderen Infinitivgruppen kann ein Komma gesetzt werden.	*Er bat um Geld, um sich etwas zu trinken zu kaufen. Anstatt mich ebenfalls zu begrüßen, versteckte sie sich hinter Mias Rücken. Ohne auf die anderen zu warten, lief sie los.* *Die Idee, einen „Tag der Sinne" durchzuführen, gefiel uns. Ich hatte den Plan, unsere Idee im Plenum vorzustellen.* *Sind Sie bereit(,) Ihren Beitrag zu leisten? Er hörte nicht auf(,) zu schreien. Ihr Wunsch(,) zu bleiben(,) war groß.*

Komma bei hervorgehobenen Satzteilen	*Beispiele*
Hervorgehobene Satzteile werden durch Komma abgetrennt: 1) **Interjektion** 2) **Anrede** 3) **Datum** 4) **Apposition** 5) **Bejahung, Verneinung** 6) **Erläuterung** (eingeleitet mit *d. h., nämlich, z. B., und zwar*)	*Ach, das macht nichts. He, lass los! Aua, das tut weh.* *Andrea, komm her. Sehr geehrter Herr Blum, ich …* *Frau M. ist am Freitag, den 15. Oktober 1979, geboren.* *Leo, der Praktikant der Gruppe 2, schreibt das Protokoll.* *Nein, ich kann nicht. Klar, wir kommen auch allein zurecht.* *Ich achte vor allem auf Frau S., d. h. auf ihre Mimik und Gestik. Negative Emotionen, z. B. Angst oder Langeweile, blockieren die Informationsaufnahme.*

Komma bei direkter und indirekter Rede	*Beispiele*
Direkte (wörtliche) **Rede** wird durch Anführungszeichen eingeschlossen. Das zugehörige Satzzeichen steht vor dem abschließenden Schlusszeichen.	
Ein Begleitsatz, welcher der direkten Rede/einem Zitat vorausgeht, endet mit einem Doppelpunkt.	*Cora rief: „Du verstehst mich nicht!" Ein Axiom Paul Watzlawicks lautet: „Man kann nicht nicht kommunizieren."*
Folgt der Begleitsatz dem Zitat, setzt man nach dem schließenden Anführungszeichen ein Komma.	*„Du verstehst mich nicht!", rief Cora. „Man kann nicht nicht kommunizieren", so lautet ein Axiom Paul Watzlawicks.*
Unterbricht der Begleitsatz das Zitat, wird er mit Kommas abgetrennt.	*„Der heilpädagogische Handlungsbedarf", so Langenmayrs Fazit, „ist enorm und wird auch weiter wachsen."*
In der **indirekten** (nicht wörtlichen) **Rede** wird eine Äußerung mittelbar als Bericht wiedergegeben:	
1) durch einen mit Komma abgetrennten *dass*-Satz und Konjunktiv 1	*Langenmayr behauptet, dass der heilpädagogische Handlungsbedarf weiter wachsen werde.*
2) durch einen mit Komma abgetrennten Konjunktiv-1-Satz	*Langenmayr behauptet, der heilpädagogische Handlungsbedarf werde weiter wachsen.*

2 Schreiben Sie den folgenden Elternbrief ab und setzen Sie die Kommas. Begründen Sie Ihre Entscheidung.

Liebe Eltern wir möchten Sie vor allem unsere „Neuzugänge" herzlich zu unserem Elternabend am Dienstag den 4. März ab 20.00 Uhr einladen bei dem wir Ihnen unser pädagogisches Konzept erläutern wie auch unsere neue Kollegin vorstellen möchten. Nach einer kurzen Pause bei der Sie Gelegenheit haben den neu gestalteten Bewegungsraum zu besichtigen informiert Frau Weiss Dipl. Sozialpädagogin und Sprachberaterin alle interessierten Eltern über Legasthenie und Möglichkeiten aber auch Grenzen der Sprachförderung. Wir freuen uns auf Sie liebe Eltern und einen informativen interessanten Abend. Um besser planen zu können geben Sie uns bitte Bescheid ob Sie kommen.

6 Neue Rechtschreibung

Am 1. August 2006 trat die neue Rechtschreibung in Kraft. Seit dem 1. August 2007 sind die Regeln für Schulen und juristische Personen des öffentlichen Rechts verbindlich. Im Folgenden eine Übersicht über die wichtigsten Änderungen.

Neue Rechtschreibung	*Beispiele*
Nach einem kurzen Vokal (Selbstlaut) schreibt man immer Doppel-s.	*Kuss, bisschen, er isst, Fass* *aber: Straße, Maß, Gruß*
Folgt auf einen kurzen Vokal (Selbstlaut) ein einzelner Konsonant (Mitlaut), so wird dieser in der Regel doppelt wiedergegeben.	*nummerieren, Tipp, Fritteuse*
Beim Zusammentreffen von drei gleichen Konsonanten (Mitlauten) bleiben alle Buchstaben erhalten.	*Schifffahrt, Stillleben, Sperrriegel*
Verbindungen von einem Verb (Zeitwort) im Infinitiv (in der Grundform) mit einem zweiten Verb (Zeitwort) werden in der Regel getrennt geschrieben.	*flöten gehen, spazieren fahren*
In Zusammensetzungen mit Ziffern setzt man einen Bindestrich.	*6-jährig, 100-prozentig, 3-Tonner*
Tageszeiten nach den Wörtern *heute, gestern, vorgestern, morgen* und *übermorgen* werden großgeschrieben. Temporaladverbien werden weiterhin kleingeschrieben.	*heute Abend, gestern Morgen, morgen Vormittag* *abends, mittags, morgens*
Adjektive (Eigenschaftswörter) in festen Verbindungen mit einem Substantiv (Hauptwort) werden im Normalfall kleingeschrieben. Bei bestimmten festen Verbindungen mit neuer Gesamtbedeutung ist auch die Großschreibung des Adjektivs üblich.	*das schwarze Brett/das Schwarze Brett* *das zweite Gesicht/das Zweite Gesicht*
Eine Verbindung von Adjektiv und Verb wird zusammengeschrieben, wenn sich dabei eine neue Bedeutung ergibt.	*Ich werde meine Rede frei halten.* *Ich werde den Platz für dich freihalten.*
Die Buchstabenfolge st wird jetzt getrennt. Die Buchstabenfolge ck kommt bei der Trennung auf die neue Zeile.	*Fens-ter, Wes-te, Bä-cker, Zu-cker*
Wörter mit ä lassen sich meistens von einem Stammwort mit a ableiten.	*behände, Gämse*

1 Übertragen Sie nachfolgenden Schüleraufsatz in Ihr Heft und verbessern Sie ihn hinsichtlich Rechtschreibung und Satzzeichen.

Als ich plötzlich nicht mehr lesen konnte

Es war an einem kalten ungemütlichen Herbsttag. Ich saß im Wohnzimmer und las ein Buch: Plötzlich geschah etwas unbeschreibliches! Ich hatte im Kopf auf einmal ein seltsames brummen. Meine Ohren pfiffen komisch und ich hatte das Gefühl das mein Gehirn ausgelöscht wurde. Ich wunderte mich zwar aber ich machte mir nichts daraus und laß weiter. Doch plötzlich konnte ich ein Schriftzeichen nicht mehr erkennen. Es war komisch. Ich sah einen komisch geformten Kreis auf dem Papier richtig eingedellt und „zerbrochen". Ich las:

„-ut das du -ekommen bist". Doch weil es mir nicht viel ausmachte las ich weiter: J-tzt schnapp-n wir ihn!" Verdammt noch mal dachte ich mir das gibt's doch nicht. So ging das immer weiter und endete so: „J--z- ha- - n - - v- u - r- - n- l- - -". Und zwei Minuten später las ich. „- - - - - - - - - - - - - - - -" also nichts mehr. Ich legte das Buch mit einem Riesenschreck zur Seite, um mich hinzulegen und zuwarten. Nach zwei Stunden stand ich auf und nahm das Buch das mich so erschrekt hatte und das ich nich mehr Lesen konnte zur hand. Plötzlich konnte ich wieder Lesen. Also:

7 Stilistische Übungen

Halten Sie sich beim Verfassen schulischer wie auch berufsbezogener Texte an die allgemeinen Kriterien für verständliches Schreiben. Formulieren Sie Ihre Gedanken so klar und einfach wie möglich und benennen Sie Sachverhalte möglichst prägnant. Folgende Tipps helfen Ihnen dabei.

Tipps

- Streichen Sie inhaltliche Doppelungen und Wortwiederholungen.
  Beispiel
  Ich bin auch ~~gleichfalls~~ betrübt, das zu hören.

- Streichen Sie nichtssagende Flick- und Füllwörter.
  Beispiel
  irgendwie, nämlich, übrigens, wohl

- Verwenden Sie Fachbegriffe statt umgangssprachlicher Wendungen.
  Beispiel
  ~~Sie hatte fast nie Lust, etwas mit den anderen zu machen, und ging wenn dann alleine weg.~~
  Sie war selten motiviert, an Gruppenaktivitäten teilzunehmen.

- Vermeiden Sie nichtssagende Wortkombinationen und Klischees.
  Beispiel
  grausame Misshandlungen, kritisch prüfen, konkrete Praxis

- Vermeiden Sie Bürokratendeutsch und verwenden Sie aktive statt passive Verben:
  Beispiel
  ~~Bezüglich der Kostenfrage besteht noch Klärungsbedarf.~~ Die Leitung klärt bis zur nächsten Teamsitzung, ob die Kosten dafür vom Träger übernommen werden.
  ~~Es wurde seitens der Mitarbeitervertretung der Vorschlag unterbreitet~~ … Der Mitarbeitervertreter Christian Möller schlug vor, …

1 *Verbessern Sie folgende Sätze in Ihrem Heft und ergänzen Sie ggf. die Kommas.*

a Zudem ist es auch sehr wichtig dass bestimmte Regeln im Umgang mit besonders betroffenen problematischen Kindern getroffen werden.

b Doch nicht nur die Gewalt durch Medien stößt die Gewaltbereitschaft an Schulen und pädagogischen Einrichtungen an auch andere Gewaltformen (psychisch oder Mobbing) nehmen wachsend zu.

c Deswegen sprechen sich die meisten Eltern engagiert für eine gute Förderung ihrer Kinder aus und befürworten diese.

d Was gegen Leistungsdruck zu tun ist wäre eine Verminderung der schulischen Ansprüche von sich selbst und der Familie.

e Deswegen muss darauf geachtet werden dass solche Dinge wie Lesen Rechnen oder Schreiben so früh wie es nur irgendwie geht geübt werden auch schon daheim.

f Dass die Kinder heutzutage immer dicker werden ist eigentlich vor allem deswegen so weil sie sich eben nicht mehr so viel bewegen wie früher.

2 Übertragen Sie die Sätze in Ihr Heft und verbessern Sie sie, indem Sie den inhaltlich-logischen Bezug richtigstellen, unglückliche Sprachbilder verbessern und ggf. Kommas einfügen.

a Die Verfassung sagt aus dass jeder Mensch gleich ist.

b Deswegen hat der Mitarbeiter fehlende Schutzvorrichtungen anzufordern deren Mängel sofort zu beseitigen oder zu melden.

c Um den Zeitverlust zu sparen sollte umgehend sofort gehandelt werden.

d Reflexion: Ich soll mich bei Problemsituationen und Konflikten mehr einmischen und die Initiative ergreifen.

d Wir bitten Sie dieses Versäumnis nachzuholen.

e Immer öfter werden Schüler eingeliefert die Lehrer für potenzielle Amokläufer halten.

f Ich frage ihn was er jetzt machen will. Seine funkelnden Augen schweigen.

g Dann hängten wir die Bilder zusammen mit den Kindern auf.

g Beim Abschlusskonzert blieb jedoch die schlechte Raumakustik den meisten Zuhörern ein Dorn im Auge.

3 Verbessern Sie folgende Protokollauszüge nach den stilistischen Tipps auf Seite 195.

a Auch fand die Anleitung es ebenfalls gut, dass wir den Raum so schön hergerichtet haben und lobte uns dafür, dass wir das so toll gemacht haben.

b Außerdem wurde noch seitens der Elternschaft kritisch bemängelt, dass Bezug nehmend auf den Antrag vom 12.04. hinsichtlich des Renovierungsbedarfs der Sanitäranlagen noch kein Bescheid von Seiten des Trägers vorliegt.

c Dann sagte Herr Müller, es kam ihm irgendwie schon komisch vor, dass Chris plötzlich so genervt tat und keinen Bock mehr hatte mitzukommen.

d Die Aufführung endete mit viel Applaus am Ende für die Darsteller und die Regisseurin.

Prüfungsaufgaben

zum Erwerb der gebundenen Fachhochschulreife (mit Musterlösungen)

Die Beurteilung bei der Prüfung zum Erwerb der gebundenen Fachhochschulreife richtet sich nach drei Kriterien:

- **Sprache (ca. 20 Prozent der Gesamtbeurteilung):** Dies beinhaltet korrekte Rechtschreibung, Zeichensetzung, Grammatik, einen abwechslungsreichen und übersichtlichen Satzbau und eine korrekte Zitierweise.
- **Stilistische Ausgestaltung (ca. 20 Prozent der Gesamtbeurteilung):** Dies umfasst die passende Stilebene, die Lebendigkeit und Angemessenheit des sprachlichen Ausdrucks, die Satzgestaltung und Wortwahl, das Vermeiden sprachlicher oder inhaltlicher Wiederholungen und das Verwenden korrekter Bezüge.
- **Inhalt (ca. 60 Prozent der Gesamtbeurteilung):** Hierbei geht es um das Erfassen der Themenstellung, um einen stringenten Textaufbau mit einer nachvollziehbaren Gliederung sowie um sachliche Richtigkeit, Ausführlichkeit, Differenziertheit und erkennbares Problembewusstsein beim Argumentationsgang.

1 (Textgestützte) Problemerörterung

Netzsperren: Siegfried Kauder versteht das Urheberrecht nicht

CDU-Politiker Kauder will Urheberrechtsvergehen mit Netzsperren bestrafen. Dabei hat er selbst fremde Fotos benutzt – und zeigt nun, wie wenig Ahnung er vom Thema hat.

Was Siegfried Kauder in den vergangenen Tagen geschafft hat, entspräche im Fußball einem Eigentor per Fallrückzieher, bei dem sich der Schütze auch noch selbst verletzt.

Der CDU-Politiker hatte zunächst ein Three-Strikes-Modell gefordert: Wer bei Urheberrechtsverletzungen im Internet erwischt wird, solle eine erste und zweite Mahnung erhalten, dann solle ihm für eine gewisse Zeit der Netzzugang abgeklemmt werden. Der Vorschlag ist nicht populär und sorgte selbst in der eigenen Partei für Kritik. „Kauder-Strikes geht gar nicht", twitterte Parteikollege Peter Altmaier.

Kurz darauf entdeckte ein findiger Blogger, dass Kauder auf seiner eigenen Website die Urheberrechte anderer verletzt. Und schließlich bewies der Überführte bei seinem Versuch der Schadensbegrenzung auch noch seine Ahnungslosigkeit.

Das klingt lustig, doch der Hintergrund ist durchaus ernst: Siegfried Kauder, Rechtsanwalt und Vorsitzender des Rechtsausschusses des Bundestages, wollte einen Gesetzentwurf vorlegen, der auch nach Meinung der Vereinten Nationen rechtlich bedenklich wäre. [...]

An dieser Stelle hätte das Thema erledigt sein können. Doch dann veröffentlichte der Softwareentwickler Leonhard Zech ein Gedicht im Internet, in dem er Kauder unterstellte, selbst das Urheberrecht anderer zu verletzen. Auf der Website des Abgeordneten seien mindestens zwei Fotos zu sehen, die vom Fotodienst Panoramio stammten, aber nicht entsprechend gekennzeichnet waren. [...]

Am 29. September dann reagierte Kauder. In einer Stellungnahme [...] erklärte er: „Ich bin denen dankbar, die mir Gelegenheit gegeben haben zu zeigen, dass das Warnmodell funktionieren kann. Ich wurde auf die Verwendung von zwei Lichtbildern auf meiner Homepage aufmerksam gemacht, die urheberrechtlich geschützt sind. Die Fotos sind entfernt. Also: Das Warnmodell funktioniert."
Tatsächlich sind einige Bilder von der Seite verschwunden. Allerdings nutzte Kauder die Gelegenheit, um zu beweisen, dass er von dem Thema nicht viel versteht. Schrieb er doch in seiner Erklärung: „Ich bitte im Übrigen zur Kenntnis zu nehmen, dass die Urheberrechte an den beiden Fotos inzwischen mir zustehen. Dies als Warnhinweis für eine eventuelle Absicht, die Fotos im Rahmen ihrer Berichterstattung anderweitig verwenden zu wollen."
Was Kauder als Rechtsexperte aber wissen müsste: Urheberrechte sind in Deutschland laut Paragraf 29 Urheberrechtsgesetz nicht veräußerbar. Nutzungsrechte kann man kaufen, Urheberrechte nicht, sie gehen allenfalls durch Vererbung auf jemand anderen als den Urheber eines Werkes über. Es ist nun weder anzunehmen noch zu hoffen, dass die Urheber der fraglichen Fotos in den vergangenen beiden Tagen gestorben sind und Herrn Kauder zuvor als Erben eingesetzt haben. Der CDU-Politiker kann also nur die Nutzungsrechte erworben haben.
Markus Beckedahl, der sich im Blog *netzpolitik.org* seit Jahren für ein neues Urheberrecht einsetzt, schreibt dazu: „Es wäre ja erfreulich, wenn bei den Damen und Herren in dem für das Urheberrecht federführendem Ausschuss das Bewusstsein wachsen würde, dass man im Internet als ‚normaler' Nutzer ständig über Urheberrechtsfallen stolpert und wir daher ein anderes Urheberrecht brauchen – anstatt mehr Repression und Verschärfung. Wie soll man denn als ‚normaler' Nutzer das kapieren, wenn schon die Juristen Fehler begehen, die für die Gesetzgebung zuständig sind?"
Bei Twitter wird der Vorfall unter den Schlagworten #kaudergate und #kauderstrike satirisch kommentiert. Hundertfach weiterverteilt wurde vor allem der fiktive Dudeneintrag von Jens Scholz: „kaudern, (v[erb]., trans[itiv]): Das Urheberrecht anderer per einfacher Stellungnahme auf sich übertragen."

Quelle: Beuth, Patrick: Netzsperren. Siegfried Kauder versteht das Urheberrecht nicht, in: Die Zeit 30.09.2011, abgerufen unter http://www.zeit.de/digital/internet/2011-09/kauder-urheberrecht-fotos [23.04.2012]

***1** Lesen Sie zur Einstimmung auf die nachfolgende Erörterungsaufgabe obigen Zeitungsartikel. Sammeln Sie anschließend Argumente für und gegen eine Urheberrechtsverschärfung.*

Beispiel für Prüfungsaufgabe Textgestützte Problemerörterung

Während die EU-Kommission verschärft gegen Urheberrechtsverletzungen und Piraterie im Internet vorgehen möchte, fordert die deutsche Piratenpartei,

„das nichtkommerzielle Kopieren, Zugänglichmachen, Speichern und Nutzen von Werken nicht nur zu legalisieren, sondern explizit zu fördern, um die allgemeine Verfügbarkeit von Information, Wissen und Kultur zu verbessern, denn dies stellt eine essentielle Grundvoraussetzung für die soziale, technische und wirtschaftliche Weiterentwicklung unserer Gesellschaft dar."

Quelle: Piratenpartei Deutschland: Parteiprogramm, unter: http://wiki.piratenpartei.de/Parteiprogramm [24.12.2012]

Stellen Sie Gründe für und gegen eine Verschärfung des Urheberrechts dar und nehmen Sie im Schlussteil persönlich Stellung.

***2** Notieren Sie Schlagworte zur Vorbereitung der Erörterungsgliederung. Orientieren Sie sich dabei an den W-Fragen (wer, was, warum, wo, wann, wie) und an den auf Seite 144 in den ersten beiden Spalten beschriebenen Argumentationsmethoden.*

***3** Verfassen Sie eine Gliederung zum Thema (vgl. dazu Kapitel 6 im Abschnitt „Lern- und Arbeitstechniken", Seite 27 ff.).*

***4** Verfassen Sie eine Einleitung (vgl. Kapitel 3.4 im Abschnitt „Sachtexte", Seite 143).*

***5** Formulieren Sie die Erörterung aus (vgl. Kapitel 3.4 im Abschnitt „Sachtexte", Seite 143 f.).*

***6** Lesen Sie die Musterlösung auf Seite 201. Markieren Sie anschließend mit einem farbigen Stift fehlerhafte und ergänzungswürdige Stellen in Ihrer Arbeit und überarbeiten Sie diese nochmals.*

2 Analyse eines Sachtextes mit Stellungnahme

Wer mit dem Finger auf Aldi zeigt ...

Nichts liegt näher, als sich nun über Aldi zu empören. Die Einkäufer des Discounters bestellen in China Digitalkameras, Computer, Rührbesen, Kosmetika oder Topflappen, und man tritt ihnen vermutlich nicht zu nahe mit der Behauptung: Unter welchen Bedingungen all diese Sachen hergestellt werden, ist ihnen egal. Hauptsache, die Hersteller liefern zum vorgegebenen Preis, Hauptsache, ihre Sachen funktionieren. Der Wettbewerb im Discounthandel wird immer härter, und die Chinaware ist für Aldi nicht nur ein Umsatzbringer, sondern auch von strategischer Bedeutung: Sie bleibt immer nur für ein paar Tage im Sortiment, damit die Leute stets aufs neue Anlass haben, zu kommen und zu schauen. Und wer erst mal da ist, der kauft auch Eier und Spaghetti.

Die Untersuchung eines kirchennahen Instituts, die am Dienstag veröffentlicht wurde, dokumentiert die Verhältnisse in den Fabriken. Mindestlöhne? Sie sind in China erstens so niedrig, dass sie kaum zum Leben reichen, zweitens werden sie auch nur von den wenigsten Betrieben gezahlt. Arbeiter, die Fehler machen, müssen mit Geldstrafen rechnen, und es gibt Textilfabriken, in denen die Beschäftigten allenfalls ein, zwei Tage im Monat frei haben. Wer dies alles empörend findet, mag sich nun über Aldi aufregen – aber eines nicht vergessen: Wer mit dem Finger auf andere zeigt, zeigt immer auch mit drei Fingern auf sich.

Ein Computer, der bloß 499 Euro kostet? Winterstiefel für 19,99 Euro? Lattenrost für 39,99 Euro? Dass an diesen Preisen irgendetwas nicht stimmen kann, konnte sich im Grunde jeder schon immer denken. Und wer es jetzt nicht weiß, der will nicht wissen, sondern haben.

Quelle: Esslinger, Detlef: Wer mit dem Finger auf Aldi zeigt, in: Süddeutsche Zeitung 04.02.2009, S. 4

1 ***Lesen Sie den Artikel „Wer mit dem Finger auf Aldi zeigt ..." Bestimmen Sie die Textsorte und notieren Sie sich für die Inhaltszusammenfassung prägnante Schlüsselwörter (Nomen, Adjektive, Verben).***

2 ***Bearbeiten Sie die folgende Prüfungsaufgabe. Orientieren Sie sich dazu an den Hinweisen in den Kapiteln 3.1 bis 3.3 im Abschnitt „Sachtexte".***

Beispiel für Prüfungsaufgabe Textgestützte Problemerörterung

Fassen Sie Inhalt und Aufbau des Textes „Wer mit dem Finger auf Aldi zeigt ..." zusammen und erläutern Sie auffällige sprachliche Merkmale.

3 ***Lesen Sie die Musterlösung auf Seite 202 Markieren Sie anschließend mit einem farbigen Stift fehlerhafte und ergänzungswürdige Stellen in Ihrer Arbeit und überarbeiten Sie diese nochmals.***

Beispiel für Prüfungsaufgabe Textgestützte Problemerörterung

Erörtern Sie, was für und gegen den Konsum von Importwaren aus Billiglohnländern spricht.

4 ***Notieren Sie sich zu obiger Prüfungsaufgabe Schlagworte.***

5 ***Formulieren Sie jeweils zwei Argumente für und gegen den Konsum von Importwaren aus Billiglohnländern. Wägen Sie abschließend Ihre Argumente gegeneinander ab und formulieren Sie Ihre eigene Meinung zu dem Thema. (Orientieren Sie sich dabei an Kapitel 3.4 im Abschnitt „Sachtexte".)***

6 ***Lesen Sie die Musterlösung auf Seite 203. Markieren Sie anschließend mit einem farbigen Stift fehlerhafte und ergänzungswürdige Stellen in Ihrer Arbeit und überarbeiten Sie diese nochmals.***

3 Interpretation eines literarischen Textes

1 Bearbeiten Sie nachfolgende Prüfungsaufgaben. Orientieren Sie sich dabei an den Kapiteln 2 und 3 im Abschnitt „Literarische Texte".

2 Lesen Sie anschließend die Musterlösung auf Seite 215. Markieren Sie mit einem farbigen Stift fehlerhafte und ergänzungswürdige Stellen in Ihrer Arbeit und überarbeiten Sie diese nochmals.

Beispiel für Prüfungsaufgabe Textgestützte Problemerörterung

a Geben Sie den hier abgedruckten Anfang der „Unvollendeten Geschichte" von Volker Braun in eigenen Worten wieder.

b Charakterisieren Sie die Hauptfigur Karin und erläutern Sie, weshalb es zum Bruch mit ihrem Freund Frank kommt. Berücksichtigen Sie hierbei auch sprachliche Auffälligkeiten des Textes.

c „Das Private ist politisch!" – Stellen Sie dar, inwiefern diese 68er-Parole auf den Text zutrifft.

d Erläutern Sie, welche Verhaltensalternative die Hauptfigur Karin hat, mit welchen Konsequenzen sie eventuell zu rechnen hätte und beurteilen Sie abschließend, ob sie Ihrer Meinung nach richtig gehandelt hat.

Unvollendete Geschichte | Braun, Volker

Am Tag vor Heiligabend eröffnete der Ratsvorsitzende des Kreises K. seiner achtzehnjährigen Tochter, nachdem er sich einige Stunden unruhig durch die Wohnung gedrückt hatte, er müsse sie über gewisse Dinge informieren (er sagte informieren), von denen er Kenntnis erhalten, woher ginge sie nichts an, die aber vieles oder, im schlimmsten Fall, alles in ihrem Leben ändern könnten.
Die Tochter, die den großen, ruhigen Mann nie so bleich und entnervt gesehn hatte, ließ sich in das Arbeitszimmer ziehn vor den wuchtigen Schreibtisch, wo er ihr einige banale Fragen stellte: nach ihrem Freund Frank. Er holte dann ein Zettelchen vor und redete los. Es könne ganz kritisch werden, er könne noch nicht darüber sprechen, aber er müsse sie warnen, es werde etwas geschehn, Karin, es werde sehr bald etwas geschehn!
Sie solle sich vorher von Frank trennen, damit sie nicht hineingerissen werden. Die Tochter verstand nichts, aber der Mann beharrte darauf, nichts sagen zu können. Die Eltern von Frank, das wisse er, seien geschieden, der Vater vorbestraft, im Zuchthaus gesessen, Devisenschmuggel, Frank: ein Rowdy, er habe zu einer dieser Banden gehört, die sich in M. herumtrieben, vor vier Jahren, als sie schon einmal mit ihm ging. Die abends herumgammelten in der Karl-Marx-Straße und sich die Zeit vertrieben, die Mariettabar ihr sogenannter Stützpunkt, er gehörte dazu. Und Einbrüche machten im „Fischerufer", Zigaretten klauten, und in mehreren Villen, der war

Der 1939 in Dresden geborene Schriftsteller Volker Braun beschäftigt sich in seinem Werk mit den Widersprüchen und Hoffnungen in einem sozialistischen Staat. Die „Unvollendete Geschichte" erschien erstmals 1977 in der DDR.

dabei. Und hat auch gesessen. Aber jetzt habe er etwas vor, Karin ... *er habe irgendwas vor.* Karin sagte: das glaube sie nicht, sie wisse genau, daß Frank nichts mehr vorhabe, er lache heute über sich selbst und schäme sich. Aber der Vater: Du weißt nichts! Trenn dich von ihm, denk dir etwas aus! Das können wir uns nicht erlauben, solche Sachen ... diese Familie allein, das ist für uns untragbar. *Sie werde schon sehn was kommt!* Die Unterredung wurde hitzig, die Tochter endlich aggressiv, und der Ratsvorsitzende stellte ihr Frank als Verbrecher dar, der die Wohnung nicht wieder betreten dürfe. Er solle jedenfalls nicht, wie verabredet, her kommen und mit ihr nach B. ins Theater fahren. Sie heulte. Sie kannte diese Reden alle, von den Berichten beim Abendbrot, aber es hatte sie nie selbst betroffen. Es war ihr für Augenblicke, als wär sie an einen fremden Ort versetzt, wo alle Gegenstände anders heißen und zu was anderem verwendet werden. Sie paßte nicht mehr dazu. Aber dann vergaß sie sich wieder und dachte schon wieder wie sonst, in einer Trägheit, die sie plötzlich körperlich spürte und gegen die sie nichts machen wollte. Sie konnte doch tun, was man ihr sagte.

Sie war auch unsicher geworden. Sie wußte selbst nicht mehr, ob ihr Frank nicht eine Rolle vorspielte. Ihr Vater war INFORMIERT worden, das war klar, und es mußte etwas Wahres daran sein. Aber woran denn? – Sie fühlte sich schon in der Schuld des Vaters, sie wollte sich nicht sagen lassen: *sie habe nicht auf ihn gehört.*

Sie dachte sich die Nacht lang aus, wie sie es anstellen könnte, daß es für Frank nicht schlimmer würde als für sie. Wenn sie sich vorläufig von ihm trennte, müßte sie sich ganz ins Unrecht setzen, damit es leichter wär für ihn, es auszuhalten. Sie müßte so dumm dastehn, daß es nicht lohnte, ihr nachzuweinen. Er liebte sie zu sehr, da konnte nichts andres helfen. Er hatte so heftig um sie gekämpft, so lange, das hatte sie noch nie erlebt. Sie war der einzige Mensch, an dem er hing. Am Morgen rief sie in M. an. Sie sagte folgendes: „Komm nicht her. Danny ist hiergewesen. Wir haben uns wieder verstanden. Es ist alles in bestem Frieden. Ich bin selig und glücklich. Mit dir will ich nicht mehr gehen.“ Sie hörte Frank einige verwirrte Worte machen, aber legte auf.

Quelle: Braun, Volker: Unvollendete Geschichte, Suhrkamp, Frankfurt a. M. 1982, S. 9–12

4 Musterlösungen

Zu „Netzsperren. Siegfried Kauder versteht das Urheberrecht nicht“

Gliederung: Gefordert wird eine stimmige und aussagekräftige Gliederung nach einheitlichem System, z. B.:

I) Begriffsbestimmung Urheberrecht
II) Verschärfung oder Einschränkung des Urheberrechts?
1. Argumente für eine Verschärfung des Urheberrechts
1.1 gerechte Entlohnung für Künstler
1.2 Zunahme von Urheberrechtsverstößen im Internet
1.3 Umsatzeinbrüche in Film- und Musikindustrie
2. Argumente gegen eine Verschärfung des Urheberrechts
2.1 Gewinnmaximierung der Verwertungsindustrie
2.2 größere Unabhängigkeit des Künstlers durch neue Geschäftsmodelle
2.3 geringe Verbraucherfreundlichkeit
III) Persönliche Stellungnahme

Zur Ausformulierung: Achten Sie auf

- die inhaltliche Erfassung des Themas in seiner Breite,
- Schlüssigkeit und Folgerichtigkeit in der Argumentation (Einbringen von Sachkenntnis und Allgemeinwissen zum Thema),
- die Veranschaulichung durch Beispiele und Absicherung durch Belege,
- eine nachvollziehbare Begründung der eigenen Meinung,
- eine differenzierte sprachliche Darstellung (sachlich angemessen und lebendig im Ausdruck; übersichtlicher und variabler Satzbau; korrekte Grammatik und Rechtschreibung).

Zu „Wer mit dem Finger auf Aldi zeigt..."

[Einleitung] Detlef Esslinger formuliert in seinem Kommentar „Wer mit dem Finger auf Aldi zeigt ...", erschienen am 04.02.2009 in der Süddeutschen Zeitung, ein zentrales Dilemma unserer Konsumwelt als Folge der Globalisierung, nämlich die moralisch fragwürdige Möglichkeit, zu günstigen Preisen auf Kosten der Arbeiter in Billiglohnländern zu konsumieren.

[Strukturierte Textwiedergabe] Der Autor räumt zunächst ein, dass man Discounter zu Recht für ihre Einkaufspolitik in Billiglohnländern kritisieren kann. Denn es gehe ihnen vor allem um die Preise und das Funktionieren der Aktionswaren, um dadurch Umsatz und Frequenz im Wettbewerb zu sichern. Dann stellt er den Anlass des Kommentars dar: Eine Untersuchung belegt die Ausbeutung von Arbeitern bei chinesischen Zulieferern von Aldi. Im letzten Abschnitt weist der Verfasser darauf hin, dass diese Fakten angesichts der Billigpreise im Grunde auf der Hand lagen, und er deutet an, dass viele Konsumenten diese Fakten verdrängen, um guten Gewissens weiter konsumieren zu können. Esslinger appelliert mit dem letzten Satz des Kommentars indirekt an die Leserschaft, darüber nachzudenken, ob wirklich vor allem der gedankenlose Konsum im Vordergrund stehen sollte. Durch das Sprichwort „Wer mit dem Finger auf andere zeigt, zeigt immer auch mit drei Fingern auf sich", das auszugsweise in der Überschrift zu finden ist, findet die Konsumkritik seinen metaphorischen Ausdruck.

[Zur Sprache] An keiner Stelle wird der Leser direkt angesprochen, man findet keine vereinnahmenden Wir-Formen, stattdessen eine Vielzahl unpersönlicher, mit „wer" eingeleiteten Sätzen. Man kann dieses Sprachmuster als schonende, indirekte Schuldzuweisung verstehen. Der Kommentar ist recht kurz, fast umgangssprachlich formuliert, spricht aber in Form von Aufzählungen eine Fülle an Fakten an. In elliptischen Sätzen oder nur mit der Stichwortfrage „Mindestlöhne?" wird der Gedankengang des Lesers angeregt.

Mögliche Argumente für den Konsum von Importwaren aus Billiglohnländern (zum Teil angelehnt an den Kommentar), die jeweils mit passenden Beispielen/Belegen ausformuliert werden sollten, sind z. B.:
- Gewährleistung von Wettbewerbsfähigkeit für deutsche Discounter
- Hebung des deutschen Lebensstandards durch niedrige Preise
- Verlust der Existenzgrundlage für Billiglohnarbeiter in Herstellungsländern
- Radikaler Konsumverzicht ist unrealistisch.

Mögliche Argumente gegen den Konsum von Importwaren aus Billiglohnländern könnten z. B. sein:
- deutsche Konsumenten als Nutznießer ausbeuterischer Produktionsmethoden
- Verantwortungslosigkeit der Hersteller
- Vernichtung von Arbeitsplätzen in Deutschland durch Billigproduktimporte
- keine Kontrolle über Arbeitsbedingungen, verwendetes Material und Umweltauswirkungen der Produktion

Abschließend sollen Sie die Pro- und Kontra-Argumente abwägen und Ihre eigene Position daraus entwickeln. Besonders vorteilhaft ist es, wenn Sie dabei auch mögliche Lösungsansätze formulieren (z. B. dass mehr Aufklärungsarbeit geleistet werden solle oder dass eine deutlichere Kennzeichnung der Herkunft der Produkte nötig sei).

Zu „Unvollendete Geschichte"

Zu a) Die „Unvollendete Geschichte" von Volker Braun beginnt damit, dass ein nicht namentlich genannter Ratsvorsitzender am Tag vor Heiligabend seine achtzehnjährige Tochter Karin in ihrer Wohnung besucht und ihr nahelegt, dass sie sich von ihrem Freund Frank trennen solle, was die junge Frau in einen Gewissenskonflikt stürzt.

Der aus Sicht seiner Tochter ungewöhnlich nervös wirkende Vater versucht zunächst seine Tochter davon zu überzeugen, dass diese Trennung notwendig sei, mit der vagen Begründung, dass Frank etwas Ungesetzliches vorhabe, wie der Vater aus verlässlicher Quelle wisse, wobei er jedoch nicht konkreter werden dürfe. Er erwähnt auch die anrüchige Vergangenheit von Frank und seinem Vater: Sein Vater ist geschieden, und beide waren bereits im Gefängnis (der Vater wegen Devisenschmuggels, Frank wegen diverser Einbrüche). Karin argumentiert dagegen, indem sie versichert, ihr Freund habe mit seiner Verbrecherkarriere längst abgeschlossen, woraufhin der Vater darauf beharrt, dass die Verbindung mit dieser Familie politisch untragbar sei und sie alle demnächst in größte Schwierigkeiten bringen könne. Nach anfänglicher Aggressivität und Abwehr kommt die Tochter später in der Nacht ins Grübeln, ob sie den Warnungen des Vaters Glauben schenken soll und Frank ihr vielleicht doch etwas vorgespielt oder verschwiegen habe. Sie überlegt, wie sie sich von ihm trennen kann, ohne ihn allzu sehr zu verletzen (da sie sich seiner aufrichtigen Liebe sicher ist), und ruft ihn am nächsten Morgen an, um ihn knapp in Kenntnis zu setzen, dass sie jetzt wieder mit ihrem Exfreund Danny zusammengekommen sei und ihn, Frank, nicht mehr liebe.

Zu b) Die Tochter Karin wird äußerlich nicht beschrieben, ebenso wenig wie der Vater oder auch ihr Freund Frank. Lediglich ihr Alter, 18, dient als Charakterisierung. Insgesamt fällt auf, dass die Figuren hier nicht als Individuen mit einzigartigen körperlichen oder charakterlichen Eigenschaften differenziert geschildert werden. Dies verstärkt den Eindruck der Allgemeingültigkeit, dass jedermann/-frau in der DDR jederzeit in diesen Gewissenskonflikt geraten konnte. Im Ungewissen bleibt auch das Verbrechen, dessen sich Frank, nach Ansicht des Ratsvorsitzenden, schuldig machen wird. Die Vermutung liegt nahe, dass es sich um ein politisches Vergehen handelt, das Karins Familie mit in Verruf bringen würde. Obwohl sie sich Franks Liebe sicher ist (vgl. Zeile 91 ff.) und ihr auch etwas an ihm liegt, da sie ihn nicht verletzen möchte, trennt sie sich von ihm. Erklärt wird diese Entscheidung mit den Worten: „Sie war auch unsicher geworden. Sie wußte selbst nicht mehr, ob ihr Frank nicht eine Rolle vorspielte" (Zeile 78 ff.). Das mögliche geplante politische Vergehen ist also für sie der Trennungsgrund und dass sie „in der Schuld des Vaters" (Zeile 82–83) steht.

Zu c) Das private Glück – die Liebe zwischen Frank und Karin – wird einer Prüfung ausgesetzt, indem politisch motivierte Überlegungen es zerstören. Wenn Karin sich öffentlich zu einer Beziehung mit einem Systemgegner bekennt, könnten ihr und ihrer Familie daraus Unannehmlichkeiten und Benachteiligungen erwachsen. Ihr privater Bruch mit dem mutmaßlichen „Staatsfeind" Frank ist also ein nachdrückliches politisches Bekenntnis und kann als Opportunismus, als Anpassung aus Nützlichkeitserwägungen heraus, gewertet werden.

Zu d) Karin könnte zunächst Frank zur Rede stellen und in Erfahrung bringen, ob und was er tatsächlich plant und welche Beweggründe er dafür hat. Falls sie seine Motive nicht teilen bzw. nachvollziehen kann (aufgrund anderer politischer Überzeugung) oder andere Gründe hat (Familienloyalität, Angst vor Benachteiligung, Opportunismus), weswegen sie nicht zu ihm stehen will, kann sie sich immer noch von ihm trennen. Dass sie das vertrauensvolle Gespräch mit ihm gar nicht erst sucht, ist ein Anzeichen dafür, dass sie nicht daran glaubt, dass er sich ihr anvertraut oder dass er in ihren Augen bereits als „schuldig" verurteilt ist, bevor er überhaupt irgendetwas getan hat.

Sachwortverzeichnis

A
Absage 110
Adjektiv 185
Adverb 187
adverbiale Ergänzung 189
Akkusativ 184, 190
Akkusativobjekt 189
Aktennotiz 92
Aktenvermerk 92
aktives Zuhören 60
aktiv Lesen 20
Akzeptanz 56
Alliteration 140
analoge Kommunikation 53
Analyse eines Sachtextes 199
Anapher 140
Anekdote 151
Anlage 122, 123
Anschauungsmaterial 32
Anschreiben 118, 121
Antithese 140
Aphorismus 151
Appellebene 49
Apposition 190, 193
Arbeitszeugnis 126
Argumentation 138, 144
Argumentationsmethode 144
argumentativer Geschäftsbrief 108
Artikel 184
Artikulationsstörung 75
Attribut 189
auktorialer Er-Erzähler 157
Autobiografie 151
Axiom 53

B
Behaviorismus 73
Beobachtungsbericht 101, 104
Beobachtungsraster 102
Beratungsgespräch 68
Bericht 131, 137
Bewerbung 115
Bewerbungsmappe 117
Beziehungsebene 49
Bibliotheksrecherche 16
Bilderbuchbetrachtung 84
Biografie 151
Brainstorming 13, 27

C
Carl Rogers 56
Chiasmus 140

D
Dativ 184, 190
Dativobjekt 189
Deckblatt 118
dialektische Erörterung 146, 148
Dienstleistungsanfrage 110
digitale Kommunikation 53
DIN-5008-Norm 106
direkte Rede 158
Diskussion 64, 66
Dokumentation 98, 131
Drama 151, 169

E
Einladung 111
Ellipse 140
E-Mail-Bewerbung 124, 125
E-Mail-Korrespondenz 108
Empathie 56
Entwicklungsbericht 99
Epik 150
epischer Text 156
Ergebnisprotokoll 96
erlebte Rede 158
Erörterung 27, 146
Erzählperspektive 156
Euphemismus 140

F
Fabel 151
Facharbeit 27, 37
Fachlexikon 178
Fachliteratur 15
Fachvortrag 33
Fachzeitschrift 17
Fassadentechnik 49
Feedback 55, 59
Femininum 184
fiktionaler Text 130, 150
flektierbare Wortart 181
Flyer 36
frei Sprechen 31
Friedemann Schulz von Thun 47
Futur 182, 188

G
Gebrauchstext 130
gebundene Lyrik 165
Gedicht 86, 87
Genitiv 184, 190
Genitivobjekt 189
geplantes Angehörigengespräch 68
Geschäftskorrespondenz 106, 107
Gesprächsart 65
Gesprächsgrundhaltung 56
Gesprächsleitung 64
Gesprächsnotiz 92, 93
Gesprächsregel 55
gewaltfreie Kommunikation 89
Giraffensprache 90
Gleichnis 151
Gliederung 27, 28, 30, 147
Glosse 131, 137
Glückwunschschreiben 112
Grafik 134
Gutachten 99

H
Hauptsatz 191, 192
Hausbrief 94
Hörspiel 151, 172
Hyperbel 140

I
Ich-Botschaft 58
Ich-Erzähler 157
Imperativ 182
indirekte Rede 138, 158, 193
Informationsaufnahme 8
Informationsgespräch 67
Informationssuche 15
innerer Monolog 158
Interaktionismus 73
Internet 15, 16
Internetlexikon 16
Interpretation eines literarischen Textes 200
Ironie 140

K
kindlicher Spracherwerb 74
Klimax 140
Kommaregel 191
Kommentar 131, 137
Kommunikation 43
Kommunikation, Funktionen von 42
Kommunikationsarten 44
Kommunikationsaxiome 51
Kommunikationsmodell 47
Kommunikationsstörung 51, 52, 53, 54, 76, 77, 78
Komödie 151, 168
Kondolenzschreiben 112
Konfliktgespräch 62
Kongruenz 56
Konjunktion 186, 191, 192
Konjunktiv 182, 193
konstruktive Kritik 62
Konstruktivismus 73
kreative Schreibanregung 88
Kritikgespräch 63
Kurzgeschichte 151
Kurzprotokoll 96

L
Lebenslauf 122
Legende 151
Lernerfolg 8, 9
Lerntyp 10
Leseförderung 84
lineare Erörterung 146, 148
literarische Erörterung 155
literarische Gattung 150
Litotes 140
Lyrik 150

M
Manipulation 46
Märchen 151, 154
Marshall B. Rosenberg 89
Maskulinum 184
Mediation 69
Medien 35
Metakommunikation 55, 56
Metapher 140
Mindmap 27
Mindmapping 10
Mitschrift 14
Modal 188
Modalverb 182
Moderation 67
moderne Lyrik 166
Morphologie 72

N
Nachricht 131
Nachrichtenquadrat 47
Nachschlagewerk 176
Nativismus 73
Nebensatz 191
Neologismus 140
neue Rechtschreibung 194
neutraler Erzähler 157
Neutrum 184
Nomen 184
Nominativ 184, 190

nonverbale Kommunikation 44
Novelle 151

O
Objekt 188, 189
OPAC 17

P
Parabel 151
Parallelismus 141
paraverbale Kommunikation 45
Parenthese 141
Partikel 187
Partizip 182
Paul Watzlawick 43, 51
Perfekt 182
personaler Er-Erzähler 157
Personencharakterisierung 156
Personifikation 141
Pflegedokumentation 98
Phonologie 72
Plakat 36
Plusquamperfekt 182, 188
Portfolio 103
Prädikat 188
Pragmatik 72
Präposition 186
Präsens 182, 188
Präsentationsmedien 35
Präteritum 182, 188
Pressemitteilung 112
Problemlösungsschritte 69
Produktanfrage 110
Pronomen 185, 188
Prosa 150
Protokoll 94, 131
Prüfung zum Erwerb der gebundenen Fachhochschulreife 197

Q
Quellenangabe 24

R
Rede 30
Redeweise 158
Referat 27, 29
Reihung 141
Reim 86
Reimform 164
Reklamation 110
Reportage 131, 137
Rezension 131
rhetorische Frage 141
Rhythmus 164
Roman 151, 160
Ruth Cohn 57

S
Sachinhaltsebene 48
Sachtext 130
Sachtextanalyse 136
Sachtextarten 131
Sage 151
Satire 151
Satzbau 140
Satzglied 188
Schaubild 134
Scheinargumentation 46
Schlüsselwort 31
Selbstoffenbarungsebene 49
Semantik 72
Silbe 181
Spiegeln 60, 61
Sprachanalyse 139
Sprachbehinderung 76
Sprachbeobachtungsbogen 78
Sprache 72
Sprachebene 72
Sprachentwicklung 72
Sprachentwicklungsstörung 75
Spracherwerb 72
Spracherwerbstheorie 73
Sprachförderung 80, 81, 83
sprachliches Mittel 139
Sprachstörung 76
Sprachtest 78, 80
Sprachuntersuchung 136, 156
Sprechstörung 76, 77
Stellenanzeige 115, 117
Stil 195
Stilebene 139
Stilmittel 140
Stoffsammlung 27
Strophe 164
strukturierte Inhaltswiedergabe 138, 139
Strukturwort 138, 148
Subjekt 188
Substantiv 184
Substantivierungen 188
Synästhesie 141
Syntax 72

T
Tabelle 134
Tätigkeitswort 181
Tautologie 141
Teamgespräch 64
Teamsitzung 94
Teilnehmerbeschreibung 100
Telefonnotiz 93
Tempusform 182
textgebundene Erörterung 143
textgestützte Problemerörterung 197
Textsorte 130, 137, 151
Texttypologie 130
Textverständnis 136
themenzentrierte Interaktion 57
Thomas Gordon 58, 69
Tragödie 168

U
Überblicksinformation 136, 137
unterstützte Kommunikation 82

V
Verb 181, 188
verbale Aggression 89
verbale Kommunikation 44
Vergleich 141
Verlaufsprotokoll 96
Vers 164
Versmaß 164
Visualisierungsmedien 35
Visualisierungsregel 35
Vorlesen 85
Vorstellungsgespräch 123

W
wertschätzendes Sprechen 89
Wolfssprache 90
Wortbildung 181
Wörterbuch 176
Wortspiel 141
Wortwahl 139

Z
Zeichensetzung 140
zitieren 24

Bildquellenverzeichnis

2009 Bibliographisches Institut/Sauerländer, Mannheim: S. 178
BilderBoxBildagentur GmbH: S. 29, 35
Björn Hänssler – bopicture/Bildungsverlag Eins: S. 27
Bulls Pressedienst GmbH: S. 49, 59, 60
Christian Schlüter/Bildungsverlag EINS: S. 17, 30, 41, 42, 44, 45, 68, 71, 76, 86, 91, 102, 129
Dietmar Raffeiner, Prad: S. 169
dpa infografik Gmbh: S. 135
dpa picture alliance: S. 51, 56, 80, 152, 159, 160, 167, 200
Fotolia.com: U1 (Conny Hagen, spuno, Cute Kid), S. 7 (Claudia Nagel, Robert Kneschke, Kaarsten), 9 (Ilenia Pagliarini), 13 (foto.fritz – Fotolia.com) 15 (puje), 17 (Paulus Rusyanto), 20 (Yuri Arcurs), 24 (Kitty), 42 (Heiner Witthake, Franz Pfluegl), 48 (auremar), 74 (Petr Vaclavek), 82 (Jennifer Stone), 91 (Stefan Thiermaye), 92 (opicobello), 99 (h_lunke), 107 (Nadine K.), 110 (Heinzgerald), 118 (Los-Robsos, artivista | werbeatelier), 122 (Robert Kneschke), 123 (Adam Gregor), 130 (Benjamin Duda), 137 (lightpoet), 143 (twixx), 147 (BilderBox.com), 149 (Vladimir Melnikov), 172 (Taras Livyy)
Foto Stephan-Behrla Nöhrbaß GbR/Bildungsverlag EINS: S. 42
Gamma-Rapho via Getty Images: S. 57, 89
MEV Verlags GmbH, Augsburg: S. 32
Nadine Dilly/Bildungsverlag Eins: 64, 67, 96
Prentke Romich GmbH, Kassel: S. 83
Walter Schels, Hamburg: S. 57

Zeichnungen und Karikaturen

Angelika Brauner/Bildungsverlag EINS: S. 55, 70
Götz Wiedenroth: S. 175